HALIT

Band 1

Deutsch für Fortgeschrittene

Kursbuch

von Klaus Lodewick

Dieses Lehrwerk ist Halit Yozgat gewidmet. Er wurde am 6. April 2006 in Kassel von Nazis ermordet.

In den Jahren 2000 bis 2006 ermordete eine Gruppe von Neonazis zehn Menschen in Deutschland. Neun der zehn Ermordeten mussten sterben, weil sie oder ihre Eltern aus der Türkei und aus Griechenland kamen. Nur durch einen Zufall ist bekannt geworden, dass es Neonazis waren, die aus Ausländerhass mordeten. Zuvor wurden die Opfer und deren Familienangehörige selber verdächtigt, in irgendeiner Weise an den Morden beteiligt gewesen zu sein. Elf Jahre lang konnten die Täter unentdeckt bleiben. Welche Rolle die Geheimdienste dabei spielten, ist ungeklärt.

In Deutschland gerät vieles in Vergessenheit. Das Lehrwerk »Halit« soll einen Beitrag dazu leisten, dass dies mit den Opfern der Nazimörder nicht passiert.

Enver Şimşek, ermordet am 9. September 2000 in Nürnberg
Abdurrahim Özüdoğru, ermordet am 13. Juni 2001 in Nürnberg
Süleyman Taşköprü, ermordet am 27. Juni 2001 in Hamburg
Habil Kılıç, ermordet am 29. August 2001 in München
Mehmet Turgut, ermordet am 25. Februar 2004 in Rostock
İsmail Yaşar, ermordet am 9. Juni 2005 in Nürnberg
Theodoros Boulgarides, ermordet am 15. Juni 2005 in München
Mehmet Kubaşık, ermordet am 4. April 2006 in Dortmund
Halit Yozgat, ermordet am 6. April 2006 in Kassel

Fabouda-Verlag

Halit

Band 1
Kursbuch

von Klaus Lodewick

Umschlag: Fatima Abouda
Layout: Klaus Lodewick

Zu diesem Lehrwerk gehören:

Kursbuch	ISBN 978-3-930861-25-5
Übungsbuch	ISBN 978-3-930861-26-2
2 Audio CDs	ISBN 978-3-930861-27-9
Handbuch & Tests für Unterrichtende	ISBN 978-3-930861-28-6

© **2012 Fabouda-Verlag Göttingen**
Druck 2016

www.fabouda.de
kl@fabouda.de

Das Werk und seine Teile sind urheberrechtlich geschützt. Jede Verwertung in anderen als den gesetzlich zugelassenen Fällen bedarf deshalb der vorherigen schriftlichen Einwilligung des Verlages.
Hinweis zu § 52 a UrhG: Weder das Werk noch seine Teile dürfen ohne schriftliche Einwilligung des Verlages eingescannt und in ein Netzwerk eingestellt werden. Dies gilt auch für Intranets von Schulen, Hochschulen und sonstigen Bildungsreinrichtungen.

ISBN 978-3-930861-25-5

Inhalt

1 Spicker

Lesen	▶ ⭐ Der Schieber	7
	▶ ⭐⭐ Was Lehrer zum Spicken sagen *(Kurztexte)*	10
	▶ ⭐⭐⭐ Harte Strafen für Plagiate *(Zeitungsartikel)*	14
Hören	⭐⭐ Was sind denn das für Spicker? *(Reportage)*	8
Grammatik	▶ Aktiv und Passiv	12
	▶ Satzklammer	17
Lerntipp	**Wörter raten, globales und selektives Lesen**	**14**

2 Tabus

Lesen	▶ ⭐⭐ Arten von Tabus *(Sachtext)*	20
	▶ ⭐⭐⭐ Tabu Alkoholverkauf *(Zeitungsartikel)*	24
Hören	▶ ⭐ / ⭐⭐ Dialoge, Nachrichten, Interviews zu Tabus in Deutschland	19
	▶ ⭐⭐ Nahrungstabus *(Interview)*	26
Grammatik	▶ Passiv-Ersatzformen	22
	▶ Nominalkomposita	22
Lerntipp	**Hörverstehen: Antizipation**	**26**
Schreiben	▶ offizieller Brief	21, 23
	▶ Leserbrief	27

3 Dunkle Gefühle

Lesen	▶ ⭐⭐ Um welche Gefühle geht es? *(Kurztexte)*	29
	▶ ⭐⭐⭐ Der Schlussmacher *(Zeitungsartikel)*	32
	▶ ⭐⭐⭐ Was hätte sein können ... *(Sachtext)*	35
Hören	▶ ⭐ Um welche Gefühle geht es? *(Dialoge)*	30
	▶ ⭐ Der Wunsch des Media-Managers *(modernes Märchen)*	31
Grammatik	▶ Konjunktiv II, irrealis	35
	▶ Konditionalsätze ohne »wenn«	36
	▶ Funktionen von »es«	37
Sprechen	Ratschläge und Empfehlungen geben	33

4 Google & Co

Lesen	▶ Was geht euch das an? *(Gedicht + Kurztexte)*	40
	▶ ⭐⭐⭐ 980 Milliarden Seiten *(Sachtext)*	44
	▶ ⭐ Orientierung auf Webseiten	49
Hören	▶ ⭐ Man gewöhnt sich an alles ... *(Erzählung)*	39
	▶ ⭐⭐ Was Facebook alles weiß *(Reportage)*	42
Grammatik	▶ direkte und indirekte Frage	41
	▶ Relativsätze	48
Lerntipp	**Was sind eigentlich Schlüsselwörter?**	**50**
Sprechen	▶ Meinungsäußerungen	46
	▶ Ein Foto für einen Artikel auswählen und begründen	47
Schreiben	▶ Einen Kommentar für ein Internet-Forum schreiben	46

Inhalt

5 (Fernes) Glück

Lesen	▶ ⭐⭐⭐ 2000 Kilometer vom Glück entfernt (Reportage)	54
	▶ ⭐⭐ Online-Partnerbörsen (Kurztexte)	58
Hören	▶ ⭐⭐ In der Ferne liegt mein Glück (Radiosendung)	56
	▶ ⭐⭐⭐ Liebeslieder (Interview; Lerntipp)	60
Grammatik	▶ Negationen	57
	▶ Textbezüge	63
Schreiben	Ratschläge erteilen, Problem schildern (E-Mail, Brief)	57
Sprechen	Vermutungen äußern	53
Lerntipp	**Hören: Schlüssel- und Signalwörter**	**60**

6 Gerecht?

Lesen	▶ ⭐/⭐⭐/⭐⭐⭐ Gerecht? (5 Kurztexte)	66
	▶ Wohltätigkeit (Gedicht)	72
	▶ ⭐⭐ Ohne Titel	73
Hören	▶ ⭐⭐ Das Ultimatum-Spiel (Interview)	64
Grammatik	Partizipien als Attribute	71
Schreiben	Leserbrief, Aufruf	73
Sprechen	Texte und Grafiken vorstellen	70
Lerntipp	**Texte selbstständig erarbeiten und referieren**	**66**

7 Kommunikation

Lesen	▶ ⭐ Gesten und Körperhaltungen (Illustrationen mit Erläuterungen)	75
	▶ ⭐⭐⭐ Der Körper spricht (Sachtext)	78
	▶ ⭐⭐⭐ Gesten haben eine Grammatik (Zeitungsartikel)	80
	▶ ⭐⭐ Dinosaurier Telefon (Sachtext)	84
Hören	▶ ⭐⭐ Körpersprache von Frauen und Männern (Vortrag)	77
	▶ ⭐⭐⭐ Wer kein Deutsch kann, ist klar im Vorteil (Interview)	83
Grammatik	Kausalsätze	87
Lerntipp	**Einsprachiges Wörterbuch**	**86**
Sprechen	sich beschweren	82

8 Halit

Lesen	▶ ⭐⭐⭐ Zwei Welten (Reportage)	88
Hören	▶ ⭐⭐ »Ich wünsche mir …« (Rede von Ismail Yozgat)	89

9 Kauf!

Lesen	▶ ⭐⭐⭐ Der berechenbare Kunde (Zeitungsartikel)	92
	▶ ⭐⭐⭐ Abenteuerspielplatz Kaufhaus (Interview)	95
	▶ ⭐⭐ Kundenfang (4 Kurztexte)	97
	▶ ⭐⭐ Vorsicht, Schnäppchen! (Zeitungsartikel)	99
Hören	▶ ⭐⭐ Vorsicht, Einkaufsfalle! (monologischer Text)	90
	▶ ⭐ Meinungen zum Thema »Ladendiebstahl«	94
Grammatik	▶ Finalsätze	91
	▶ Infinitivsätze	96
Schreiben	Diagramme beschreiben	94

Inhalt

10 Fern- und Heimweh

Lesen	▶ ⭐⭐ Deutsche Romantik *(Lexikoneintrag)*	100
	▶ ⭐⭐⭐ Das bittersüße Gefühl *(Forschungsbericht)*	101
	▶ ⭐ San Salvador *(Kurzgeschichte)*	106
Hören	⭐⭐ Heimweh *(Radiosendung)*	105
Grammatik	Nominalisierungen	104
Schreiben	Texte zusammenfassen	104

11 Geld

Lesen	▶ ⭐⭐⭐ Wem gehört die Welt? *(Forschungsbericht)*	109
	▶ ⭐⭐ Weltweite Demonstrationen gegen Bankenmacht *(Zeitungsartikel)*	110
	▶ ⭐⭐ Die Gier *(Gedicht)*	111
	▶ ⭐⭐⭐ Pleite! *(Kurztexte)*	113
	▶ ⭐⭐⭐ Selbst Schuld? *(Reportage, 4 Texte)*	116
Hören	⭐⭐⭐ Keine großen Sprünge *(monologische Texte)*	114
Grammatik	Konzessivsätze	121
	Infinitivsätze: ohne … zu; anstatt … zu	121
Sprechen	Texte zusammenfassen, referieren	115

12 Krank?

Lesen	▶ ⭐⭐ 4 Kurztexte	122
	▶ ⭐ / ⭐⭐ / ⭐⭐⭐ Medikament sucht Krankheit *(4 Texte)*	127
	▶ ⭐⭐⭐ Krankheit sucht Medikament *(Kurztexte)*	134
Hören	▶ ⭐ Ärzte bewerten *(Gebrauchsanleitung)*	123
	▶ ⭐⭐⭐ Noten für Mediziner *(Reportage)*	124
	▶ ⭐⭐ Dr. Knock und der Triumph der Medizin *(Erzählung)*	126
Grammatik	▶ Indirekte Rede, Konjunktiv I	132
	▶ Instrumentalsätze	133

Grammatik-Anhang

Aktiv & Passiv	136
Satzstellung	138
Passiv-Ersatzformen	139
Konjunktiv II	140
Konditionalsätze	141
Relativsätze	142
Fragen stellen	143
Negationen	145
Partizipien als Attribute	146
Kausal- und Konsekutivsätze	147
Infinitivsätze I (Finalsätze, Infinitive nach Verben, Adjektiven …)	148
Nominalisierungen	149
Konzessivsätze	151
Infinitivsätze II (ohne … zu, anstatt … zu)	152
Direkte und indirekte Rede, Konjunktiv I	153
Instrumentalsätze	154

Quellenverzeichnis 155
Grammatikindex 156

Hinweise

Niveau Das Lehrwerk Halit besteht aus zwei Bänden, die jeweils Lehrmaterialien für ca 160 – 200 Unterrichtsstunden enthalten. HALIT, **Band 1** erfüllt Anforderungen, wie sie in den sogenannten Kann-Bestimmungen (Niveau B2) des Gemeinsamen Europäischen Referenzrahmens für Sprachen festgelegt sind. HALIT, **Band 1** kann in der Mittelstufe 1 eingesetzt werden.
HALIT, **Band 2** kann – je nach Kurssystem – in der Mittelstufe 2 oder in der Oberstufe eingesetzt werden. (Niveau C1+)

Das Kursbuch ist thematisch in **12 Lektionen** unterteilt. Jedes Kapitel enthält mehrere Lese- und Hörtexte unterschiedlichen Schwierigkeitsgrades sowie verschiedene, meistens mit den Texten verbundene Sprechanlässe und Schreibaufgaben. Die Grammatik ist funktional; es werden, wo immer es möglich ist, grammatische Strukturen geübt, die gehäuft in den Texten vorkommen.

Besonderen Wert wird auf das selbständige Erarbeiten und Referieren von – im 1. Band zumeist kürzeren – Texten gelegt, wozu ein umfangreiches Textangebot und methodisch-didaktische Vorschläge bereitgestellt werden.

Die in HALIT vorgestellten und geübten grammatischen Strukturen werden im Grammatikanhang in signalgrammatischer Form dargestellt und erklärt. Es wird empfohlen, parallel eine systematische Grammatik zu verwenden.

Das Übungsbuch enthält Aufgaben, die für die **Prüfungen**
- B2 des Goethe-Instituts,
- TestDaF und
- DSH

relevant sind.

Darüber hinaus wird der kapitelrelevante Wortschatz angewendet und wiederholt sowie die Grammatik geübt. Am Ende der Kapitel wird jeweils anhand eines zum Kapitelthema passenden Textes der Lernstoff **wiederholt**.
In Kapitel 12 finden Sie eine »Generalwiederholung«, die sich auf das gesamte Buch bezieht.

Das Handbuch für Unterrichtende enthält methodisch-didaktische Hinweise, Hintergrundinformationen zu den Texten und Vorschläge zur Arbeit mit HALIT. Außerdem sind insgesamt **sechs Tests** als Kopiervorlage enthalten. Die Tests wiederholen den Lernstoff von jeweils zwei Kapiteln und können nach den entsprechenden Wiederholungsübungen des Übungsbuches durchgeführt werden.

Symbole und Verweise

Hörtext: **In der Ferne liegt mein Glück** Radiosendung, 950 Wörter ☺ ☺	Der Hörtext »In der Ferne liegt mein Glück« hat 950 Wörter und hat den Schwierigkeitsgrad 2 (☺ ☺). In der Regel folgt eine kurze Beschreibung des Themas.
CD 1, Track 17	Der Hörtext befindet sich auf CD 1, Track 17.
▶ Üb, S. 22	Im Übungsbuch auf Seite 22 finden Sie weitere Übungen.
▶ GR S. 141	Die grammatische Struktur wird im Grammatikanhang auf S. 141 erklärt.
SoS! Ratschläge geben	**S**prech- **o**der **S**chreibhilfen.
	Diese Aufgabe ist schwer. Anleitung und Hilfestellungen des Kursleiters sind erforderlich.

1 Spicker

In diesem Kapitel werden Sie

- eine Reportage über ein besondere Ausstellung hören (HV);
- erfahren, was Lehrer über Spicker denken (LV);
- globales und selektives Lesen kennenlernen (LV);
- einen Tipp von Emmanuel zum Wörterraten erhalten (Lerntipp);
- die Unterschiede zwischen Aktiv und Passiv erkennen (oder wiederholen) (GR);
- verstehen, warum man Deutsch als *Klammersprache* bezeichnet (GR).

Der Schieber

Der Mathematiklehrer geht im Klassenzimmer von Tisch zu Tisch, um zu
5 sehen, wie es bei den Neuntklässlern mit der Konstruktion von geometrischen Formen

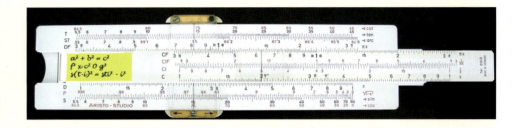

und den Algebraaufgaben klappt. Robert gibt er einen
10 Tipp, wie er einen Winkel halbiert. Bei Lena tippt er auf die Lösung einer Aufgabe und schüttelt langsam mit dem Kopf. Die Klasse 9c schreibt eine Mathearbeit, ihr Lehrer ist ein echter Kumpel, er hilft sogar bei Klassenarbeiten.
15 Hinter Lena sitzt Timo, ein guter Schüler. Der Lehrer wirft einen Blick auf seine Zettel. Er hat nichts anderes erwartet. Wie immer sind die Aufgaben schon lange vor Stundenschluss gelöst, alles sieht sauber aus. Toll, denkt er, wahrscheinlich wieder eine Eins. Er will gerade
20 weitergehen, als sein Blick auf den Rechenschieber fällt, den die Schüler auch während der Klassenarbeiten benutzen dürfen. Die Zunge des Schiebers ist ein Stück zurückgezogen, etwas Gelbes guckt aus dem kleinen Spalt hervor. Er schaut genauer hin. »Timo«, sagt er
25 leise, »was ist denn das für ein Rechenschieber?« Timo zuckt zusammen. Bekommt einen roten Kopf. Schaut auf seinen Rechenschieber. »Mein Gott!«, denkt er, »ich habe vergessen ...«

1 Wie geht es weiter in Klasse 9c? Schreiben Sie die Geschichte zu Ende.

2 Was hat Timo gemacht? Lesen Sie den Wörterbucheintrag zu »spicken«. Welche Bedeutung *(1, 2, 3 oder 4)* trifft zu?

3 Wie wäre die Geschichte in Ihrer Schule ausgegangen?

4 Der Titel (»Der Schieber«) hat zwei Bedeutungen (ist »*doppeldeutig*«). Versuchen Sie mit Hilfe eines Wörterbuchs herauszufinden, worin die Doppeldeutigkeit besteht.

5 Schlagen Sie folgende Verben im Wörterbuch nach. Welches Verb ist Ihrer Meinung nach ein Synonym für »spicken«?

betrügen   täuschen   hintergehen   mogeln   tricksen

spi|cken <sw. V.; hat> 1. (mageres) Fleisch vor dem Braten mit etw., bes. mit Speckstreifen, versehen, die man mit einer Spicknadel in das Fleisch hineinbringt (damit es bes. saftig, würzig wird): den Braten s.; ein mit Trüffeln gespickter Rehrücken.
2. mit etw. [zu] reichlich versehen, ausstatten: eine Rede mit Zitaten s.; das Diktat war mit Fehlern gespickt; eine gespickte (ugs.; mit viel Geld gefüllte) Brieftasche.
3. (ugs.) bestechen (1).
4. (Schülerspr. landsch.) a) (von Schülern) während einer Klassenarbeit heimlich Notizen (auf einem Zettel o.Ä.) benutzen;
b) von einem anderen Schüler heimlich abschreiben: bei/von seinem Nachbarn s.; jmdn. bei der Klassenarbeit s. lassen; <subst.:> er ist beim S. erwischt worden. || Spicker, der, Spickzettel, der

Spicker

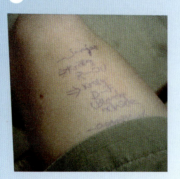
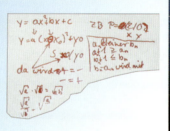

Hv 1

A Schauen Sie sich die Spicker an. Überlegen Sie: Wie wurde der Spicker hergestellt? Ist er effektiv? Kann er gut versteckt werden?

> **Hörtext: Was sind denn das für Spicker!?**
> Monologischer Text und Interview ☺ ☺
> **1. Abschnitt:** 726 Wörter, Rundgang durch eine Ausstellung;
> **2. Abschnitt:** 403 Wörter, Spicker werden beschrieben und bewertet.

Hören Sie den Text in zwei Abschnitten.

1. Abschnitt

1 **Welche Spicker werden in welcher Reihenfolge erwähnt?**
⇨ Nummerieren Sie die Reihenfolge.
⇨ Welche Wörter haben Ihnen geholfen, die Spicker zu erkennen? Notieren Sie die Wörter unter »Schlüsselwort«.

Reihenfolge	Schlüsselwort	Reihenfolge	Schlüsselwort
A		G	
B		H	
C 1		I	
D		J	
E		K	
F		L	

2 Vergleichen Sie Ihre Ergebnisse. Beschreiben Sie Ihre beiden Lieblingsspicker *(Herstellung, Fach, Effizienz)*.

2. Abschnitt

3 **Herr Argus klassifiziert und bewertet die Spicker.** Hören Sie den Text und füllen Sie die Tabelle stichwortartig aus.

Spicker Gruppe 1	Spicker Gruppe 2
Bezeichnung Last-Minute-Spicker	Bezeichnung
Spicker Nr.	Spicker Nr.
Eigenschaften	Eigenschaften
Bewertung	Bewertung

Spicker Gruppe 3

Bezeichnung _____ Spicker Nr. _____

Eigenschaften _____
Bewertung _____

4 *Spicken und Moral:* **In den USA gilt Spicken als unmoralisch und kriminell, in Deutschland ist es in Schulen zwar auch verboten, aber fast schon ein Sport. Was meinen Sie?**

▶ Üb, S. 4

9

Spicker

Was Lehrer zum Spicken sagen ...

A

Als junger Lehrer habe ich immer argumentiert, spicken sei moralisch verwerflich. Ich sprach dann von Betrug, Täuschung, geistigem Diebstahl und Wettbewerbsverzerrung.
Inzwischen argumentiere ich nicht mehr moralisch. Ich diskutiere das Spicken mit meinen Schülerinnen und Schülern als Beziehungsangelegenheit. Ich teile meinen Schülerinnen und Schülern Folgendes mit: Wer ein freundschaftliches Verhältnis zu mir haben will, spickt bitte bei schriftlichen Arbeiten nicht, weil er oder sie mich dadurch in eine ganz blöde Situation bringen würde. Ich werde mit ziemlicher Sicherheit das Spicken bemerken. Dann habe ich zwei Möglichkeiten: Erstens: Ich nehme das Blatt ab und erteile die Note Sechs. Das möchte ich nicht, weil es nämlich ganz schlecht für euch ist.
Die andere Möglichkeit besteht darin, dass ich so tue, als ob ich die Täuschungshandlung nicht bemerken würde. Das würde sich an der Schule schnell herumsprechen, und es würde heißen: Dieser Lehrer bringt es nicht mehr. Den kann man leicht austricksen. Mein Image würde folglich erheblich leiden. Und das möchte ich auch nicht, weil es nämlich ganz schlecht für mich ist.
Ich rechne also damit, dass ihr meine Bitte versteht und euch danach richtet. Ich sichere euch zu, dass ihr bei den Klassenarbeiten faire Aufgabenstellungen bekommt. Wer sich vernünftig vorbereitet, kann gute Noten erzielen.

Foto Nr.

B

Die Schüler wissen, auf was sie sich einlassen. Wen ich erwische, der bekommt eine Sechs. Ohne Ausnahme. Viele versuchen, mit dem Handy zu betrügen. Wenn eine Klassenarbeit geschrieben wird, müssen die Schüler die Handys abgeben. Anschließend gehe ich mit einem Bluetooth-Gerät in der Klasse herum. Damit kann ich Handys aufspüren. Es gibt jetzt sogar schon ein Programm für das I-Phone, mit dem man Spicker herstellen kann. Das ist doch kriminell! Ich weiß, dass Spicken zwischen Lehrern und Schülern ein Katz-und-Maus-Spiel ist, aber die Schüler müssen begreifen, dass sie immer die Maus in diesem Spiel sein werden. Deswegen ist es richtig, sie bei jedem Täuschungsversuch hart zu bestrafen. So funktioniert Lernen.

Foto Nr.

C

Ich habe generell ein sehr entspanntes Verhältnis zum Spicken. Natürlich ist es auch bei mir verboten, Spicker zu verwenden. Aber wenn es einem Schüler gelingt, auf kleinstem Raum die wesentlichen Informationen zusammenzufassen, ist das eine große gedankliche Leistung. Das finde ich sogar positiv. Die Möglichkeiten der Schüler haben sich in den vergangenen Jahren sehr verändert. Zu meiner Zeit waren wir auf die Mädchen neidisch, die Zettel im Rocksaum verstecken konnten. Heute erlauben Computer und Handy viel mehr Möglichkeiten. Aber das eigentliche Problem liegt im Schulsystem. Wenn Schüler allein durch Spicker zu guten Noten kommen, ist die Prüfung falsch gestellt. In meinen Prüfungen ist ein Spicker völlig nutzlos, weil ich nicht irgendwelche Fakten abfrage, sondern eigenständige gedankliche Leistungen verlange. Spicken nutzt genauso wenig wie Auswendiglernen.

Foto Nr.

1 Lesen Sie die drei Kurztexte. Was glauben Sie: Wer hat was geschrieben? Ordnen Sie drei der Fotos den Texten zu.

2 Welche Überschrift passt zu welchem Text? Schreiben Sie den passenden Buchstaben A, B oder C in die rechte Spalte der Tabelle und die Überschrift hinter ▶ über den Text. *Achtung! Zwei Überschriften passen nicht!*

Überschrift	Text (A, B, C)
Spicker erlaubt!	
Spicker in meiner Klasse sinnlos	
Strafe muss sein	
Moralische Bewertung von Spickern	
Offenes Gespräch über Spicken	

3 Bei welchem Lehrer hätten Sie *gern / nicht so gern* Unterricht gehabt? Warum?

4 Wer sagt was? Ordnen Sie den Aussagen die Texte A, B oder C zu.

Aussage	A	B	C
1. Ich achte darauf, dass niemand elektronische Geräte verwendet.			
2. Wenn man als Lehrer Spicken ignoriert, hat man an der Schule einen schlechten Ruf.			
3. Bei mir sind Spicker verboten.			
4. Am besten kann man das Spicker-Problem lösen, wenn man offen mit den Schülern darüber redet.			
5. Spicken ist nicht so sehr ein Problem der Schüler, sondern der Schule und des Unterrichts.			
6. Die Schüler können beim Spicken nicht gewinnen.			
7. Spicken kann auch Vorteile für das Lernen haben.			
8. Wenn ich bemerke, dass ein Schüler spickt, bekommt er eine schlechte Note.			

5 Die Lehrer in Text A und B haben zu ihren Schülern ein unterschiedliches Verhältnis. Notieren Sie die Wörter, die dies deutlich machen.

Lehrer	Wörter
A	Beziehungsangelegenheit
B	erwische
C	

6 Stellen Sie sich vor, Sie sind Lehrerin/Lehrer. Die Redaktion der Schülerzeitung Ihrer Schule bittet Sie, einen Kommentar zum Spicken zu schreiben.

▶ Üb, S. 4

Aktiv – Passiv

> **Aktiv** und **Passiv** ermöglichen es, einen Sachverhalt aus **unterschiedlichen Perspektiven** darzustellen. Im **Aktiv** steht der, die oder das **Handelnde** (»Agens«) im Vordergrund. Im **Passiv** wird das **Objekt der Handlung** betont. Das Agens kann sogar wegfallen. Das Aktiv kommt viel häufiger vor als das Passiv. Es gibt zwei unterschiedliche Passivformen: das **Vorgangspassiv** und das **Zustandspassiv**. ▶ GR S. 136

» *Aus der Bastelanleitung für den Limonaden-Spicker:* »Limonadenflasche ins Wasserbad legen, Etikett ablösen, mit Föhn trocknen, Etikett einscannen, mit PC bearbeiten, mit Farbdrucker ausdrucken, Etikett auf Flasche kleben.« «

1 Schreiben Sie aus der Kurzform der Bastelanleitung in die linke Spalte Sätze in der Aktiv-Form. Beginnen Sie jeweils mit »Tino« oder »Er«. Schreiben Sie danach die Sätze in der Passiv-Form in die rechte Spalte. Ergänzen Sie im Regelkasten die passenden grammatischen Ausdrücke.

Person (»Täter«) wichtig	Person nicht wichtig / unbekannt/ soll nicht genannt werden
1. Tino **legt** eine Limonadenflasche ins Wasserbad.	1. Eine Limonadenflasche **wird** ins Wasserbad **gelegt**.
2. Er	2.
Verb im Aktiv **Akkusativ**	▶ **Verb im Passiv**
	▶ »werden« +

In der folgenden Übung geht es nicht um Spicker, sondern um Müll.

In Deutschland wird der Müll getrennt. Plastik, Milchkartons und leichte Metalle werden vom normalen Hausmüll getrennt und in gelben Säcken gesammelt. Dieser Müll wird in riesigen Fabriken verarbeitet. Text und Grafik erklären, wie das funktioniert. Normalerweise sind solche **Grafiken beschriftet**. Vorherrschend ist hier – genau wie bei Bedienungsanleitungen auch – das **Passiv**: *Was wird gemacht?*

Angenommen aber, Frau R. führt eine Gruppe von Besuchern durch die Fabrik und erklärt, wie alles funktioniert. Frau R. möchte den Besuchern zeigen, dass die Firma die modernsten Technologien und Maschinen einsetzt. Sie stellt die Maschinen, die den Müll verarbeiten, in den Vordergrund: Sie spricht im **Aktiv**: *Wer oder was macht was?*

⇨ **Lesen Sie den Text** und vergleichen Sie die Angaben mit der Grafik.
⇨ **Markieren Sie** im Text möglichst mit unterschiedlichen Farben *wer was macht*, siehe Beispiel (1): **Haushalte** *(wer?)* den Müll **gesammelt und getrennt** *(macht was)*
⇨ **Beschriften Sie die Grafik** mit **Passivsätzen** (siehe Beispiel **1**). Einige (unbekannte?) Verben sind *in blau* angegeben.

In der Recycling-Anlage

Meine Damen und Herren, ich möchte Ihnen heute unser Recyclinganlage vorführen, die mit den modernsten Maschinen ausgerüstet ist und eine optimale Wiederverwertung der verschiedenen Müllsorten gewährleistet.
(1) Nachdem die **Haushalte** den **Müll gesammelt und getrennt** haben, kommt er in den gelben Säcken zu uns. (2) Roboter entleeren die Säcke auf ein Förderband. (3) Zuerst gelangt der Müll hier in diesen riesigen Schredder, der die groben Abfälle zerkleinert. Anschließend läuft der Müll auf dem Band in eine Maschine, die wir den Magnetscheider nennen.

(4) Große Magnete ziehen hier jedes Jahr Tausende Tonnen Weißmetalle heraus. (5) 95 Prozent der Weißmetalle verwerten Stahlwerke, die wir beliefern, wieder.
Die Magnete erfassen aber nicht das Aluminium. Das passiert hier, im Wirbelstromscheider, den unsere Techniker entwickelt haben. (6) Mit Hilfe eines elektrisch erzeugten Magnetfeldes sortieren wir das leichte Aluminium heraus und befördern es auf ein anderes Transportband. (7) Im letzten Jahr ist es uns gelungen, mehr als 90 Prozent des Aluminiums zu recyceln.
Außer Metallen haben wir natürlich sehr viel Kunststoff in den gelben Säcken. (8) Hier in dieser Anlage arbeiten Infrarotsensoren, die die verschiedenen Kunststoffarten scannen. (9) Danach blasen Luftdüsen sie auf verschiedene Förderbänder. (10) Wir können 50 Prozent des Kunststoffes recyceln; den Rest können wir leider nicht verwerten; wir verbrennen ihn.

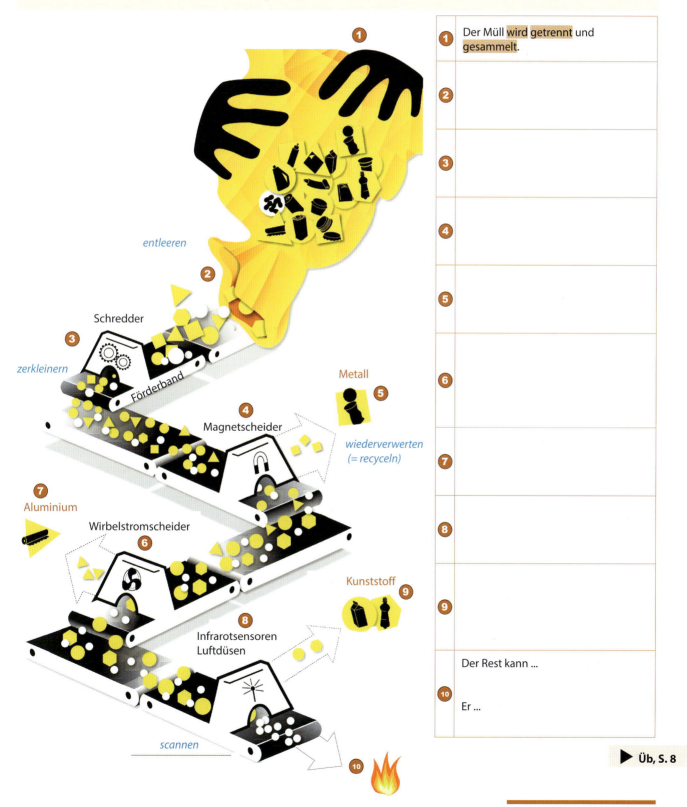

1	Der Müll wird getrennt und gesammelt.
2	
3	
4	
5	
6	
7	
8	
9	
10	Der Rest kann … Er …

▶ Üb, S. 8

Lerntipp: Globales & selektives Lesen

Überschrift: Thema, Schlüsselwörter des Textes

Fettdruck zu Beginn: kurze Zusammenfassung (»Anleser«)

Harte Strafen für Plagiate

Die Hochschulen in Baden-Württemberg haben die Strafen für Abschreiber verschärft. Künftig kann man sogar exmatrikuliert werden, wenn man sich Leistungsnachweise wie Haus- oder Examensarbeiten mit Plagiaten erschleicht.

Das Internet ist eine Fundgrube für Schriften aller Art. Viele Webseiten haben sich dabei insbesondere auf
5 akademische Bedürfnisse eingerichtet. Neben Thesenpapieren oder Referaten stehen Hausarbeiten und sogar Dissertationen zum Herunterladen bereit, manchmal schon zum Nulltarif. Nie war schummeln leichter. Man schreibt nicht mehr mühsam aus Büchern ab, sondern kopiert mit ein paar Mausklicks: googlen, kopieren, einfügen.

Verletzung »wissenschaftlicher Redlichkeit«

10 Plagiate (lat. plagium ‹Menschenraub›) sind gestohlene Ideen. Oft geschieht dies durch das Abschreiben von Textpassagen, ohne dass die Quellen angegeben werden. Zur Verschleierung von Plagiaten werden die Texte manchmal noch überarbeitet, oder es werden verschiedene Quellen gemischt. Diese Copy-Taste-Methode galt schon immer als Täuschung, allerdings gab es – abgesehen von einer Benotung der Arbeit mit Mangelhaft – bisher keine Sanktionsmöglichkeiten. Durch eine Änderung im Landeshochschulgesetz
15 können Studierende nun exmatrikuliert werden. Dozenten und Prüfungskommissionen haben damit ein Instrument gegen die Verletzung »wissenschaftlicher Redlichkeit«. Aber auch Doktoranden und Professoren, die sich mit fremden Federn schmücken, können durch das neue Gesetz belangt werden. Denn auch bei wissenschaftlichen Publikationen wird geschummelt.

Plagiate werden gefunden

20 Der Nachweis, dass abgeschrieben wurde, ist leichter, als mancher Student glaubt. Das Internet hilft nicht nur Studierenden zu täuschen, sondern auch Prüfern, Täuschungen aufzudecken. Zum Beispiel nutzen Dozenten die Software *»Turnitin«*, die eine wissenschaftliche Arbeit mit Texten aus dem Internet vergleicht und Parallelen ausfindig machen kann.

Studienbedingungen verleiten zum Schummeln

25 Die Studierenden sind aber nicht allein schuld daran, dass so oft plagiiert wird. Zwei Gründe haben mit dazu beigetragen, dass Professoren immer öfter auf Plagiate stoßen:

- Viele Studierende haben nur unzureichende Kenntnisse über wissenschaftliches Arbeiten, wenn sie mit dem Studium beginnen, zum Beispiel wie man korrekt zitiert.
- Darüber hinaus stehen sie häufig unter Zeitdruck, weil die Studienzeiten verkürzt wurden. Merkt
30 man, dass die Zeit bis zum Abgabetermin einer Hausarbeit nicht ausreicht, verführen *Wikipedia* oder Internetportale wie *diplomarbeiten24.de* oder *hausarbeiten.de* dazu, mit einigen Mausklicks die Arbeit fertig zustellen.

Um das Plagiieren an den Hochschulen zu bekämpfen, reichen Strafen allein also nicht aus.

Aufzählungen: Beispiele, Erläuterungen

Zwischenüberschriften: Gliederung, Teilthemen

LV 1

1 [Orientierung] **Lesen Sie nur die Orientierungshilfen (▶)**
- ⇨ Überlegen Sie, welche Informationen Sie zum Thema haben (»Vorwissen«).
- ⇨ Schreiben Sie (ungefähr 4 – 6) Fragen auf, auf die der Text eine Antwort geben könnte.

1. Welche Strafen gibt es für Plagiate? ✓
2.
3.
4.
5.
6.

2 [globales Lesen] **Lesen Sie den Text – schnell und ohne Wörterbuch** (»einen Text überfliegen«).
- ⇨ Überprüfen Sie, zu welchen Fragen, die Sie in Aufgabe 1 formuliert haben, der Text Informationen gibt. Markieren Sie sie (✓).
- ⇨ Zu welchen anderen Themen haben Sie Informationen gefunden?
Ergänzen Sie eventuell die Fragen aus Aufgabe 1.

> »Man braucht immer ein Wörterbuch. Aber manchmal ist das Wörterbuch ein ›falscher Freund‹. Man verliert viel Zeit und hat keine Lust mehr, deutsche Texte zu lesen, wenn man immer Wörter nachschlagen muss. Außerdem stimmen viele Übersetzungen auch nicht, und man versteht den Text falsch. Ich empfehle: Versucht so oft wie möglich, Wörter zu erraten, guckt euch die Wortbildung an. Die Deutschen sind ja Weltmeister im Wörterbilden, mit Präfix und Suffix.« *(Emmanuel, Mittelstufe 2)*

3 **Lesen Sie, was Emmanuel zum »Wörterraten« sagt.**

Beispiel Angenommen, Sie kennen im ersten Textabschnitt die Wörter »**verschärft**« und »**Leistungsnachweise**« nicht.
- ⇨ Suchen Sie Wörter oder Wortgruppen aus dem Satz davor oder danach, die Hinweise auf mögliche Bedeutungen geben. Welche Bedeutung könnte zum Sinn des Abschnitts passen?
- ⇨ Versuchen Sie das Wort aus der **Wortbildung** zu verstehen (Stamm, Präfix, Suffix).

In vielen Fällen helfen beide Varianten beim Raten.

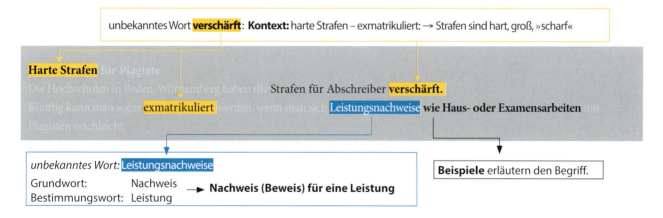

Globales Lesen	
Ziele	Hauptthema, Teilthemen, Textstruktur erkennen
Methoden	1. Vorwissen nutzen 2. Orientierungshilfen nutzen 3. schnell lesen 4. unbekannte Wörter ignorieren oder erraten 5. auf Schlüsselwörter achten

▶ Üb, S. 5

15

Lerntipp: Globales & selektives Lesen

4 [Wörter raten] Versuchen Sie, die ungefähre Bedeutung der folgenden Wörter zu erraten. Überprüfen Sie Ihre Vermutungen mit einem Wörterbuch. Schreiben Sie die Übersetzung auf.

Wort		ungefähre Bedeutung	Hilfen aus Kontext oder Wortbildung	Übersetzung
Z. 3 erschleicht	a) b) c)	illegal erhalten bezahlen nicht beenden	Plagiat, Abschreiber, Strafen, exmatrikuliert: Es muss ein Wort sein, das ein Handeln bezeichnet, das nicht legal ist	
Z. 6 Nulltarif	a) b) c)	zu teuer Preis unbekannt kostet nichts		
Z. 16 Redlichkeit	a) b) c)	Ehrlichkeit Genauigkeit Lüge, Täuschung		
Z. 21 aufdecken	a) b) c)	erkennen verstecken durchführen		
Z. 24 verleiten + Z. 30 verführen	a) b) c)	jemanden dazu bringen, etwas (Negatives) zu tun jemanden vor etwas schützen verhindern		
Z. 27 unzureichende	a) b) c)	zu viel zu wenig zu oft		

5 [selektives Lesen] Auf folgende Fragen gibt der Text Antworten. Schreiben Sie in Stichworten die Antworten auf.

⇨ Suchen Sie in dem Text die blau markierten Wörter aus den Fragen.
⇨ Schreiben Sie die Antwort in Kurzform hinter die Frage.

1. Welche **Strafen** gibt es für Plagiate?	Exmatrikulation / man kann exmatrikuliert werden
2. Was sind Plagiate?	
3. **Wie** können Plagiate **aufgedeckt** werden?	
4. **Aus welchen Gründen** plagiieren Studierende?	a) b)

6 [selektives Lesen] Sie suchen im Text nur Informationen darüber, **wie plagiiert wird**. Geben Sie die Zeilen an, wo der Text dazu Informationen gibt:

Zeile _____ bis Zeile _____

Selektives Lesen	
Ziel	Bestimmte, einzelne Informationen dem Text entnehmen
Methoden	1. Schlüsselwörter erkennen und im Text auffinden 2. Synonyme und Umschreibungen von Schlüsselwörtern erkennen 3. Notizen an den Rand schreiben

Satzklammer

Deutsch ist eine »**Klammersprache**«: Der Satz wird durch eine linke und eine rechte Klammer zusammengehalten. Im **Hauptsatz** und **Fragesatz** bilden die Verbteile (»Prädikat«) die Klammer. Im Nebensatz bildet Subjunktion und Verb die Klammer.

▶ GR S. 138

1 *Satzklammer im Hauptsatz:* **Tragen Sie die restlichen Sätze in das Schema.**

⇨ Falls ein Satzteil nicht in eine Spalte passt, kürzen Sie ihn ab.
⇨ Ergänzen Sie auch die Regel in der letzten Zeile (▶).
⇨ Vergleichen Sie Ihre Ergebnisse und besprechen Sie, was auffällt.

»*Die Hochschulen* haben *die Strafen für Abschreiber* verschärft. *Künftig kann man exmatrikuliert werden, wenn man sich Leistungsnachweise wie Haus- oder Examensarbeiten mit Plagiaten erschleicht.*

Das Internet ist eine Fundgrube für Schriften aller Art. Viele Webseiten haben sich dabei insbesondere auf akademische Bedürfnisse eingerichtet. Neben Thesenpapieren oder Referaten stehen Hausarbeiten und sogar Dissertationen zum Herunterladen bereit, manchmal schon zum Nulltarif. Nie war schummeln leichter. Man schreibt nicht mehr mühsam aus Büchern ab, sondern kopiert mit ein paar Mausklicks: googlen, kopieren, einfügen.«

Vorfeld	Satzklammer links	Mittelfeld	Satzklammer rechts	Nachfeld
Die Hochschulen	**haben**	die Strafen für Abschreiber	**verschärft.**	
Künftig	**kann**	man	**exmatrikuliert werden,**	wenn …
	finites Verb		▶	

2 *Satzklammer im Nebensatz:* **Verfahren Sie mit den folgenden Sätzen wie in Aufgabe 1.**

»*Die Studierenden sind aber nicht allein schuld daran, dass so oft plagiiert wird. Viele Studierende haben nur unzureichende Kenntnisse über wissenschaftliches Arbeiten, wenn sie mit dem Studium beginnen, zum Beispiel wie man korrekt zitiert. Darüber hinaus stehen sie häufig unter Zeitdruck, weil die Studienzeiten verkürzt wurden. Um das Plagiieren an den Hochschulen zu bekämpfen, reichen also Strafen allein nicht aus.*«

Vorfeld	Satzklammer links	Mittelfeld	Satzklammer rechts	Nachfeld
Die Studierenden … daran	**dass**	so oft	**plagiiert wird.**	
	▶		**finites Verb**	

▶ Üb, S. 7

2 Tabus

1 Bei den Bildern geht es um etwas,

☐ worüber man nicht spricht;
☐ was verschwiegen wird;
☐ was verboten ist.

2 Wählen Sie ein Bild, sprechen Sie darüber in Gruppen und stellen Sie es kurz im Plenum vor.

In diesem Kapitel werden Sie

- in Dialogen und Reportagen Tabus in Deutschland kennenlernen (HV);
- Schlüsselwörter erkennen und mit ihnen ein Schema (eine »Mindmap«) ausfüllen (LV);
- offizielle Antwortbriefe schreiben;
- Ersatzformen für das Passiv verwenden (GR);
- Nominalkomposita analysieren (GR);
- einen Tipp von Lian Zhou zum Hörverstehen erhalten und mit Hilfe von Vorwissen und Hypothesen ein Interview über internationale Nahrungstabus besser verstehen (HV);
- globales und selektives Lesen (LV), Passiv und Passiversatz wiederholen (GR).

g

h

1 **Hören Sie vier Dialoge und vier Ausschnitte aus Nachrichten, Interviews und Reportagen.** *(Lassen Sie die Spalte »Meine Bewertung« frei. Dazu gibt es später Aufgaben.)*

⇨ Zu welchem Bild passt welcher Hörtext? (→ Foto)

⇨ Um welches Tabu geht es? (→Tabu)

⇨ Schreiben Sie die Wörter auf, die Ihnen geholfen haben, Text und Bild zuzuordnen. (→Schlüsselwörter)

Text	Foto	Tabu?	Schlüsselwörter	Meine Bewertung
1				☐ schädlich ☐ nützlich
2				☐ schädlich ☐ nützlich
3				☐ schädlich ☐ nützlich
4				☐ schädlich ☐ nützlich
5				☐ schädlich ☐ nützlich
6				☐ schädlich ☐ nützlich
7				☐ schädlich ☐ nützlich
8				☐ schädlich ☐ nützlich

Tabus

1 **Lesen Sie den Text »Arten von Tabus«. Sie sollen anschließend das Schema ausfüllen.** Die Angaben dort bestimmen, was die Schlüsselwörter* des Textes sind. Zum Beispiel steht am Anfang des Schemas »Tabuarten«. Das erste Schlüsselwort dazu im Text heißt »Objekttabus«. **Unterstreichen Sie gleich beim Lesen die Schlüsselwörter. Füllen Sie danach das Schema aus.**
Sie müssen Wörter nur in den rot umrandeten Kästen *ergänzen.*
* *Eine ausführliche Erklärung, was* **Schlüsselwörter** *sind, finden Sie in Kapitel 4, S. 50*

Arten von Tabus

In der Tabuforschung wird zwischen zwei Arten von Tabus unterschieden: Objekttabu und Handlungstabu. Zu den Objekttabus zählt man Gegenstände, Institutionen und Personen, die tabuisiert werden. So dürfen in bestimmten Ländern Personen, etwa ein Kaiser oder ein Diktator, nicht kritisiert werden. Ein Handlungstabu bezieht sich auf Handlungen, z.B. das Urinieren in der Öffentlichkeit.

5 Tabus werden abgesichert durch
- Kommunikationstabus: Über bestimmte Themen wird nicht gesprochen.
- Worttabus: Bestimmte Wörter werden aus dem Wortschatz verbannt. (»Dieses Wort nimmt man nicht in den Mund!«)
- Bildtabus: Abbildungen oder Fotos von tabuisierten Handlungen oder Objekten werden nicht gezeigt.

10 Darüber hinaus können Kommunikations-, Wort- oder Bildtabus von Denk- und Emotionstabus ergänzt werden. Das bedeutet, dass schon der bloße Gedanke an etwas oder das Verlangen, etwas zu tun, die Verletzung eines Tabus bedeuten kann.

In jeder Gesellschaft gibt es nützliche und schädliche Tabus. Wichtigstes Kriterium für diese Bewertung ist die Frage, wer vom Tabu profitiert. Nützliche Tabus haben eine Schutzfunktion. Sie schützen die Würde oder das
15 religiöse Empfinden der Menschen oder auch Minderheiten vor Diskriminierung. So ist zum Beispiel der Ausdruck »Neger« ein Worttabu, weil es im deutschen Sprachgebrauch eine rassistische Herabsetzung von Menschen dunkler Hautfarbe bedeutet. Schädliche Tabus dienen der Sicherung von Herrschaft. Sie sollen Menschen, Institutionen oder Organisationen vor Kritik schützen. Ziele dieser Tabus sind der Schutz von Macht und Privilegien. So ist es zum Beispiel in manchen Ländern verboten, den Präsidenten zu kritisieren.

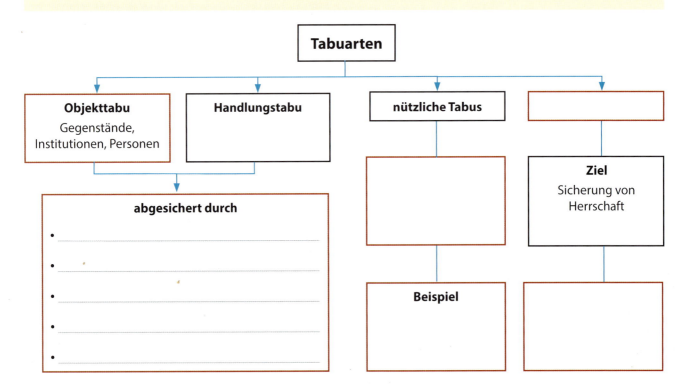

2 Wie würden Sie jetzt – nach der Lektüre des Textes – die Tabus bewerten, die in den Dialogen und Texten aus Aufgabe 1, S. 19 eine Rolle spielen? Kreuzen Sie in der rechten Spalte – »Mein Bewertung« – »nützlich« oder »schädlich« an. Vergleichen und diskutieren Sie Ihre Ergebnisse mit Ihrem Lernpartner.

▶ Üb, S. 10

1 Herr Tappmann möchte in ein fernes und unbekanntes Land verreisen. Er hat dort eine Bekannte, der er einen Brief schreibt.

Sehr geehrte Frau Chung,

für dieses Jahr plane ich einen längeren Aufenthalt in Ihrem Land. Zu meiner Vorbereitung auf Auslandsreisen gehört es selbstverständlich, kulturelle Eigenheiten kennenzulernen, denen ich durch angemessenes Verhalten Respekt zollen möchte. Seien Sie doch bitte so freundlich und beantworten Sie mir, freilich in gebotener Kürze, den folgenden Fragenkatalog, für dessen Umfang ich mich schon jetzt bei Ihnen entschuldigen möchte.

In freudiger Erwartung auf Ihre Antworten und auf Ihr Land
verbleibe ich

Ihr
Thomas Tappmann

Fragenkatalog

1. Was sollte man auf keinen Fall als Gastgeschenk mitbringen?
2. Welche Blumen sollte man einer Gastgeberin nicht schenken?
3. Welche Kleiderordnung muss ich in Ihrem Land beachten?
4. Welches Benehmen wird in der Öffentlichkeit nicht gern gesehen?
5. Wen oder was sollte man nicht fotografieren?
6. Ist es üblich, Trinkgeld zu geben? Wenn ja, wie viel?
7. Welche Ess- und Trinksitten sollte man beachten?
8. Gibt es Speisen und Getränke, die bei Ihnen tabu sind?
9. Ist Religion bei Ihnen ein Tabuthema?
10. Über welche politischen Themen sollte man nicht sprechen?
11. Welche Gestik ist beleidigend?
12. Wie sollte ich eine Frau nicht begrüßen?
13. Gibt es bestimmte Regeln, die eine Frau einhalten sollte? Wenn ja, welche?

2 Schreiben Sie eine Antwort auf seinen Brief.

Irgendwo, 30. 05. 2016

Sehr geehrter Herr Tappmann,

haben Sie vielen Dank für Ihren Brief und für Ihr Interesse an meinem Land. Damit Sie sich bei uns richtig wohl fühlen – und in kein Fettnäpfchen treten, wie man bei Ihnen sagt –, beantworte ich gerne Ihre Fragen.
zu 1. Als Gastgeschenk sollten Sie auf keinen Fall ... mitbringen. Das ...
zu 2. Mit Ausnahme von Lilien, die man hier auf Gräbern findet, können Sie ...
zu 3. ...

▶ Üb, S. 12

Passiversatz / Nominalkomposita

| | Für das Modalverb »können« gibt es viele andere Ausdrücke: *es ist möglich / erlaubt, etwas zu tun; fähig sein / imstande sein / in der Lage sein, etwas zu tun* usw. Auch in **Passivsätzen** *kann* das Modalverb »können« *umschrieben werden*. Diese Umschreibungen gehören zu den **Passivsatzformen**: Sie ersetzen das Passiv.

1 Unterstreichen Sie in dem folgenden Zitat mit unterschiedlichen Farben a) alle Passivkonstruktionen mit den Modalverben können / dürfen und b) alle **Passivsatzformen**.

» Wie *kann* Tabu *definiert werden* und von Verbot, Geheimnis, Scham usw. *abgegrenzt werden*? Es lässt sich festhalten, dass echte gesellschaftliche Tabus etwas betreffen, was nicht gemacht, gesagt, gedacht, gefühlt, auch nicht gewusst und berührt werden darf – dennoch aber machbar, sagbar, denkbar, fühlbar und erkennbar sowie berührbar ist. Im Unterschied zu Gesetzen oder grammatischen Regeln sind Tabus nicht kodifiziert, sie lassen sich nirgends nachlesen. Darüber hinaus ist für den Tabubrecher nicht abzusehen, welche Folgen sein Handeln hat. «

2 Ergänzen Sie die fehlenden Formen in der Tabelle. Ergänzen Sie auch in der letzten Zeile »↪« die Regel. ▶ GR S. 139

Passiv mit können / dürfen	Passiversatz I	Passiversatz II	Passiversatz III
Wie kann »Tabu« definiert werden?			
	Es lässt sich festhalten, …	~~festhaltbar~~ *(nicht üblich)*	
		Es ist machbar, denkbar, fühlbar	
			Für den Tabubrecher ist nicht abzusehen …
↪ können / dürfen + Infinitiv Passiv			

▶ Üb, S. 14

| | Eine Spezialität der deutschen Sprache sind die **Komposita**. Sie können mit zwei Nomen, aber auch mit anderen Wortarten (neu) gebildet werden. Manchmal ist es einfach, die Bedeutung der Komposita zu erkennen, manchmal hilft nur der Kontext, wie zum Beispiel bei Komposita mit dem in Deutschland beliebten, anderswo tabuisierten »Schnitzel«: Ein Schweineschnitzel ist ein Schnitzel, das *aus (!)* Schweinefleisch zubereitet ist. Ein Kinderschnitzel ist ein Schnitzel *für (!)* Kinder, also ein kleineres Stück Fleisch, und ein Jägerschnitzel ist ein Schnitzel »nach Art der Jäger«: Das Fleischstück wird mit Pilzen serviert.

3 Bilden Sie Nominalkomposita mit c) und d). Tragen Sie sie wie a) und b) in die Tabelle ein.

a) das Tabu — das Ausland
b) die Reise ⤫ der Bruch
c) das Mittel — das Tier
d) das Haus — die Nahrung

a	das Tabu	der Bruch	der Tabubruch
b	das Ausland	die Reise	die Auslandsreise
c			
d			
	Bestimmungswort	**Grundwort**	**Nominalkompositum**

4 Bilden Sie aus den Nomen der linken und der rechten Wortkolonne **Komposita.** Die Wörter stammen aus den Texten dieses Kapitels. **Die** *Bestimmungswörter* **können auch in der rechten, die** *Grundwörter* **auch in der linken Kolonne vorkommen!**

Beispiel die Theologieprofessorin

die Professorin	der Geburtstag
die Ersatzform	das Tabu
der Schatz	die Theologie
die Forschung	die Handlung
das Tabu	das Passiv
das Tabu	die Funktion
die Feier	das Wort
der Schutz	die Kommunikation
-ung, -ion, -heit, -ität immer mit **s**	

Mustafa F. arbeitet in einem großen Supermarkt in der Frischwarenabteilung. Er transportiert Kartons mit Milch, Butter, Käse usw. und räumt die Waren in die Regale ein. Eines Tages erhält er von der Firmenleitung einen Brief.

Mustafa F.
Am Stadttor 4
24103 Kiel

Versetzung in die Getränkeabteilung Kiel, 14. 03. 2016
Sehr geehrter Herr F.,

aus betriebsinternen Gründen teilen wir Ihnen mit, dass Sie ab dem 20.03.2007 in der Getränkeabteilung unseres Marktes arbeiten werden. Bitte melden Sie sich bei Ihrem Bereichsleiter, Herrn Krombacher.

Mit freundlichen Grüßen

Friedel Fürchtegott
Personalleiter

So soll der Brief von Mustafa F. aussehen

Mustafa F.
Am Stadttor 4
24103 Kiel

Kaufhölle GmbH Kiel, 15.03. 2016
– Herrn Fürchtegott –
Im Industriegebiet 7
24109 Kiel

Arbeit in der Getränkeabteilung

Sehr geehrter Herr Fürchtegott,

in Ihrem Schreiben vom 14.03. haben Sie mir mitgeteilt, dass ...

Mit freundlichen Grüßen
Mustafa F.

---

1 Mustafa hat ein Problem damit: Er ist gläubiger Moslem.
Er schreibt an die Geschäftsleitung einen Brief, in dem er darum bittet, nicht in der Getränkeabteilung arbeiten zu müssen. **Schreiben Sie für Mustafa den Brief.**

⇨ Lesen Sie zunächst den Kasten »Alkoholverbot im Islam«.
⇨ Notieren Sie in Stichworten Gründe für die Bitte.
⇨ Achten Sie auf die äußere Form des Briefes (siehe nebenstehendes Muster).

2 Personalleiter Fürchtegott antwortet auf Mustafas Brief. Schreiben Sie auch diesen Brief.

*Der Fall hat sich tatsächlich so ereignet, nur die Namen sind erfunden. Es gab mehrere Gerichtsurteile, bis schließlich im Februar 2011 das höchste Gericht ein letztes Urteil sprach.
Auf der nächsten Seite finden Sie einen Zeitungsartikel dazu.*

Alkoholverbot im Islam
Nach islamischem Recht ist der Genuss von Alkohol wie auch anderen Drogen eine Sünde und verboten. Ein strenges Alkoholverbot konnte aber in der islamischen Welt bis heute nicht durchgesetzt werden.
In einigen islamischen Ländern ist jeglicher Konsum von und Handel mit Alkohol verboten. Je nach Herkunftsregion gaben zwischen 65 und 86 Prozent der befragten Muslime in Deutschland an, sich an das Alkoholverbot zu halten.

Tabus

Tabu Alkoholverkauf

Bundesarbeitsgericht: Muslim braucht keine Bierflaschen zu transportieren / Niederlage für Supermarkt-Kette

Ein Arbeiter räumt über Jahre in einem Supermarkt in Kiel Regale ein. Im Februar will ihn sein Chef von der Frischwarenabteilung in das Getränkelager versetzen. Doch der Mann weigert sich strikt, dies zu tun: Sein muslimischer Glaube verbiete* ihm den Umgang mit Alkohol. Eine Tätigkeit in der Getränkeabteilung lasse* sich mit seinen religiösen Überzeugungen nicht vereinbaren. Wenige Tage später entlässt das Management den Vater zweier Kinder. Es sei* nicht zu akzeptieren, dass Beschäftigte bestimmen, wo sie arbeiten und wo nicht. Zwei Gerichte bestätigten die Kündigung. Schließlich wusste der Mann, dass er als Ladenhilfe in allen Abteilungen eingesetzt werden kann, argumentiert das Landesarbeitsgericht Schleswig-Holstein.

Das Bundesarbeitsgericht hat jetzt den Fall nach Kiel zurückverwiesen: Es müsse* geprüft werden, ob der Arbeiter weiterbeschäftigt werden kann, ohne dass er mit Alkohol in Berührung kommt.

Gericht bejaht Glaubwürdigkeit des Mannes

Der Kläger beruft sich auf die Religionsfreiheit, die das deutsche Grundgesetz garantiert. Als gläubiger Moslem sei* ihm nicht nur das Trinken von Alkohol untersagt. Er dürfe* auch nicht bei der Verbreitung mithelfen. Vor Gericht verglich er die islamischen Regeln mit den hiesigen Drogengesetzen: In Deutschland werde* der Handel mit Rauschgift auch schärfer bestraft als der Konsum von Marihuana und Heroin.

Was genau der Koran tatsächlich erlaubt oder verbietet, musste das Gericht nicht prüfen. Vielmehr ging es darum, ob der Mann tatsächlich aus einer persönlichen religiösen Überzeugung das Schleppen von Bierkästen verweigert. Die Richter zeigten sich überzeugt, dass dies der Fall ist. Für strenggläubige Muslime könnten solche Arbeiten tatsächlich ein Problem sein, meinen auch Ethnologen, die sich mit dem Islam in Europa befassen.

Unternehmen muss Rücksicht auf Religion nehmen

Die Religionsfreiheit des Muslims beißt sich in diesem Fall mit der unternehmerischen Betätigungsfreiheit der Firma, die das Grundgesetz ebenfalls garantiert. Das Management darf seinen Beschäftigten auch Arbeiten zuweisen, die diese nicht gerne ausführen. Allerdings müssen die Chefs dabei versuchen, Rücksicht auf die Religion der Arbeiter zu nehmen. Und das bedeutet in diesem Fall: Der Supermarkt muss prüfen, ob es eine alternative Beschäftigung für den Moslem gibt.

* Konjunktiv I der Verben

Worterklärungen

Bundesarbeitsgericht = oberstes Gericht, das über alle Fragen urteilt, die das Verhältnis zwischen Arbeitern und Unternehmern betreffen

Glaubwürdigkeit, *Nomen vom Adjektiv* **glaubwürdig** = so, dass man jdm. glauben kann

1 **Lesen Sie nur die Orientierungshilfen** *(Überschrift, Zwischenüberschriften).*
  ⇨ Tragen Sie im Kurs alle Informationen zusammen, die Sie aus den Orientierungshilfen erhalten.
  ⇨ Welche Fragen bleiben offen?

Infos aus Orientierungshilfen	Offene Fragen

A Globales & selektives Lesen

2 [globales Lesen] **Lesen Sie den Artikel.**
  ⇨ Stimmen die Informationen aus den Orientierungshilfen, die Sie notiert haben?
  ⇨ Welche offenen Fragen beantwortet der Text? Welche nicht?

3 [Wörter erraten] Erraten Sie folgende Wörter.

Wort	Hilfen aus dem Kontext	Übersetzung
a) Z. 6 versetzen	von Frischwarenabteilung in Getränkelager »setzen«	frz. déplacer, engl. to transfer
b) Z. 7 weigert		
c) Z. 10 vereinbaren		
d) Z. 11 entlässt		
e) Z. 14 Kündigung		
f) Z. 25 untersagt		
g) Z. 40 beißt sich mit		

4 [selektives Lesen] Welche Argumente führen a) Arbeiter, b) Unternehmen, c) Landesarbeitsgericht und d) Bundesarbeitsgericht für ihre Auffassung an? Markieren Sie entsprechende Stellen im Text und schreiben Sie die Argumente in Stichworten auf.

a) Arbeiter _____

b) Unternehmen _____

c) Landesarbeitsgericht _____

d) Bundesarbeitsgericht _____

Grammatik

5 [Passiversatz] Im Artikel gibt es zwei Sätze mit Passiv-Ersatzformen. Markieren Sie sie. Verwenden Sie alternative Formulierungen.

⇨ 1. _____

⇨ 2. _____

6 [Aktiv – Passiv] Setzen Sie die folgenden Sätze ins Aktiv bzw. Passiv. Überlegen Sie, ob die Umformungen sinnvoll sind.

a) Z. 11: Wenige Tage später *entlässt* das Management den Vater zweier Kinder. → _____

b) Z. 14: Schließlich wusste der Mann, dass er als Ladenhife in allen Abteilungen **eingesetzt werden kann**. →*(Verwenden Sie als Subjekt »**die Firma**«).* Schließlich wusste der Mann, _____

c) Z. 28: In Deutschland werde der Handel mit Rauschgift auch schärfer bestraft. → _____

d) Z. 42: Das Management darf seinen Beschäftigten auch Arbeiten zuweisen, die diese nicht gerne ausführen. → _____

▶ Üb, S. 16

Lerntipp Hören: Antizipation

Wenn Sie die Texte auf den vorangegangenen Seiten bearbeitet haben, haben Sie viele Informationen über Tabus erhalten. Sie haben nachgedacht, miteinander diskutiert, vielleicht gestritten, neue Wörter zum Thema »Tabu« kennen gelernt – kurz: **Sie haben sich mit dem Thema beschäftigt.** Das macht es viel einfacher, den folgenden Hörtext zu verstehen, obwohl er ziemlich lang ist.

Natürlich können Sie sich nicht immer so intensiv auf einen Hörtext vorbereiten. In diesem Buch werden Ihnen zu den meisten Hörtexten aber **Aufgaben** angeboten, die Sie **auf den Text vorbereiten** sollen. Diese Aufgaben beginnen mit einem Großbuchstaben (A, B, C ...)

»Vorbereiten« heißt: Sie sollen überlegen *(im Kurs: besprechen)*,
- was Sie zum Thema wissen;
- was / welche Inhalte im Hörtext angesprochen werden können;
- was Sie für eine Meinung zum Thema haben.

Im Unterricht oder in einer Prüfung geben die **Fragen oder Aufgaben wichtige Hinweise auf die Textinhalte**. Oft kann man aus den Aufgaben auch schon eine grobe Textgliederung erkennen.

In der Regel hören Sie die Hörtexte in diesem Buch zweimal. Beim ersten Hören (»globales Hören«) sollen Sie die Ergebnisse der Vorbereitungsaufgaben verwenden. Beim zweiten Hören sollen Sie in der Regel Aufgaben und Fragen zu bestimmten Textinformationen bearbeiten (»selektives Hören«).

»Die Deutschen sagen, wenn sie etwas überhaupt nicht verstehen: ›Ich verstehe nur Bahnhof.‹ Ich habe am Anfang beim Hören auch nur ›Bahnhof‹ verstanden, weil ich ganz viele Wörter nicht verstanden habe. Dann war ich panisch und dachte, ich verstehe gar nichts.
Meine Lehrerin hat immer gesagt: ›Konzentriere dich auf das, was du verstehst!‹ Und man versteht immer etwas. Besonders dann, wenn man vorher was vom Thema gehört hat und sich Gedanken darüber gemacht hat.« *(Lian Zhou, 2. Semester)*

A Welche Tiere werden bei Ihnen als Nahrungsmittel akzeptiert, welche nicht. *Akzeptiert = ja; nicht akzeptiert = nein.*

ja	ja	ja	ja	ja	ja	ja	ja	ja
nein	nein	nein	nein	nein	nein	nein	nein	nein

B Aus welchen Gründen werden bei Ihnen bestimmte Tiere nicht als Nahrungsmittel akzeptiert? Welche anderen Gründe kennen Sie für Nahrungstabus? Sammeln Sie Gründe an der Tafel.

C Schlagen Sie folgende Wörter in einem Wörterbuch nach.

	sich ekeln vor; der Ekel; ekelhaft; eklig		die Landwirtschaft; der Ackerbau; Dünger; füttern; Feldfrüchte; Getreide

D Schreiben Sie die passenden Wörter zu den Erklärungen.

	von Geburt an vorhanden
	so viel Geld haben, dass man sich eine Sache kaufen kann
	aus religiösen Gründen besonders wertvoll, unantastbar
	schmutzig
	erhalten, bekommen

heilig   sich etwas leisten können   erwerben (erwarb, erworben)   unrein   angeboren sein

HV 2

1. Hören

1 a) Welche Tiere aus Aufgabe A werden angesprochen?
Bitte in der Tiertabelle auf S. 26 ankreuzen.

b) Welche Gründe für Nahrungstabus, die Sie in Aufgabe B genannt haben, werden im Text erwähnt?

Hörtext: Nahrungstabus: »Das kommt nicht auf den Tisch!«

Interview, 767 Wörter

Eine Anthropologin berichtet über Nahrungstabus in verschiedenen Kulturen und erklärt, wie diese Tabus entstanden sind.

2. Hören

2 **Hören in Gruppen.** Beim zweiten Hören sollen Sie nicht alle, sondern nur bestimmte Textinformationen verstehen.
(Falls Sie nicht in Gruppen arbeiten, bearbeiten Sie sofort die Aufgaben im Übungsbuch)

3 Teilen Sie den Kurs in **vier Gruppen**. Jede Gruppe konzentriert sich auf die Textaussagen, die zu den Tieren bzw. zu allgemeinen Aussagen zum Nahrungstabu *(Gruppe 4)* gemacht werden. Machen Sie sich während des Hörens Notizen.

⇨ Tragen Sie nach dem Hören alles zusammen, was Sie zu »Ihren« Tieren verstanden haben.
⇨ Berichten Sie den anderen Gruppen, was Sie erarbeitet haben.
⇨ Machen Sie sich Notizen zu den Berichten der anderen Gruppe.
⇨ **Füllen Sie in der Gruppe die Tabelle unten auf dieser Seite aus.**

Gruppe 1	Nahrungstabu Schwein und Hund
Gruppe 2	Nahrungstabu Kuh und Insekten
Gruppe 3	Nahrungstabu Pferd
Gruppe 4	Nahrungstabu allgemein

Fragestellung für die Gruppen
- **Wo** ist das Tier als Nahrung tabu?
- Was ist der **Grund** / sind die **Gründe** für das Tabu?

Tier	Wo?	Gründe
(Schwein)		
(Hund)		
(Kuh)		
(Insekt)		
(Pferd)		
Nahrungstabus allgemein		

4 Schreiben Sie eine E-Mail an den Radiosender, der das Interview übertragen hat. Suchen Sie sich zwei Tiere aus und begründen Sie, warum Sie die niemals essen würden. Wenn Sie Vegetarier sind, begründen Sie, warum Sie generell keine Tiere essen.

▶ Üb, S. 17

3 Dunkle Gefühle

| Heimweh | Liebeskummer | Verachtung | Eifersucht | Niedertracht | Scham | Stolz |

| Wut | Neid | Rache | Melancholie | Einsamkeit | Schadenfreude | Trauer | Hass |

A **Dunkle** Gefühle?
- Welche Gefühle sind Ihrer Meinung nach **nicht** »*dunkel*«?
- Schreiben Sie drei Gefühle auf, die Sie möglichst nicht verspüren wollen.
- Welche Gefühle passen Ihrer Meinung nach zu welchen Bildern? Schreiben Sie die Gefühle unter die Bilder. Sie können auch mehrere Gefühle unter ein Bild schreiben.

▶ Üb, S. 20

In diesem Kapitel werden Sie

- in Dialogen, Kurztexten und einem modernen Märchen dunkle Gefühle erkennen (HV, LV);
- Textlücken ergänzen, weil Sie den Kontext verstanden haben (LV);
- Ratschläge und Empfehlungen geben;
- Varianten von Konditionalsätzen kennenlernen (GR);
- den Konjunktiv II wiederholen (GR);
- die verschiedenen Funktionen von »es« erfahren (GR).

1 [globales Lesen] **Um welche Gefühle geht es in den 4 Texten?**

⇨ Ergänzen Sie die Lücken. Es kann sich um Nomen, Verben oder Adjektive handeln.

⇨ Markieren Sie Wörter, Satzteile oder Sätze, die deutlich machen, um welches Gefühl es sich handelt.

⇨ Schreiben Sie das Gefühl als Überschrift in den weißen Kasten.

1

In der Zeichentrickserie »Die Simpsons« gibt es die Figur des Nelson Muntz. Er ist ein dicker, hässlicher Junge, zu dessen Lieblingstätigkeiten es gehört, auf all jene, denen ein
5 Missgeschick passiert, höhnisch mit dem Finger zu zeigen und dazu laut »Haha!« zu rufen. Das Gefühl, das sich da in einem ausbreitet, das manchmal ein schlechtes Gewissen hinterlässt, heißt _____. Es ist
10 die Lust an fremdem Unglück – und viel mehr als nur eine kleine, gerade noch akzeptierte Bösartigkeit. _____ ist sehr verbreitet, obwohl es ein gesellschaftlich geächtetes Gefühl ist.
15 _____ sind oft Menschen, die ein schlechtes Selbstwertgefühl haben und ihren Wert am Unglück anderer aufzubauen versuchen.

2

Seit dem späten sechsten Jahrhundert gehört der _____ zu den sieben Todsünden. Und er ist die peinlichste davon, denn er zeigt einen Mangel an Souveränität. Deshalb gibt
5 fast keiner zu, dass er _____ ist. In Gesprächen mit Menschen, die sonst durchaus offen über ihre Gefühle sprechen, wird es beim Thema _____ oft merkwürdig still. »Ja, früher als Kind, da war man mal
10 _____ – auf die Schwester oder den Bruder –, aber heute, da hat man es nicht mehr nötig. Es bringt ja eh nichts, sich mit anderen Menschen zu vergleichen.« So oder ähnlich lauten die Aussagen. _____ sind immer nur die anderen.

3

Fast jeder hat dieses Gefühl schon erlebt. Es ist der Stoff unzähliger Dramen und Tragödien der Weltliteratur und des profanen Alltags: _____. Wer von ihr geplagt
5 wird, sieht seine Verbindung zu einer anderen Person gefährdet, sei es zu seinem Partner, seiner besten Freundin oder zur eigenen Mutter. Wissenschaftler sind sich darin einig, dass sowohl Männer als auch Frauen gleichermaßen
10 von dieser alles vergiftenden Emotion überwältigt werden können. Denn dort, wo Liebe im Spiel ist, möchte man die Person ganz für sich besitzen und mit niemand anderem teilen. Glaubt man, dass dies nicht mehr so ist, beginnt
15 _____ – ein Gemisch aus Minderwertigkeitsgefühlen, Hass, Wut, Rachewünschen, Angst, Hilflosigkeit und gelegentlich extremer Zerstörungswut und Gewalt.

4

Schon immer war _____ ein gesellschaftlich umstrittenes Gefühl. Wenn man über jemanden sagt, er sei ein _____ Mensch – ist das ein Kompliment oder eine Abwertung? Im All-
5 gemeinen wird _____ nicht negativ bewertet, wenn sich jemand über die eigene Leistung freut und daraus Selbstbewusstsein entwickelt. Der Erfolg kann aber auch »zu Kopf steigen« und zu Arroganz führen.
   Macht es einen Unterschied, ob jemand
10 _____ darauf ist, vom Zehn-Meter-Turm gesprungen zu sein, oder darauf, Deutscher zu sein? Ja, sagen Psychologen, denn den beiden Formen des _____ lassen sich auch verschiedene Persönlichkeiten zuordnen. Menschen, die häufig
15 _____ auf ihre eigene Leistung sind, sind Studien zufolge angenehme Zeitgenossen: zuvorkommend, emotional stabil, gut eingebunden in Freundeskreis, Partnerschaft und Familie. Wer hingegen vor allem _____ auf seine naturgegebene
20 Zugehörigkeit zu einer bestimmten Gruppe ist, etwa auf seine Nationalität, tendiert leicht zu Aggressionen und Angst gegenüber Fremden.

Dunkle Gefühle

2   **Um welche dunklen Gefühle geht es bei den Texten 5 und 6?**
⇨ Zwei Kursteilnehmer lesen (mit X!) vor (»X ist soziologisch gesehen eine Folge ...«), die anderen schlagen die Seite 28 auf, vergleichen den vorgelesenen Text mit den Bildern und raten, um welches Gefühl es geht.
⇨ Jeder kann zu jeder Zeit die Lösung rufen, schreien oder brüllen.

5

(X) _____ ist soziologisch gesehen eine Folge der Individualisierung. (X) _____ kann soziale Gründe haben, weil man umgezogen ist, unregelmäßige Arbeitszeiten hat oder zu arm ist, um am gesellschaftlichen Leben teilzunehmen. (X) _____ kann aber auch freiwillig gewählt sein, um frei und unabhängig zu sein.
(X) _____ ist kulturell geprägt. Senioren im konservativen Spanien fühlen sich wesentlich häufiger (X) _____ als im liberalen Schweden. Forscher erklären das damit, dass man in Spanien denkt, (X) _____ bedeute, dass jemand den Kontakt zur Familie verloren hat. In Schweden bedeutet (X) _____ hingegen, dass man frei und autonom ist.

6

Zunächst will man nicht glauben, dass es vorbei ist. Man schreibt Briefe, verzweifelte SMS, man twittert, jammert, lamentiert, ruft 25 Mal am Tag an. Die Botenstoffe Dopamin und Noradrenalin rasen durch den Körper. Lässt sich das Ende der Beziehung nicht mehr leugnen, sinkt der Dopaminspiegel drastisch. Eine leichte oder schwere Depression folgt. Man kann weder schlafen noch essen, immer wieder fragt man sich: Warum? Am Ende dieser Phase folgt die Wut. *Das ist unfair! Er oder sie ist schuld! Ich bin das Opfer!* Nur wenn der Dopaminspiegel wieder normal ist, lässt der (X) _____ nach, und man kann wieder auf eine bessere Zukunft hoffen.

3   **Beantworten Sie folgende Fragen zu den Texten auf S. 29 und 30**

Text 1

1. Wie wird Schadenfreude definiert? _____

2. Wer ist besonders anfällig für Schadenfreude? _____

3. Zur Diskussion:
⇨ Halten Sie die Schadenfreude, die im Dialog 2 zum Ausdruck kommt, für verwerflich?
⇨ Können Sie sich Situationen vorstellen, in denen Schadenfreude gerechtfertigt erscheint?

Text 2

1. Warum gibt man nicht gerne zu, dass man neidisch auf jemanden ist? _____

2. Was bedeutet der letzte Satz? _____

Text 3

Unterstreichen Sie zwei Sätze, in denen Eifersucht erklärt wird.

Text 4

Füllen Sie folgende Tabelle aus.

	Beispiel	Persönlichkeit
1. Form von Stolz		
2. Form von Stolz		

Text 5

1. Welche sozialen Gründe werden im Text für Einsamkeit genannt? _____

_____

2. Wie wird »Alleinsein« interpretiert?

in **Spanien** _____

in **Schweden** _____

Text 6

Ordnen Sie den Phasen des Liebeskummers die physiologischen Vorgänge zu.

Verhalten / Stimmung	Vorgänge im Körper
Verzweiflung	
Depression	
Hoffnung	

4 Verben auf -ieren. Ergänzen Sie die Lücken mit den Verben auf -ieren. Begründen Sie Ihre Wahl.

Freundschaft _____, Neid _____   *subtrahieren*   *addieren*

Hass _____, Liebe _____   *multiplizieren*   *dividieren*

5 Die folgenden drei Dialoge und Monologe sind sehr emotional. **Um welche »dunklen« Gefühle geht es bei Text 1, 2 und 3?**

1
12–14

Text	Gefühl	Text	Gefühl
1		3	
2		4	

6 Sie hören ein modernes Märchen. Hören Sie das Märchen bis zum letzten Satz.

⇨ Um welches Gefühl geht es in dem Märchen? Schreiben Sie das Gefühl in die Tabelle von Aufgabe 5 (»Text 4«).

⇨ Was wünscht sich der Manager? Vervollständigen Sie den Satz.

Ich wünsche mir _____

_____

Hörtext: Der Wunsch des Media-Managers

Modernes Märchen
229 Wörter

⇨ Sammeln Sie im Plenum Ihre Vorschläge.

7 Hören Sie den Schluss. Warum wünscht sich der Händler das?

▶ Üb, S. 21

Dunkle Gefühle

1 Lesen Sie den Artikel. Bei »STOP« lösen Sie bitte jeweils die Aufgaben.

Der Schlussmacher

Es gibt Menschen, von denen möchte man nicht angerufen werden. Bernd Dressler gehört zu diesen Menschen. Wenn er zum Hörer greift, _____ (1) Mehr als 250 Mal hat er seinen Satz am Telefon schon gesagt. »Guten Tag, mein Name ist Dressler. Ich bin Inhaber einer ›Trennungsagentur‹«, beginnt der Satz, und manchmal
5 muss er gar nicht weiterreden. Wenn doch, klingt es so bürokratisch wie der Rücktritt von einem Kaufvertrag. »Ich habe den Auftrag, Ihnen eine Nachricht zu überbringen«, sagt Dressler dann: »Mein Auftraggeber will sich von ihnen trennen.« Dann zählt er die drei Top-Trennungsgründe seines Kunden auf. Drei Minuten braucht er dafür, dann legt er auf, und die Person am anderen Ende ist allein. [1. STOP!]
10 Bernd Dressler, der professionelle Schlussmacher, ist 53 Jahre alt, lebt in Berlin – und von der Feigheit der Menschen. Auch wenn er lieber von »Bequemlichkeit« spricht. Seine Kunden sind Männer und Frauen, _____ (2), ihrem Partner in die Augen zu schauen, wenn sie sich von ihm trennen. Sie beauftragen Dressler mit dem Überbringen der schlechten Nachricht – ab 29,95 Euro, inklusive Umsatzsteuer.
15 [2. STOP!]
Es gibt viele Arten, auf die eine Beziehung in die Brüche gehen kann. Dressler hat sie in seinen Service-Paketen auf vier reduziert: Paket eins für 29,95 Euro heißt »Lass uns Freunde bleiben«. »Die Freunde-bleiben-Nummer nehmen natürlich die Frauen am meisten«, sagt Dressler, »die sind konfliktscheuer.« Für den gleichen Preis macht
20 es Dressler auch auf die harte Tour: »Lass mich in Ruhe«, heißt das Paket zwei. Teurer und von seiner Kundschaft viel seltener nachgefragt ist Paket drei: »Schriftlich Schlussmachen«. Die Luxus-Version des Schlussmachens à la Dressler bietet schließlich das vierte Paket, »Persönlich Schluss machen«. Für 50 Euro klingelt Dressler an der Tür des Expartners in spe und spielt den Unglücksboten. Sein Text
25 ist dann je nach Wunsch des Auftraggebers »sanft« bis »unbarmherzig«. Der Partner erfährt vom Ende seines Liebesglücks _____ (3). Dressler vermeidet das Betreten der Wohnung, um Konflikten aus dem Weg zu gehen. »Die meisten sind erst mal baff, wenn sie die Tür aufmachen und ich meinen Text aufsage«, sagt Dressler. Er verschwindet dann so schnell wie möglich, denn lästige Diskussionen sind nicht
30 im Preis inbegriffen». Die meisten Expartner, berichtet er, reagierten gefasst auf das Liebesende zwischen Tür und Angel. Tränenausbrüche habe er noch nie erlebt. [3. STOP!]
Seit August 2006 betreibt Dressler die Trennungsagentur, früher war er zwölf Jahre Filialdirektor einer Versicherung. Da habe er das Verkaufen gelernt, und darauf
35 komme es ja immer an. Seien es nun Versicherungen oder heute eben Trennungen. Reich ist Dressler mit seiner Firma noch nicht geworden, aber er sieht das Geschäft mit dem Aus auf Expansionskurs. »Ich verdiene an der jugendlichen Wegwerfmentalität«, ist seine Theorie des Erfolgs. Es sind meist junge Erwachsene, die ihn um Hilfe bitten: »Anfang 20 sind die meisten, keiner über 40.«
40 Gewissensbisse? Habe er nicht. »Ich sehe das ganz pragmatisch«, sagt er. »Es bin nicht ich, der sich trennt. Die Trennung ist innerlich schon vollzogen, wenn die Leute zu mir kommen«, sagt der 54-Jährige. »Ich bin nicht für die Trennung verantwortlich, sondern überbringe lediglich die Botschaft von A nach B.« Diese Ansicht verschafft ihm die nötige emotionale Distanz: _____ (4), wenn er die Opfer anruft, ihnen
45 eine Nachricht schickt oder sie persönlich aufsucht. Oft meint er vielmehr zu erkennen, dass die Leute gar nicht zueinander passen oder dass der Partner, der verlassen wird, es sogar irgendwie verdient hat. Die meisten Beziehungen hätten eh noch nicht so lange gedauert, sagt Dressler. Sechs Monate dauerten sie im Schnitt, bevor er ihnen ein jähes Ende setzt.

1 Stop. So geht es weiter:

a) ☐ wird er einen Menschen glücklich machen
b) ☐ geht eine Beziehung zu Ende
c) ☐ möchte ein Kunde einen Kaufvertrag rückgängig machen
d) ☐ wird er jemanden zum Kauf nutzloser Sachen überreden

2. Stop. So geht es weiter:

a) ☐ die versucht haben
b) ☐ meistens im Alter zwischen 20 und 30 Jahren
c) ☐ die sich nicht trauen
d) ☐ die es vorziehen

3. Stop. So geht es weiter:

a) ☐ und führt mit Dressler ein längeres Gespräch
b) ☐ im Hausflur
c) ☐ nachdem Dressler einen Termin ausgemacht hat
d) ☐ bei einer Tasse Kaffee oder Tee

4. So geht es weiter:

a) ☐ Nur selten verspürt er Mitleid
b) ☐ Oft tue es ihm leid
c) ☐ Meistens verspüre er doch ein schlechtes Gewissen
d) ☐ Meistens ärgere er sich über seine feigen Auftraggeber

LV 3

2 Wie haben Sie Ihre Lösung gefunden?

Stop	Lösung	Begründung
1. Stop		
2. Stop		
3. Stop		
4. Stop		

▶ Üb, S. 22

3 Die Trennungsagentur bietet »vier Pakete« an. Paket 1 sehen Sie als Beispiel. Stellen Sie die anderen 3 Pakete schriftlich zusammen. *Orientieren Sie sich am Beispiel »Paket 1: Lass uns Freunde bleiben«.*

Paket 1

Lass uns Freunde bleiben

Einfühlsames Gespräch am Telefon. Für Sie ist es besonders wichtig, dass Ihr Partner Ihre Entscheidung versteht und Ihnen nicht böse ist. Sie möchten gern gute Freunde bleiben.

nur 29,95 €

4 Seit Kurzem wird auch der Service »Gelbe Karte« angeboten. *Arbeiten Sie mit Ihrem Lernpartner.*

Partner A **Sie sind der Schlussmacher.** Suchen Sie sich eine Person 1, 2 oder 3 aus. Zeigen Sie ihr die Gelbe Karte.
Verwenden Sie die SoS »Ratschläge geben«.

Partner B **Sie sind die Person 1, 2 oder 3.** Jemand kommt zu Ihnen mit einer gelben Karte. Sie sind völlig überrascht.

Wechseln Sie anschließend die Rollen.
Partner B sucht sich jetzt eine Person aus und zeigt ihr die Gelbe Karte.

Neuer Service: Die Gelbe Karte als letzte Warnung!

Sie sind mit Ihrer Partnerschaft unzufrieden, Sie haben schon lange Diskussionen geführt – ohne Erfolg! Sie wollen aber Ihrem Partner noch **eine** Chance geben. Wir sprechen mit ihm, und retten damit Ihre Beziehung. Wir zeigen ihm/ihr die Gelbe Karte.
Wir führen ein klärendes Gespräch als letzte Warnung.

Bernd Bechermann ist ein wunderbarer Typ. Intelligent, gut aussehend usw. Er hat nur einen Fehler. Der aber ist entscheidend. Er trinkt, und zwar viel; so viel, dass man nach 20 Uhr kaum, und am Wochenende gar nicht mehr vernünftig mit ihm reden kann. Schlimmer aber ist, dass er oft aggressiv ist, wenn er getrunken hat. Seine Freundin *Susy* macht noch einen Versuch: **Gelbe Karte für Bernd Bechermann!**

Tino liebt *Sonja Sorglos* sehr. Aber ihn nervt schon seit langer Zeit, dass sie sich um nichts kümmert. Er muss alles im Haushalt machen, er muss neben seinem Studium noch jobben, letzte Woche hat er eine Hausarbeit für Sonja geschrieben, die sie nicht geschafft hat – Tino ist am Ende seiner Kräfte. Sonja hingegen macht so gut wie gar nichts. So geht es nicht mehr! **Gelbe Karte für Sonja Sorglos.**

Luigi Plappertoni ist ein netter Kerl. Er ist lustig, spontan und redet sehr viel. Leider in einer Sprache, die *Daniela* nicht versteht: Italienisch. Sie haben schon oft darüber geredet, dass Luigi einen Deutschkurs besucht. Luigi hat zwar immer »Si, si, nessun problema« gesagt. Passiert ist aber nichts. Die Kommunikation mit Händen und Füßen ist zwar anfangs lustig, aber auf die Dauer doch sehr langweilig. **Gelbe Karte für Luigi Plappertoni!**

SoS! Ratschläge geben	
(1) Ich rate dir / Ihnen, ... zu ...	Ich **rate Ihnen**, das Trinken ein**zu**schränken.
(2) Wenn ich du / Sie wäre, würde ich ...	**Wenn ich Sie wäre**, **würde** ich das Trinken einschränken.
(3) Ich an deiner / Ihrer Stelle würde ...	**Ich an Ihrer Stelle würde** das Trinken einschränken.
(4) Ich empfehle dir / Ihnen, ... zu ...	Ich **empfehle Ihnen**, das Trinken ein**zu**schränken.

Dunkle Gefühle

A Grammatische Vorübung: Was wäre besser gewesen? Was wünschen sich die Leute? Schreiben Sie Wunschsätze zu den Bildern wie im Beispiel.

Beispiel

Hätte ich doch weniger getrunken!

Wäre ich doch nicht so schnell gefahren!

B Schauen Sie sich die Bilder A und B auf der nächsten Seite an? Welche Gemeinsamkeiten gibt es?

C Was denken die Personen, die Zweiter und Dritter geworden sind?

Lesen Sie den Text einmal ganz. Bearbeiten Sie anschließend den Text abschnittsweise.

1. Abschnitt: Z. 1 – 18

1 Ergänzen Sie mit den Informationen des Textes.

a) **Der Zweite** ist ☐ glücklicher ☐ unglücklicher als der Dritte, weil _____

_____

b) **Der Dritte** ist ☐ glücklicher ☐ unglücklicher als der Zweite, weil _____

_____

2 Arbeiten Sie mit Ihrem Lernpartner. Wechseln Sie die Rollen.
- a) Ein Reporter interviewt B, der knapp den Sieg verpasst hat und Zweiter geworden ist.
  Herr X Sie sind knapp Zweiter geworden. Wie fühlen Sie sich? X: » ....«
- b) Ein Reporter interviewt Z, die Dritte geworden ist. : *Frau Z, Sie sind Dritte geworden. Wie fühlen Sie sich?* Z: » ...«

2. Abschnitt: Z. 19 – 30

3 Ergänzen Sie die Tabelle.

	Wohin? / Wann	Zug fährt ab um	Verspätung der Frauen (in Minuten)	Gefühl
Frau Keller	Frankfurt / 16:00 Uhr			
Frau Meier		16:38	2	

Was hätte sein können ...

In einer Studie untersuchten Forscher das Lächeln von Medaillengewinnern bei den Siegerehrungen der Olympischen Sommerspiele. Aus dem Gesichtsausdruck erkannten die Forscher, wie zufrieden die Athleten mit ihrem Ergebnis waren. Eigentlich sollte man meinen, dass von den Athleten auf dem Podest der Gewinner am glücklichsten sei, der Zweite am zweitglücklichsten und der Dritte am wenigsten glücklich. Der Sieger war tatsächlich der Glücklichste. Der Dritte hingegen zeigte mehr Freude an seiner Leistung als der Zweite. Warum ist dies so?

Eine Erklärung mag sein, dass der Zweite sich gut vorstellen könnte, dass er auch hätte gewinnen können. Dies ist vor allem bei einem sehr knappen Sieg der Fall: Wäre ich nur schneller gestartet! Hätte ich doch besser durchgeatmet! Hätte ich doch nicht kurz vor dem Ziel nach links geguckt! Der Dritte hingegen hätte zwei Athleten übertreffen müssen. Das ist weniger leicht vorstellbar, als nur einen zu übertreffen. Außerdem ist der Dritte nicht weit vom undankbaren vierten Platz entfernt. Er kann sich also leicht vorstellen, dass er hätte schlechter sein können, und ist deshalb glücklich darüber, den Platz auf dem Podest errungen zu haben. In der Tat erklärten die Zweitplatzierten in Interviews, was sie alles hätten besser machen können, um die ersehnte Goldmedaille zu gewinnen. Auf der anderen Seite waren die Bronzemedaillengewinner froh, überhaupt eine Medaille gewonnen zu haben.

Das Denken daran, was hätte geschehen können – kontrafaktisches Denken –, spielt auch in unserem Alltag eine wesentliche Rolle für unsere Gefühle. Stellen wir uns vor, zwei Nachbarinnen, *Frau Keller* und *Frau Meier*, sind mit dem Bus unterwegs zum Bahnhof; beide haben schon ihre Fahrscheine. *Frau Kellers* Zug nach Frankfurt geht um 16 Uhr und *Frau Meiers* Zug nach Berlin ebenfalls um diese Zeit. Aufgrund einer Baustelle gerät der Bus in einen Stau und erreicht den Bahnhof viel zu spät, um 16.40 Uhr. *Frau Keller* erfährt, dass ihr Zug pünktlich gewesen sei, also vor vierzig Minuten abgefahren ist, während man *Frau Meier* sagt, ihr Zug sei verspätet gewesen, habe jedoch leider vor zwei Minuten den Bahnhof verlassen. Wer wird sich wohl mehr ärgern? Natürlich ärgert sich Frau Keller; aber *Frau Meier* dürfte sich noch viel stärker ärgern, weil sie sich nun vorstellt, dass sie den Zug gerade noch hätte erwischen können. Wäre doch der Busfahrer nur über diese verflixte gelbe Ampel gefahren, statt zu bremsen und zu warten, bis es endlich wieder grün wurde!

1 Ergänzen Sie die fehlenden Sätze. Markieren Sie wie im Beispiel. Achten Sie darauf, dass manchmal auch die Adjektive verändert werden müssen (schlecht → besser).

Realität	Wunsch
Ich bin schlecht gestartet. Deshalb habe ich nicht gewonnen.	Wenn ich besser gestartet wäre, hätte ich gewonnen.
Ich habe kurz vor dem Ziel nach links geguckt. Deshalb bin ich nur Vierter geworden.	
	Wenn ich letzte Nacht besser geschlafen hätte, wäre ich vielleicht Vorletzter geworden.
Der Bus hatte Verspätung. Deshalb habe ich den Zug nicht erreicht.	
Der Bus hat an der gelben Ampel gehalten. Deshalb kam er verspätet am Bahnhof an.	

Konditionalsätze

Konditionalsätze beginnen meistens mit den Subjunktionen **wenn** oder **falls**. Es gibt aber auch Konditionalsätze, die nicht mit Subjunktionen oder anderen Verbindungswörtern eingeleitet werden.

▶ GR S. 141

1 Markieren Sie im Text »Der Schlussmacher« auf S. 32 alle Konditionalsätze.

2 Tragen Sie die Sätze als konditionale Satzgefüge wie in Beispiel a) in die Tabelle ein.

a) Er greift zum Hörer. – Eine Beziehung geht zu Ende.
b) Er redet weiter. Es klingt bürokratisch.
c) Die meisten sind baff. Ich mache die Tür auf und sage meinen Text auf.
d) Jemand bittet ihn um Hilfe. Es handelt sich um junge Erwachsene.
e) Die Leute kommen zu mir. Die Trennung ist innerlich vollzogen.
f) Er verspürt nur selten Mitleid. Er ruft die Opfer an.

Konditionalsatz <u>mit</u> Subjunktion		Konditionalsatz <u>ohne</u> Subjunktion	
Bedingung	**Folge**	**Bedingung**	**Folge**
a) **Wenn** er zum Hörer **greift,**	geht eine Beziehung zu Ende.	**Greift** er zum Hörer,	geht eine Beziehung zu Ende.

3 Was passiert hier? Sammeln Sie Ideen zu Geschichten, die zu diesem Foto geführt haben. Teilen Sie den Kurs in Gruppen.

⇨ Jede Gruppe wählt eine Geschichte und schreibt sie auf.

Überlegen Sie:

⇨ Was hätte gemacht werden müssen, um diese Situation zu verhindern?
⇨ Was wünschen sich die beteiligten Personen?
⇨ Stellen Sie Ihre Geschichte im Plenum mit den Wenn- und Wunschsätzen vor.

▶ Üb, S. 23

es

GR 3

Das kleine Wörtchen »**es**« ist nicht nur ein Pronomen für Nomen im Neutrum, sondern hat auch andere grammatische Funktionen.

Es ...

... ist **Pronomen** für ein Nomen im Neutrum. *Ich kenne das Gefühl. Es raubt mir den Schlaf.*	1
... ist **formales Subjekt** unpersönlicher Verben und Ausdrücke. *Es regnet, es donnert, es riecht, es gibt, es handelt sich um, es ist erstaunlich, ...*	2
... ist **Platzhalter** für Position 1 eines Satzes. Wenn ein anderes Satzteil an die Position 1 gelangt, fällt »es« weg. 1. Hervorhebungen: *Es kann nur einer gewinnen. – Nur einer kann gewinnen. – Gewinnen kann nur einer.* 2. unpersönliches Passiv: *Es wurde gesungen, geschrien und getanzt. – Auf der Party wurde gesungen, geschrien und getanzt.*	3
... ist **Repräsentant (»Korrelat«)** für einen Nebensatz, **der folgt.** (Manchmal ist »es« obligatorisch, manchmal fakultativ.) 1. dass-Satz: *Es gilt als sicher, dass er die Goldmedaille gewinnt.* 2. Infinitivsatz: *Ich kann (es) mir nicht vorstellen, jemals Schadenfreude zu verspüren.*	4
... bezieht sich auf einen vorangegangenen Satz oder Satzteil. *Ich wollte dich anrufen. Dann habe ich es aber vergessen.* *Du hast die Goldmedaille gewonnen? Ich habe dir doch gleich gesagt, dass du es schaffst.*	5

1 Welche grammatische Funktion hat »es« in den folgenden Sätzen? Schreiben Sie die passende Ziffer 1 – 5 in den Kasten.

a) Fast jeder hat dieses Gefühl schon einmal erlebt. *Es ist der Stoff unzähliger Dramen.* ☐ b) In der Versicherung hat er das Verkaufen gelernt. Darauf kommt *es* ja immer an. ☐ c) *Es ist nicht überraschend, dass sich besonders junge Leute beim Schlussmacher melden.* ☐ d) Ich habe heute mit R. Schluss gemacht. *Es war schwerer, als ich gedacht habe.* ☐ e) *Es wird am meisten in E-Mails gelogen.* ☐ f) Schwieriger ist *es*, am Telefon zu lügen. ☐ g) *Es ist bekannt, dass im persönlichen Gespräch seltener gelogen wird.* ☐ h) Er wollte sich furchtbar an ihr rächen. Dann hat er *es* doch nicht getan. ☐

2 »Es« als Platzhalter (3): Formulieren Sie durch Umstellen von Satzteilen die Sätze ohne »es«.

a) Es sollte nicht über den Schaden anderer gelacht werden. _____

b) Liebeskummer beginnt mit Verzweiflung und Depressionen. Es folgen Wut und Rachegelüste. _____

c) Es steht den Frauen auf dem Bild das Grauen ins Gesicht geschrieben. _____

3 »Es« bezieht sich auf einen vorangegangenen Satz (5). Hier fehlt er. **Ergänzen Sie einen passenden Satz.**

a) _____ Ich wusste es von Anfang an.

b) _____ Ich möchte es so schnell wie möglich wieder vergessen.

c) _____ Ich kann es an deinem Gesicht erkennen.

4 Google & Co

1 **Was bedeutet für Sie Privatsphäre persönlich?** Bitte kreuzen Sie *nur eine* Aussage an.

Das bedeutet für mich,

- ☐ dass ich allein bin.
- ☐ dass niemand weiß, was ich mache.
- ☐ dass mich niemand stört.
- ☐ dass ich mich sicher fühle.
- ☐ dass mich niemand kontrolliert.
- ☐ dass ich machen kann, was ich will.

⇨ Erstellen Sie eine **Kursstatistik**: Welche Aussagen wurden am häufigsten gewählt?

2 **Welche Daten würden Sie weitergeben** *(z.B. an eine Firma oder an ein soziales Netzwerk)***, wenn Sie einen Vorteil davon hätten?** *(Der »Vorteil« kann z.B. darin bestehen, dass Sie Rabatte bekommen oder bequemer im Internet surfen / einkaufen / kommunizieren können.)*
Kreuzen Sie so viele Einträge an, wie Sie möchten.

- ☐ Einkaufsverhalten: *Was kaufe ich ein?*
- ☐ Freizeitverhalten: *Was mache ich in meiner Freizeit, welche Hobbys habe ich?*
- ☐ Krankheit: *Welche Krankheiten habe (hatte) ich?*
- ☐ Informationen über andere Personen
- ☐ politische Meinungen
- ☐ Computer: *Welche Internetseiten besuche ich? Welche Programme verwende ich?*

⇨ Erstellen Sie auch hiervon eine **Kursstatistik**: Welche Einträge wurden am häufigsten gewählt?

3 Die folgenden Komposita haben alle das Grundwort »Schutz«. Die grammatische Bedeutung ist aber unterschiedlich.

1. Bedeutung *schützen vor* dem Bestimmungswort. **Beispiel:** Sonnenschutz: etwas, ein Mittel, eine Creme *schützt vor* der Sonne (damit die Sonne keinen Schaden anrichtet).
2. Bedeutung das Bestimmungswort *wird geschützt*. Beispiel: Verbraucherschutz: der Verbraucher *wird* durch etwas, ein Gesetz, eine Information *geschützt* (damit der Verbraucher keinen Schaden erleidet).

Ordnen Sie die Komposita im Kasten in die Tabelle ein. X = Bestimmungswort.

(1) etwas schützt vor X	(2) X wird durch etwas geschützt
Sonnenschutz	Verbraucherschutz

Umweltschutz, Personenschutz, Denkmalschutz, Datenschutz, Feuerschutz, Gewässerschutz, Lärmschutz, Naturschutz, Vogelschutz, Regenschutz, Sichtschutz, Minderheitenschutz, Strahlenschutz, Artenschutz

In diesem Kapitel werden Sie

▸ erfahren, welche Internetdienste welche Daten über Sie sammeln (LV);
▸ hören, welche Erfahrungen ein Wiener Student mit Facebook gemacht hat (HV);
▸ die wichtigsten Sätze in einem Text erkennen (LV);
▸ ein Streitgespräch führen (Sp);
▸ für einen Fotowettbewerb ein Plakat aussuchen und Ihre Auswahl gegen einen anderen Vorschlag verteidigen (Sp);
▸ indirekte Fragen und Relativsätze kennenlernen (GR);
▸ erfahren, was eigentlich Schlüsselwörter sind (Lerntipp);

4 *Arbeiten Sie mit Ihrem Lernpartner.*
Schauen Sie sich die Bildergeschichte (Bild 1 – 9) an. Was passiert da? Was vermuten Sie? Erzählen Sie die Geschichte.

Man gewöhnt sich an alles ... (I)

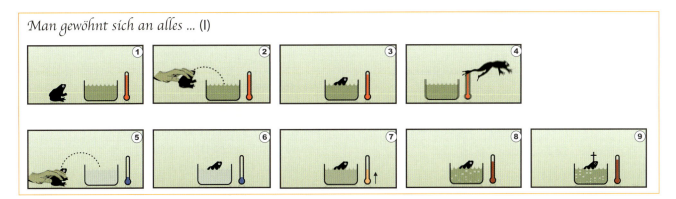

5 **Hören Sie die Erzählung von der CD.**

⇨ Erläutern Sie die Überschrift der Erzählung.
⇨ Schreiben Sie die Erzählung auf. Verwenden Sie wenn-Sätze (Konditionalsätze) bei den Bildern 2, 5, 7 und 9.

6 **Der zweite Teil der Bildergeschichte hat eine Einleitung (linker Kasten) und ein Ende (rechter Kasten). Schauen Sie sich die Bilder und die Texte an. Erzählen Sie die Geschichte.**

Man gewöhnt sich an alles ... (II)

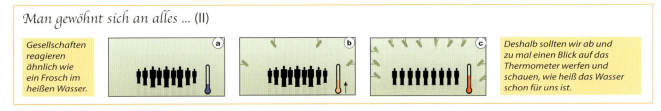

Gesellschaften reagieren ähnlich wie ein Frosch im heißen Wasser.

Deshalb sollten wir ab und zu mal einen Blick auf das Thermometer werfen und schauen, wie heiß das Wasser schon für uns ist.

▶ Üb, S. 28

7 **Eine Karikatur kritisiert (komisch, ironisch, übertrieben) Personen oder gesellschaftliche Verhältnisse.**
⇨ Wer oder was wird hier karikiert?
⇨ Glauben Sie, dass die Kritik auch auf Sie zutrifft?

39

Google, Facebook & Co

Was geht euch das an?

A Eine große Illustrierte hat eine Titelgeschichte über Google veröffentlicht. Der Firmenname wurde als Collage *(siehe rechts)* gestaltet.
- Welche Absicht steckt hinter der Collage?
- Wie beurteilen Sie diese Absicht?

1 *Decken Sie bitte das Gedicht ab. Sie sollten das Gedicht zunächst nur hören.*
Hören Sie das Gedicht »Was geht euch das an?«.
- Worum geht es in dem Gedicht?
- Schreiben Sie einen oder mehrere Verse aus dem Gedicht auf, die Sie noch in Erinnerung haben.
- Schreiben Sie den letzten Satz auf.

2 Lesen (und hören) Sie das Gedicht. **Wer ist mit »euch« gemeint?**

3 *Ergänzen Sie (vor den Schlusszeilen 17, 18) weitere Zeilen. Zum Beispiel mit den Verben*

> betrügen – lügen   schreiben – bleiben

Was geht euch das an?

1. Wer wann warum mit wem wie lange spricht,
2. wer schon an Rheuma leidet oder Gicht,
3. wer wann auf welche Demo geht,
4. wer was im Netz herunterlädt
5. wer sich mit wem und wo wie lange trifft,
6. wer wie viel säuft, raucht oder kifft,
7. in welchem Viertel wer wie lange haust,
8. mit welchem Browser wer auf welchen Seiten browst,
9. wer wo zu welchem Preis wie lange wohnt,
10. ob sich in diesem Haus ein Einbruch lohnt,
11. wer wann in welchem Kontext was gemailt,
12. wer sich mit wem auf welchem Handy unterhält,
13. wie viel an wen von welchem Konto jemand überweist,
14. wie oft wie lange wer mit wem wohin verreist,
15. wer was seit wann besonders mag,
16. bei wem er es gekauft an welchem Tag,
17. kurzum : wer wo mit wem warum und wann
18. das geht euch einen Scheißdreck an.

nach einer Idee von Wilfried Schmickler

4 Auf der nächsten Seite finden Sie so genannte Dienste und Institutionen, die Daten sammeln, speichern und auswerten.

Legen Sie eine Tabelle mit 2 Spalten und 8 Zeilen an. Die Zeilen sollten ca. 2 cm hoch sein, damit Sie genügend Platz zum Schreiben haben (siehe Muster rechts).

Teilen Sie den Kurs in vier Gruppen. Jede Gruppe bearbeitet zwei Texte.

Dienst	Welche Informationen werden gesammelt?
Google Health	
Schufa	
….	….

- *Arbeitsauftrag 1:* Lesen Sie die Texte genau durch. Tragen Sie für Ihren Text die Informationen in die Tabelle ein. Wie beurteilen Sie diese Dienste: gefährlich = 🙁 / ungefährlich = 🙂 ? *Kreuzen Sie an.*

- *Arbeitsauftrag 2* Welcher Dienst passt zu welchen Zeilen des Gedichts? Notieren Sie die Zeilen in die schmalen Kästen über den Kurztexten *(»Zeilen«).*

- *Arbeitsauftrag 3:* Stellen Sie Ihren Text den anderen Gruppen so vor, dass diese die Informationen in die Tabelle eintragen können.

- *Arbeitsauftrag 4* Tragen Sie die Informationen, die Ihnen die anderen Gruppen geben, in die Tabelle ein.

- *Arbeitsauftrag 5:* Sprechen Sie das Gedicht. Jede/r übt einen Teil. Wenn Sie z.B. 3 Personen in einer Gruppe sind, dann übt jede/r 6 Zeilen des Gedichts.

Zeilen 😊 ☹

Google Street View Der Dienst möchte die gesamte bewohnte Welt fotografieren. Man kann Häuser, Gärten, Plätze und Straßen in gestochen scharfen Bildern sehen. Die Funktion ergänzt den Kartendienst Google Maps, mit dem Nutzer online klassische Karten und Satelliten-Aufnahmen abrufen können.

Zeilen 😊 ☹

Google Health (deutsch: Google Gesundheit) ist eine Plattform, auf der elektronische Patientenakten abgelegt werden können. Benutzer können Informationen über ihren allgemeinen Gesundheitszustand, Allergien und aktuelle Medikationen bei Google Health ablegen, um sie für mögliche Notfälle oder Arztbesuche verfügbar zu machen.

Zeilen 😊 ☹

Google Mail Das Mail-Programm durchsucht automatisch den Inhalt jeder E-Mail auf Schlüsselwörter und blendet dazu passende Werbung ein. Wer sich bei »Google-Mail« anmeldet, bekommt ein persönliches Konto. Die Dienste von Google tauschen untereinander Daten aus.

Zeilen 😊 ☹

Google Chrome Der Internet-Browser protokolliert das Surf-Verhalten des Nutzers. So wird jede URL und jeder Suchbegriff an das Unternehmen aus Kalifornien übertragen. Außerdem speichert Google Lesezeichen, Favoriten usw., wenn die Synchronisierungsfunktion aktiviert ist.

Zeilen

Schufa Bei der »**Schu**tzgemeinschaft **f**ür **a**llgemeine Kreditsicherung« wird täglich über das finanzielle Schicksal von Millionen von Deutschen entschieden. Egal, ob es darum geht, den Fernseher zu finanzieren, einen Handyvertrag abzuschließen oder eine Wohnung zu mieten: Wer Verträge abschließt, wird überprüft, ob er kreditwürdig ist, d.h., ob er Schulden hat oder früher welche gemacht hat. Die Finanzdaten von 64 Millionen Menschen sind bei der Schufa gespeichert. Die Schufa beabsichtigt, auch Facebook und Twitter für ihre Datensammlung auszuwerten.

Zeilen

Facebook Facebook speichert jeden »Gefällt mir«-Klick auf einer Internetseite auf seinen Servern. So erfährt Facebook, welche Seiten, Artikel und Produkte der Nutzer gut findet. Mit dem Dienst »Facebook Places« können Nutzer per Mausklick mitteilen, an welchem Ort sie gerade sind. Wenn Facebook die besuchten Orte der Nutzer auswertet, lässt sich herausfinden, welche Gewohnheiten und Interessen der Nutzer hat. Außerdem können genaue Bewegungsprofile erstellt werden.

Zeilen 😊 ☹

Die Payback-Karte legt man beim Bezahlen an der Kasse vor. Payback speichert Kundennummer, Datum, Filiale, Umsatz und eingekaufte Produkte. Auf die Kaufsumme erhält der Kunde einen Rabattbetrag, der in Form von Punkten gutgeschrieben wird. Die Karte ermöglicht den »gläsernen Kunden«. Aus den gesammelten Daten kann die Firma Rückschlüsse auf den Lebenswandel des Kunden ziehen und den Erfolg von Werbung messen.

Zeilen 😊 ☹

Vorratsdatenspeicherung Die EU-Kommission hat beschlossen, dass alle Kommunikationsdaten der EU-Bürger mindestens ein halbes Jahr gespeichert werden. Dies betrifft Telefon, Handy, E-Mail und Internet. Gespeichert werden Name und Adresse des Benutzers, Handy- und Telefonnummern, IP-Adressen der Computer, besuchte Internetseiten, E-Mail-Adressen und Standort des Handys. Die Polizei und andere Institutionen können darauf zugreifen.

▶ Üb, S. 29

Direkte Frage – indirekte Frage

1 *Arbeiten Sie zu dritt.* **A stellt eine Frage, B wiederholt die Frage als indirekte Frage, C antwortet** *(siehe Beispiel).* **Wechseln Sie die Rollen.**

Beispiel
- A Wie lange haben Sie wann mit wem gesprochen?
- B Er/sie möchte wissen, wie lange Sie wann mit wem gesprochen haben?
- C *(zu A)* Es geht Sie überhaupt nichts an, wie lange ich wann mit wem gesprochen habe!

▶ GR S. 144

Google, Facebook & Co

Europe vs. Facebook

Ein junger Österreicher, Igelfrisur, brillantes Englisch, gibt *CNN* ein Interview. Er sitzt in seinem Wohnzimmer in Wien-Mariahilf, mittels Skype wird er dem amerikanischen Fernsehen zugeschaltet. Zwei Wochen später diskutiert er live auf *Al-Jazeera*. Es geht um den Datenkraken Facebook, um seine undurchschaubaren Geschäfte und sein Rechtsverständnis.

Nicht nur *CNN* und *Al-Jazeera* haben Max Schrems befragt. Die *New York Times*, der *Guardian* und *Die Zeit* stellten sich bei ihm an, mit *Le Monde* saß er im Café Ritter in Wien. »Es ist wichtig, dass Facebook das Gesetz respektiert«, diktierte er der internationalen Presse.

Max Schrems ist 24, stammt aus Salzburg und studiert Jura an der Uni Wien. Auf den ersten Blick unterscheidet sich der Student aus bürgerlichem Haus nicht von seinen Kollegen vom Juridicum: Er besucht in der Woche Vorlesungen, am Wochenende Partys. Doch eines lenkt die Aufmerksamkeit der Weltpresse auf ihn: Schrems hat sich mit einem der einflussreichsten Unternehmen der Welt angelegt, er hat die Initiative »Europe vs. Facebook« gegründet und Facebook angezeigt.

Die kalifornische Firma missachtet den europäischen Datenschutz, sie täuscht ihre User, hat unfaire Geschäftsbedingungen, meint Schrems. »Wenn Facebook in Europa Geschäfte machen will«, sagt er, »dann muss es sich an europäisches Recht halten. Das ist das Ziel unserer Initiative.«

Schrems tat etwas Kluges, bevor er seine Anzeige verfasste. Er verlangte Auskunft, welche Daten Facebook über ihn speichert. Dieses Recht steht jedem europäischen Bürger zu, weiß der Jurastudent. Schrems staunte nicht schlecht, als ihm Facebook eine CD schickte ...

A Markieren Sie im Text die Antworten auf folgende Fragen.
1. Warum ist Max Schrems so berühmt geworden?
2. Was möchte die »Initiative Europe vs. Facebook« erreichen?

Hörtext: Was Facebook alles weiß
Monologischer Text
409 Wörter ☺☺☺

Max Schrems war sehr überrascht, als er 1222 Seiten von Facebook erhielt. Noch größer war seine Überraschung, als er las, was Facebook alles über ihn wusste.

B Schauen Sie sich die Bilder auf der nächsten Seite an. Worum geht es in dem Hörtext? Was vermuten Sie?

C Worterklärungen zum folgenden Hörtext

Dublin	Hauptstadt der Republik Irland
Likes	engl., gemeint sind damit Klicks auf den »I-Like-Button«
auswerten *(wertet aus)*	etwas analysieren, um daraus Schlussfolgerungen zu ziehen, z.B. eine Statistik *auswerten*
einloggen *(loggt ein)*	eine Verbindung im Internet herstellen (meistens durch ein Passwort und einen Benutzernamen)
GPS-Koordinaten	Informationen, mit denen man über Satelliten einen beliebigen Ort auf der Erde exakt bestimmen kann
Server	Computer in einem Netzwerk, das anderen Mitgliedern des Netzwerkes Daten zur Verfügung stellt.

1 [1. Hören] Hören Sie den Text. In welcher Reihenfolge (1. – 7.) werden die Themen angesprochen?

Thema	Reihenfolge
A Protokoll der Internet-Aktivitäten von Max	
B Die Freundin Lisa macht Fotos in Wien	
C Gründe für das Speichern so großer Datenmengen?	
D Bei Facebook kann man nichts löschen	
E Max erhält über 1 222 Seiten von Facebook	
F Freundeskreis von Max	
G Schlagworte aus den Nachrichten von Max	

2 [2. Hören] **Markieren Sie in den Themen maximal zwei Schlüsselwörter** *(siehe Beispiel Thema A).*
⇨ Schreiben Sie die Schlüsselwörter über die Bilder.
⇨ Hören Sie den Text und schreiben Sie unter die Bilder Stichwörter als Gedächtnishilfen.

3 [Nach **dem Hören**] *Arbeiten Sie mit Ihrem Lernpartner.* **Tragen Sie möglichst viele Informationen zu den Themen des Hörtextes zusammen.**

▶ Üb, S. 29

Google, Facebook & Co

980 Milliarden Seiten

»Bin von der Vorlesung gleich in die Mensa gegangen. Wollte eigentlich noch mal in die Stadt. Mist, es regnet schon wieder.« Millionenfach wird in Facebook über solche Banalitäten berichtet und dies mit Bildern, Markierungen und genauen Ortsangaben versehen. Denn wer nicht permanent persönliche Informationen auf
5 Facebook *einstellt*, hat keine Chance im Netz der Freunde. Er geht unter, wird ignoriert. Doch selbst wenn wir nur wenige Daten eingeben, analysiert Facebook unser Verhalten im Internet. Auch wenn wir nie irgendwelche Ortsangaben machen, errechnet Facebook unsere letzte Position. Selbst bei persönlichen Nachrichten liest einer immer mit: Facebook. Damit erzeugt Facebook Profile von Nutzern, ebenso wie von Personen, wel-
10 che noch nie auf Facebook waren. Facebook weiß Dinge, die wir nie *preisgeben* wollten.

Wenn der beste Freund »Facebook« heißt

So sammelte Facebook in nur drei Jahren 1222 Seiten an persönlichen Daten über mich. Viele der Informationen sind mit Vermerken wie »Deleted true« als gelöscht gekennzeichnet, doch Facebook löscht diese Daten nicht wirklich. Wer auf Facebook
15 etwas »löscht«, versteckt die Daten meist nur vor sich selbst.
In 57 zugeschickten Kategorien findet sich unter den 1222 Seiten Banales neben höchst Sensiblem. Man kann lesen, wo ich studiere, aber auch, bei welcher Demonstration ich vor zwei Jahren war. Auf einen Klick findet man meine Reisefotos und wo ich bei der letzten Wahl mein Kreuz gemacht habe. Schnell findet man meine Schule und
20 Diskussionen über mein Liebesleben oder über psychische Krankheiten von Freunden. Facebook weiß, dass ich manchmal Artikel auf dem Online-Portal einer bestimmten Tageszeitung gelesen habe. Gespeichert ist ebenso, welche Webseiten ich wem empfohlen habe. Jedoch weiß Facebook nicht, wer meine Eltern sind und dass ich kein Auto, dafür aber ein Fahrrad habe. Es ist ihm auch *verborgen geblieben*, dass ich gerne in einem Wie-
25 ner Café Zeitung lese. Darüber habe ich nämlich nie etwas bei Facebook veröffentlicht. Facebooks Wissen ist also auf meine Online-Aktivitäten und den Inhalt meiner Kommunikation beschränkt. Nicht zufällig werden genau diese Bereiche von Geheimdiensten gesammelt. Meine Akte bei Facebook ist so umfangreich wie eine dicke Stasi-Akte*. Facebook weiß wahrscheinlich mehr über mich als mein engster Freundeskreis. Aber:
30 Facebook ist alles andere als ein Teil meines Freundeskreises.

Information ist Macht

Information über eine Person ist Macht über diese Person. Facebook hat so viele Informationen über uns wie wenige andere Institutionen. Facebook hat deswegen so viel Macht, weil es ein Monopol bei den sozialen Netzwerken besitzt. Weltweit sind 800
35 Millionen Menschen bei Facebook registriert. Das Machtpotential von Facebook wird dem Einzelnen erst bewusst, wenn es gebraucht oder missbraucht wird. Dann ist es aber üblicherweise zu spät. Facebook analysiert alle unsere Nachrichten. Das ist so ähnlich, als ob die Post alle Briefe öffnen, speichern und analysieren würde.

Was sind mögliche Konsequenzen?

40 Was sollen wir tun? Es ist naheliegend, sich bei Facebook *abzumelden.* Das bedeutet aber, dass man selbst *auf* eine sehr sinnvolle Technologie *verzichtet*. Die Lösung wird wohl eher sein, die Technologie zu nutzen, diese aber in den Dienst der Menschen zu stellen. Nicht Mark Zuckerberg soll am Ende über unseren Umgang mit Privatsphäre entscheiden, sondern demokratische Prozesse. Entsprechend gibt es in Europa Daten-
45 schutzgesetze, die es erlauben, selbst zu bestimmen, wie viel man preisgibt.
Da Facebook aber ein international operierender, mächtiger Konzern ist, der sich fast jeder Kontrolle *entzieht*, ist die Durchsetzung dieser Gesetze das entscheidende Problem. Wir stehen beim Datenschutz noch ganz am Anfang.

* Stasi-Akte: **Sta**at**ss**icherheitsdienst der DDR, der mit Hilfe geheimdienstlicher Methoden die Bevölkerung überwachte und Millionen von **Akten** der Bürger anlegte.

---

einstellen
- [ ] löscht
- [ ] veröffentlicht
- [ ] versteckt

preisgeben
- [ ] verraten
- [ ] verheimlichen
- [ ] fragen

verborgen bleiben
- [ ] bekannt machen
- [ ] unbekannt sein
- [ ] informiert werden

abmelden
- [ ] verlassen
- [ ] beschweren
- [ ] anzeigen

verzichten (auf)
- [ ] vertrauen
- [ ] nutzen
- [ ] nicht nutzen

sich entziehen
- [ ] verhindern
- [ ] akzeptieren
- [ ] erlauben

Der Text stammt (leicht gekürzt und verändert) von Max Schrems. Am rechten Rand finden Sie zu einigen Wörtern Erklärungsvorschläge. Ignorieren Sie sie bitte beim globalen Lesen.

Erste Gedanken zum Text

1. Hat der Text mir etwas Interessantes mitgeteilt? J N
2. Habe ich verstanden, um was es in dem Text geht? J N
3. Konnte ich den Textaufbau erkennen? Wodurch? J N
4. Was möchte der Autor erreichen?
5. Welche Meinung hat der Autor?

1 [globales Lesen] **Lesen Sie den Text einmal ganz.**

⇨ Vergleichen Sie mit Ihrem Lernpartner Ihre »*ersten Gedanken zum Text*«.

⇨ Welcher »Anleser«, A, B, oder C passt zum Text? Bitte ankreuzen.

A Facebook sammelt persönliche Daten. Der Autor zeigt, wie man seine Privatsphäre schützt, auch wenn man aktives Mitglied bei Facebook ist. Die Macht von Facebook beruht darauf, dass die Nutzer naiv sind und es keine Datenschutzgesetze gibt.

B Facebook speichert alles, auch das, was wir nur unseren engsten Freunden mitteilen wollten. Facebook leitet diese Daten an Geheimdienste weiter, ohne dass das Facebook-Mitglied davon weiß. Wer das nicht möchte, sollte Facebook verlassen.

C Facebook weiß mehr über uns als unsere engsten Freunde. Es erhält seine Macht aus den Daten, die wir ihm zur Verfügung stellen, und aus dem Monopol bei den sozialen Netzwerken. Auf Facebook verzichten ist aber keine Alternative.

2 Lesen Sie den Text ein zweites Mal.

⇨ Unterstreichen Sie in jedem Abschnitt den **wichtigsten Satz.**

⇨ Vergleichen Sie mit Ihrem Lernpartner und begründen Sie, warum Sie »Ihre« Sätze für die wichtigsten halten.

⇨ Raten Sie, welche Bedeutungen der Wörter am rechten Rand zutreffen.

3 [selektives Lesen] **Was weiß Facebook, was nicht? Füllen Sie die Tabelle in Stichworten aus.** In den linken Spalten sollen Sie differenzieren, was Ihrer Meinung nach »banale« und was »sensible« Informationen sind.

Das weiß Facebook		Das weiß Facebook nicht
banale Informationen	**sensible Informationen**	

4 [Warum-Fragen] **Die Antworten für die folgenden Fragen sind leicht zu erkennen, weil die Gründe mit** *Konnektoren* **eingeleitet werden. Beantworten Sie die Fragen, unterstreichen Sie die Konnektoren, die Ihnen bei der Beantwortung der Fragen geholfen haben, und schreiben Sie die Konnektoren rechts neben Ihre Antworten.**

Konnektor

a) Warum gibt es so viele banale Fragen in Facebook? _____

b) Warum weiß Facebook nicht, wie Marks Eltern heißen? _____

c) Warum hat Facebook so viel Macht? _____

d) Warum ist es schwer, Gesetze zum Datenschutz gegen Facebook durchzusetzen? _____

▶ Üb, S. 30

Google, Facebook & Co

In einem Internet-Forum wurden folgende Beiträge zum Thema »Soziale Netzwerke – Gefahr für die Privatsphäre?« veröffentlicht.

1 **Lesen Sie die Forumsbeiträge und entscheiden Sie,**
  ⇨ ob die Verfasser soziale Netzwerke **für** eine Gefahr für die Privatsphäre halten (R) für **keine** Gefahr halten (F), oder ob die Meinung nicht eindeutig ist ? ;
  ⇨ wie **Sie selbst** den Beitrag beurteilen: positiv = 👍 negativ = 👎.

2 **Schreiben Sie selber einen Beitrag für das Forum (▶).** *Bitte schreiben Sie auf ein Blatt Papier.*

3 **Organisieren Sie ein Streitgespräch in Gruppen. Verwenden Sie für die Diskussion die Sprechhilfen aus dem Kasten.**

1.10.2011, 18:59		R F ?	👍 👎
krake45 Dabei seit: 2/ 2007 Beiträge: 104	In der Diskussion über Datenschutz und Privatsphäre ist es notwendig, dass man unterscheidet, ob die privaten Daten freiwillig preisgegeben werden oder ob man dazu gezwungen wird. Wenn jemand sich aus freiem Willen dazu entschließt, seine persönlichen Daten weiterzugeben, dann ist dies seine Angelegenheit. Niemand darf diese Person daran hindern, frei mit seinen Daten umzugehen. Ebenso darf niemand daran gehindert werden, freiwillig weitergegebene oder veröffentlichte Daten zu sammeln.		
11.10.2011, 19:04		R F ?	👍 👎
danieletto Dabei seit: 3/ 2011 Beiträge: 38	Freiwillig?!? Komplett vergessen haben Sie anscheinend den sozialen Druck, der von Facebook ausgeht. Sagen Sie Ihrem 15-jährigen Sohn : »Nein, Facebook darfst du nicht benutzen!« Na, dessen Gesicht möchte ich sehen! Der wird doch sozial völlig isoliert, wenn er nicht bei Facebook ist und alle seine Daten freigibt! Die Schüler sind fast alle auf Facebook aktiv, und kaum jemand versteht deren Datenschutzeinstellungen. Ich behaupte, dass dies genau gewollt ist.		
11.10.2011, 21:03		R F ?	👍 👎
koogle_84 Dabei seit: 4/2009 Beiträge: 251	Es ist doch absolut naiv zu glauben, man könnte Dienste wie Facebook und Google umsonst haben. In welcher Gesellschaft leben wir denn? Wo gibt es hier was umsonst? Nein, im Netz ist die Währung nicht Euro oder Dollar, sondern unsere Daten, unsere Geheimnisse, die wir preisgeben müssen, um diese Dienste zu nutzen. Wenn wir sie nicht nutzen, müssen wir auch nicht mit unseren persönlichen Daten bezahlen. So einfach ist das.		
12.10.2011, 17:03		R F ?	👍 👎
armlaxs04 Dabei seit: 2/2010 Beiträge: 9	Wenn du keine Daten von dir ins Netz stellen willst – bitte schön, dann lass es. Niemand zwingt dich, da hat krake45 völlig recht. Man kann auch ohne Facebook und Apple leben. Manche sagen, sogar besser. Außerdem kannst du bei Facebook genau einstellen, was du veröffentlichen willst und wer was sehen darf. Danieletto, früher hat man den Jugendlichen verboten, abends Fernsehen zu gucken. Heute willst du denen Facebook verbieten, oder was?		
12.10.2011, 19:56		R F ?	👍 👎
stopel85 Dabei seit: 10/ 2010 Beiträge: 91	armlaxs04: Du hast ja gar nicht kapiert, um was es geht. Du siehst das alles aus der Perspektive des erfahrenen Nutzers, der 100%ig weiß, wie man mit Facebook umgeht, und der weiß, welche Gefahren da sind. Ich schätze, 95 Prozent wissen es eben nicht. Dafür gibt es in anderen Fällen einen Jugendschutz. Oder willst du auch Alkohol und Zigaretten für Jugendliche freigeben. Ist doch deren Sache, ob sie süchtig, krank werden oder sterben????		
▶	▶		

SoS!	**Meinungsäußerungen ...**		
... einleiten	**... zustimmen**	**... widersprechen (und begründen)**	**... begründen**
Ich bin der Meinung, dass ... Ich meine / denke / glaube / finde, dass ... Ich bin davon überzeugt, dass ... Es ist doch klar, dass ...	Dem würde ich zustimmen. Das finde ich auch. Und außerdem ... (Es folgt ein eigenes Argument.) Da bin ich ganz deiner Meinung. Das trifft den Nagel auf den Kopf! / Genau! / So ist es! / Ich hätte es nicht besser sagen können!	Das finde ich überhaupt nicht. Denn ... Damit bin ich nicht einverstanden. Was du gesagt hast, überzeugt mich nicht. Das ist doch Quatsch! / Das meinst du doch nicht im Ernst! Das ist ja nun völlig daneben.	... weil Denn Und zwar deswegen, weil ... Dafür / dagegen spricht

SP 4

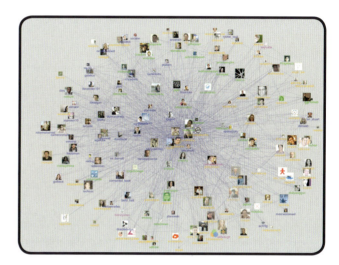

1 *Arbeiten Sie mit Ihrem Lernpartner.* **Die Online-Zeitung »Netzpolitik« plant einen Artikel zum Thema »Wohin führen uns die sozialen Netzwerke?« Der verantwortliche Redakteur bittet Sie, ein Foto für diesen Artikel auszusuchen.**

Partner A
- Machen Sie einen Vorschlag und begründen Sie ihn.
- Widersprechen Sie dem Vorschlag Ihres Partners.

Partner B
- Widersprechen Sie dem Vorschlag Ihres Partners.
- Machen Sie einen anderen Vorschlag und begründen Sie ihn.

Einigen Sie sich am Ende auf einen Vorschlag. (Wenn das nicht geht, geht es eben nicht!)

Relativsätze

> Ein Nomen kann durch einen **Relativsatz** näher erklärt oder beschrieben werden. **Relativpronomen** verbinden den Relativsatz mit dem Hauptsatz. **Numerus und Genus** (nicht aber Kasus!) von Nomen und Relativpronomen sind **gleich**.
>
> ▶ GR S. 142

2 Markieren Sie in den folgenden Sätzen Nomen und Relativpronomen wie im Beispiel. Schreiben Sie anschließend zwei Sätze wie im Beispiel.

Beispiel 1. Satz Mit Hilfe der Daten können **Kundenprofile** erstellt werden, **die** (Plural) Informationen über das Einkaufsverhalten liefern.

→ **2. Sätze** Mit Hilfe der Daten können *Kundenprofile* erstellt werden. ***Die** Kundenprofile* liefern Informationen über das Einkaufsverhalten.

a) Jeder Suchbegriff, der in die Adresszeile eingegeben wird, wird an das Unternehmen aus Kalifornien übertragen.

b) Die 64 Millionen Menschen, deren Finanzdaten bei der Schufa gespeichert sind, wissen nichts von dieser Institution.

c) Auf die Kaufsumme erhält der Kunde einen Rabatt, der in Form von Punkten gutgeschrieben wird.

3 Von den in Grün geschriebenen Relativpronomen ist nur eines richtig. Streichen Sie die falschen durch. Begründen Sie Ihre Wahl.

a) Das Unternehmen Easycash bearbeitet alle Geschäfte, bei *die / denen / dem* jemand mit einer EC-Karte bezahlt.

b) Google Health ist eine Plattform, auf *der / dem / die* elektronische Patientenakten abgelegt werden können.

c) Street View ergänzt den Kartendienst Google Maps, mit *die / dem / denen* Nutzer Karten und Satelliten-Aufnahmen abrufen können.

d) Daten von Freunden, *denen / die / deren* Max E-Mails schickte, wurden ebenfalls gespeichert.

4 Relativsätze mit den Relativpronomen *dessen, deren* sind **Genitivattribute**. Sie zeigen den Besitz oder die Zugehörigkeit an. **Verbinden Sie die folgenden Sätze mit den Genitiv-Relativpronomen.**

Beispiel **Die Internetfirma Google** wird als Datenkrake bezeichnet. **Ihre** Dienste verwenden sehr viele Menschen.
→ Die Internetfirma Google, deren Dienste viele Menschen verwenden, wird als Datenkrake bezeichnet.

a) Max Schrems hat eine Initiative gegen Facebook gegründet. Seine persönlichen Daten bei Facebook umfassen 1222 Seiten.
→ _____

b) EU-Bürger können gegen Facebook klagen. Die Privatsphäre der EU-Bürger ist durch Gesetze geschützt. → _____

c) Mit sozialen Netzwerken sollte man vorsichtig umgehen. Ihre Beliebtheit wird immer größer. → _____

5 Bei Relativsätzen mit dem bestimmten Artikel als Relativpronomen ist die Person oder Sache genau bestimmt. Es gibt aber auch Relativsätze, die nicht genau bestimmt sind. Man kann sie als unspezifische Relativsätze bezeichnen. **Welche der Relativpronomen passen? Schreiben Sie sie in die Lücken.**

a) Alles, _____ bei Facebook einmal registriert worden ist, kann nicht mehr vom Facebook-Server gelöscht werden.

b) _____ Verträge abschließt, wird überprüft, ob er kreditwürdig ist.

c) Mit Google Street View kann man erfahren, _____ jemand wohnt.

d) Ich werde nichts von dem, _____ du mir erzählst, verraten.

e) _____ die Standardeinstellungen nicht passen, kann sie verändern.

wo	wer	was
	wem	was

▶ Üb, S. 34

Orientierung auf Webseiten

Welche Informationen finden Sie auf der Webseite? Auf welche Links müssen Sie klicken? Schreiben Sie die Ziffern an die passenden Stellen auf der Webseite.

Beispiel (1) Sie möchten sich informieren, wie Sie sich für einen Studienplatz bewerben können. → Markierung (1)

(2) Sie möchten sich über Deutschkurse informieren.

(3) Sie möchten zur Sprechstunde für ausländische Studierende.

⇨ Sie haben am Dienstag um 9.00 Uhr Zeit. Geht das?

⇨ Wohin müssen Sie gehen? Schreiben Sie auf: Straße, Hausnummer, Stockwerk.

⇨ Sie wollen mit der Straßenbahn zur Sprechstunde fahren.
- Sie wohnen in Köln in einem Studentenwohnheim in der Franz-Marc-Str. 21. Geben Sie in eine Suchmaschine »*Köln, Buslinien*« ein. Suchen Sie die passende Linie.
- Welche Linie müssen Sie nehmen? Linie _____
- Wie lange dauert die Fahrt? _____

(4) Sie möchten wissen, welche Partneruniversitäten Köln in Indien hat.

(5) Sie möchten wissen, ob es aus Ihrem Land Hochschulgruppen in Köln gibt.

▶ Üb, S. 33

Lerntipp: Schlüsselwörter

Was sind eigentlich Schlüsselwörter?

A Verstehen

1. Schlüsselwörter sind Wörter in einem Satz, einem Textabschnitt oder einem ganzen Text, ohne deren Kenntnis der Sinn nicht verstanden werden kann.
   Schlüsselwörter = informationstragende Wörter
   Facebook wird bald riesige Server-Hallen am Polarkreis bauen, um Stromkosten zu sparen.

2. Schlüsselwörter sind auch **Themenwörter**. Sie weisen auf das Thema eines Textabschnittes oder eines ganzen Textes hin. Sie werden wiederholt oder paraphrasiert oder tauchen in Komposita auf.
   Schlüsselwörter = Themenwörter
   Information über eine Person ist Macht über diese Person. Facebook hat so viele Informationen über uns wie wenige andere Institutionen. Facebook hat deswegen so viel Macht, weil es ein Monopol im Bereich der sozialen Netzwerke besitzt. Weltweit sind 800 Millionen Menschen bei Facebook registriert. Dieses Machtpotential von Facebook wird dem Einzelnen erst bewusst, wenn es gebraucht oder missbraucht wird.

B Festhalten

1. Schlüsselwörter werden beim **Hörverstehen** aufgeschrieben.
2. Schlüsselwörter werden beim **Leseverstehen** unterstrichen oder an den Rand geschrieben.
3. Beim **Schreiben** eines Textes helfen Schlüsselwörter, Gedanken zu sammeln und den Text zu strukturieren.

C Abrufen

Schlüsselwörter helfen, sich an Textinformationen zu erinnern. Mit Hilfe von Schlüsselwörtern kann ein Hör- oder Lesetext mündlich oder schriftlich zusammengefasst oder Aufgaben bearbeitet werden.

---

1 Welchen Lückentext verstehen Sie besser? Woran liegt das?

Lückentext 1: 24 Lücken

___ sind die Wörter, die die _____ eines Satzes enthalten. ___ man beim Lesen oder Hören eines Textes ___. Hingegen sind _____ für das Textverstehen oft ___. Meistens sind ___ und ___, die eine wichtige Informationen enthalten, ___. _____ und ___ sind wichtige Träger von Informationen. Auf der anderen Seite sind ___, ___, und ___ in der Regel ___ so ___. Man geht davon aus, dass in einem Text etwa ___ ___ der Wörter ___ oder ___ werden können.

Lückentext 2: 59 Lücken

(1) Schlüsselwörter _____, _____ wichtigsten Informationen _____. (2) Schlüsselwörter muss ___ _____ _____ verstehen. (3) _____ andere Wörter _____ oft unwichtig. (4) _____ Nomen ___ Verben, _____, Schlüsselwörter. (5) Auch Zahlen ___ Negationswörter _____. (6) _____ Adjektive, Adverbien, ___ Präpositionen _____ nicht ___ wichtig. (7) _____ _____, _____ _____ 70 Prozent ___ ___ wegelassen ___ ausgetauscht _____.

2 **Lückentext 2** besteht nur aus Schlüsselwörtern, die restlichen Wörter sind Lücken. Im **Lückentext 1** ist es genau umgekehrt. Die Bedeutung von Schüsselwörtern wird noch deutlicher, wenn Sie die Schlüsselwörter eines Satzes jeweils in eine Zeile schreiben.

⇨ Schreiben Sie die Schlüsselwörter für die Sätze (3) bis (7) auf.
⇨ Decken Sie beide Texte oben ab. Schreiben Sie einen (möglichst zusammenhängenden) Text nur mit Hilfe der notierten Schlüsselwörter.

Satz 1: Schlüsselwörter wichtigsten Informationen
Satz 2: Schlüsselwörter muss verstehen
Satz 3: _____
Satz 4: _____
Satz 5: _____
Satz 6: _____
Satz 7: _____

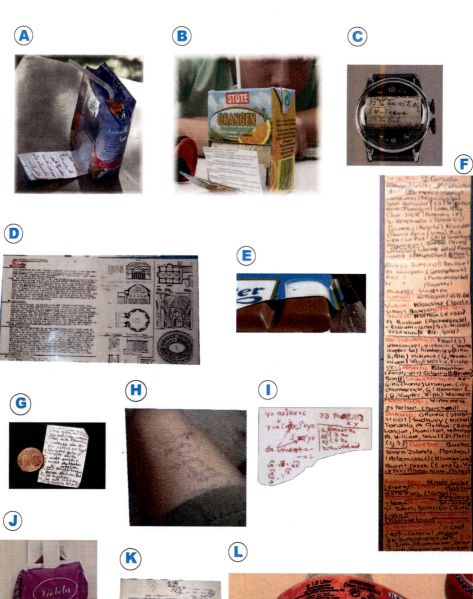

LV 4

Partner 1: Text 1, *Aufgaben zu Text 2*

Text

Mit der wachsenden Verbreitung des Internets steigt die Internet-Kriminalität schnell. Fünf Prozent der Internet-Nutzer – das sind 2,5 Millionen Menschen – haben bisher einen finanziellen Schaden durch das Internet erlitten. Zwei Prozent der Internet-Nutzer sind schon einmal Opfer eines Betrugs beim Online-Banking geworden. Schuld an der wachsenden Internetkriminalität sind auch die Nutzer selber. Rund 20 Prozent arbeiten immer noch ohne ein Virenschutzprogramm. Insbesondere beim Online-Einkauf werden Bankdaten weitergegeben. Außerdem wird meistens akzeptiert, wenn ein Verkäufer Vorkasse verlangt.

Arbeitsanweisungen

1. Lesen Sie den Text. Markieren Sie die Schlüsselwörter **(nicht mehr als 28 sind erlaubt!)**.
2. Diktieren Sie Ihrem Partner die Schlüsselwörter. Teilen Sie ihm mit, wann ein neuer Satz beginnt.
3. Anschließend diktiert Ihnen Ihr Partner die Schlüsselwörter. Beginnen Sie bei jedem neuen Satz eine neue Zeile.
4. Lösen Sie nur mit Hilfe der Schlüsselwörter, die Ihnen Ihr Partner diktiert hat, die **Aufgaben zu Text 2**.

Aufgaben zu Text 2: Beantworten Sie mit Hilfe der Schlüsselwörter von Text 2 die folgenden Fragen.

a) Was möchte Google erreichen? _____

b) Was dauert: 1. **25 Sekunden** _____ 2. **9 Sekunden** _____

   3. **15 Sekunden** _____ 4. **1 Sekunde** _____

c) Wie lange soll der Suchprozess mit der neuen Technik dauern? _____

③ **Bearbeiten Sie mit Ihrem Partner die beiden Texte. WICHTIG: Die Übung funktioniert nur, wenn Partner 1 den Text von Partner 2 abdeckt und umgekehrt.**

Partner 2: Text 2, *Aufgaben zu Text 1*

Text

Google hat eine Technik entwickelt, mit der die Suche im Internet wesentlich schneller gehen soll.
Bislang dauert ein Suchvorgang bei Google nach Unternehmensangaben im Schnitt 25 Sekunden, das Laden einer Seite nicht eingerechnet: Neun Sekunden braucht der Nutzer, um das Suchwort einzutippen, 15 Sekunden verwendet er dafür, sich die Resultate anzusehen. Googles Suche selbst dauert nur eine Sekunde. Die neue Technik soll den Prozess um zwei bis fünf Sekunden pro Suchvorgang verkürzen.

Arbeitsanweisungen

1. Lesen Sie den Text 2. Markieren Sie die Schlüsselwörter **(nicht mehr als 23 sind erlaubt!)**.
2. Diktieren Sie Ihrem Partner die Schlüsselwörter. Teilen Sie ihm mit, wann ein neuer Satz beginnt.
3. Anschließend diktiert Ihnen Ihr Partner die Schlüsselwörter von Text 1. Beginnen Sie bei jedem neuen Satz eine neue Zeile.
4. Lösen Sie nur mit Hilfe der Schlüsselwörter, die Ihnen Ihr Partner diktiert hat, die **Aufgaben zu Text 1**.

Aufgaben zu Text 1: Beantworten Sie mit Hilfe der Schlüsselwörter von Text 1 die folgenden Fragen.

a) Welche Folge hat es, dass sehr viele Menschen das Internet benutzen _____

b) Wie viel Prozent der Internet-Nutzer haben Geld beim Online-Banking verloren? _____

c) Was trägt der Internet-Nutzer selber dazu bei, dass so viel betrogen wird: 1. _____
   _____ ; 2. _____
   3. _____

5 (Fernes) Glück

Sonja und Jonas kennen sich seit einem Jahr und leben zusammen in Köln. Nachdem Sonja ihr Bachelor-Studium beendet hat, absolviert sie zwei Auslandssemester in Shanghai.
Jonas begleitet sie beim Umzug. Nach ein paar Tagen heißt es, Abschied nehmen, denn Jonas kehrt zurück nach Köln, wo er sein Studium beendet. Sie treffen sich alle drei Monate. Bei ihrem zweiten Treffen, nach 6 Monaten, haben sie ihre »Stimmungskurven« aufgezeichnet.

1 Zeichnen Sie beide Kurven weiter bis zum dritten Besuch nach 9 Monaten.
- ⇨ Vergleichen Sie Ihre Kurven mit Ihrem Lernpartner. Was fällt an den Kurven auf?
- ⇨ Markieren Sie 2-3 auffällige Punkte in der Kurve. Fragen Sie Ihren Partner, wie er sich diese Stimmung erklärt.

Beispiel A: *Wie erklärst du dir, dass Sonjas Stimmung kurz nach dem Abschied so gut ist?*
B: *Ich glaube / ich vermute / ich denke ...*

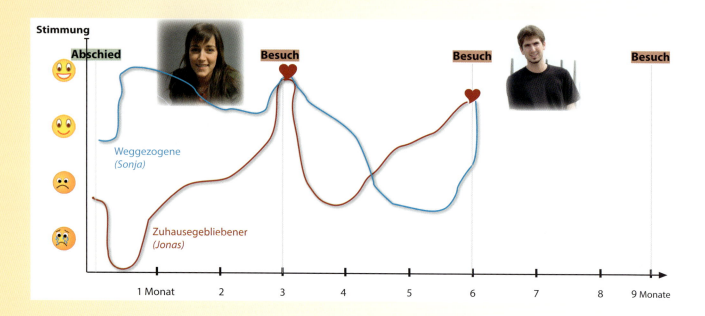

Diese Wörter können Sie verwenden	
sich verabschieden (von) / sich treffen (mit) traurig, niedergeschlagen glücklich, euphorisch	die Stimmung • verschlechtert sich / verbessert sich • ist schlecht / ist gut / ist auf dem Höhepunkt / ist auf dem Tiefpunkt

A Sonja und Jonas leben in einer so genannten »Fernbeziehung«.
- ⇨ Welche Probleme treten in einer solchen Beziehung auf?
- ⇨ Tragen Sie im Plenum Ihre Ergebnisse an der Tafel oder auf einer Wandzeitung zusammen.

In diesem Kapitel werden Sie

- einen Text gliedern und Fragen zu vorgegebenen Antworten stellen (LV, GR);
- Themen einer Radiosendung erhören und Aussagen mit Hypothesen vergleichen (HV);
- E-Mails aus verschiedenen Perspektiven schreiben;
- in Kurztexten schnell Informationen auffinden (LV);
- Signalwörter beim Hörverstehen nutzen (Lerntipp);
- Bezugswörter verwenden, die in Texten den Zusammenhang zwischen Sätzen herstellen (GR);
- erfahren, wie man im Deutschen Aussagen negieren kann (GR).

B Lesen Sie den Textauszug. Die Gründe werden nicht genannt. Was meinen Sie? Welche Gründe mag es für diese Entwicklung geben?
Verwenden Sie die SoS! »Vermutungen äußern«.

> Experten schätzen, dass in Deutschland jede siebte Beziehung eine Fernbeziehung ist, das sind rund vier Millionen Paare. Unter Akademikern ist der Anteil besonders hoch: Jedes vierte Paar führt – zumindest für einige Jahre – eine Wochenendbeziehung.« Forscher gehen davon aus, dass die Zahl noch zunehmen wird, **weil** ...

C Die Wörter und Ausdrücke kommen alle im Text »2000 km vom Glück entfernt« auf der nächsten Seite vor. Welche Wörter passen zu welchem Abschnitt der Stimmungskurve von Jonas? Tragen Sie die Ziffern an den passenden Stellen der Kurve ein.

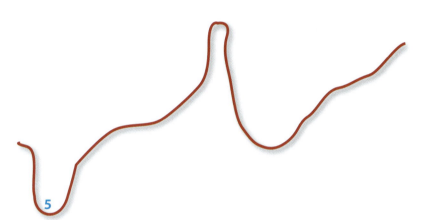

1. der Trennungsschmerz
2. die Eifersucht
3. die Beziehung auf eine harte Probe stellen
4. das Wiedersehen
5. in ein emotionales Loch fallen
6. Pläne schmieden
7. die Beziehung geht in die Brüche
8. die Freude
9. die Sehnsucht
10. der Alltag
11. die Geduld
12. die Übergangslösung

1 [globales Lesen] **Lesen Sie den Text auf der nächsten Seite einmal ganz.**

⇨ Vergleichen Sie mit Ihrem Lernpartner Ihre »*ersten Gedanken zum Text*«.
⇨ Markieren Sie auf der Liste an der Tafel / auf der Wandzeitung, welche Probleme im Text erwähnt werden. *(siehe Aufgabe A, S. 52)*
⇨ Ergänzen Sie Probleme, die im Text zusätzlich genannt werden.

Erste Gedanken zum Text

1. Dieser Text hat mir etwas Interessantes mitgeteilt. J N
2. Man kann den Text gut verstehen. J N
3. Ich kann den Textaufbau gut erkennen. J N
4. Was möchte der Autor erreichen?
5. Welche Meinung hat der Autor?

SoS!	Vermutungen äußern
Ich vermute / glaube / nehme an, dass ...	*Ich **vermute, dass** das mit dem Tourismus zusammenhängt.*
Vielleicht / Vermutlich / Wahrscheinlich / Möglicherweise ...	***Möglicherweise** hat das etwas mit dem Tourismus zu tun.*
Es könnte sein, dass ...	***Es könnte sein,** dass das etwas mit dem Tourismus zu tun hat.*
... wird wohl ... + *Verb im Infinitiv (Futur I)*	*Das **wird wohl** mit dem Tourismus zusammenhängen.*

(Fernes) Glück

2000 km vom Glück entfernt

Februar 2009, Valentinstag. Die Band *Bloc Party* spielt in der ausverkauften Columbiahalle. Nach ausgelassenem Tanzen plötzlich gedämpftes Licht. Die Band auf der Bühne stimmt einen langsamen Song an; die Pärchen wiegen sich eng umschlungen im Takt. Ein perfekter Moment an einem perfekten Tag. Nur nicht für die 25-jährige Kerstin. Sie versucht, die aufkommende Traurigkeit abzuschütteln. Wieder so eine Situation, in der Javier nicht dabei ist, und Javier ist weit, sehr weit entfernt: Er lebt in Madrid, sie in Berlin. Und beide leben in einer so genannten Fernbeziehung.

Kerstin hatte schon nach dem Abitur für über ein Jahr als Aupair in Paris gearbeitet. Das sollte nicht ihre einzige Auslandsstation bleiben. Zwischen dem Abschluss des Bachelorstudiums in Freiburg und dem Masterstudium in Berlin hatte sie ein halbes Jahr frei. Sie entschied sich, ein Praktikum am Goethe-Institut in Madrid in dieser Zeit zu machen. Hier traf sie 2007 ihre große Liebe: den 24-jährigen Javier.

Nach einigen Wochen auf Wolke sieben musste Kerstin zurück nach Deutschland, 2000 Kilometer lagen zwischen ihr und ihrem Liebsten. Die Distanz stellte die Beziehung auf eine harte Probe. Alle Fernbeziehungspaare müssen lernen, mit den wechselnden Phasen des Getrennt- und Zusammenseins umzugehen, insbesondere mit dem Trennungsschmerz. Dieser ist dann besonders stark, wenn man beim Abschied weiß, dass man sich monatelang nicht sieht. Vor allem die Sehnsucht prägt die Trennungszeit: Erst einige Tage nach dem Abschied von Javier, wenn sich Kerstin schon wieder im Alltag zurechtgefunden hat, fällt sie in ein tiefes emotionales Loch. Dann wird ihr schmerzlich bewusst, wie lange es bis zum nächsten Wiedersehen dauert. Dauert die Trennung sehr lange, kann die Sehnsucht nach dem Partner übermächtig werden, und man ist ständig damit beschäftigt, Pläne für ein baldiges Wiedersehen zu schmieden. Die lange Trennung führt natürlich auch dazu, dass man sich fragt, ob der Partner »treu« ist. Nein, Eifersucht verspüre sie nicht, das Vertrauen zu Javier sei sehr groß, sagt Kerstin. Nun ja, umgekehrt gäbe es da schon manchmal ein Problem, spanische Männer sind in der Regel ja sehr eifersüchtig. Das kann manchmal nerven. Aber sie haben gelernt, damit umzugehen. An Fernbeziehungen wird oft bemängelt, dass es keinen Alltag in der Partnerschaft gäbe. Kerstin bestätigt das. Die Schlussfolgerung, dass man also gar nicht wissen könne, ob die Partnerschaft unter normalen Bedingungen »funktionieren« würde, lehnt sie strikt ab. »So was fühlt man, ob man mit jemandem zusammenleben kann oder nicht.« Mehr als vier, fünf Mal pro Jahr können sich Kerstin und Javier nicht sehen. Es ist nicht nur die fehlende Zeit – eine Fernbeziehung ist teuer. Am schlimmsten trifft es Paare, die eine besonders große Entfernung trennt, etwa, wenn der Partner in China, Australien oder Peru lebt. Im Vergleich dazu ist Madrid ein Katzensprung und dank der Billigflieger gut und kostengünstig zu erreichen. Trotzdem ist das Reisen meistens anstrengend, und in der Regel braucht Kerstin einen Tag für die Hin- und einen Tag für die Rückreise. Probleme können bei Fernbeziehungen nicht nur durch Trennungsphasen entstehen, sondern auch durch Sprachbarrieren. Kerstin und Javier verständigen sich ausschließlich auf Spanisch, denn Javier hat keine Zeit für einen Deutschkurs. Da frustriert es sie schon manchmal, wenn sie Gedanken und Gefühle nicht so ausdrücken kann, wie es im Deutschen selbstverständlich wäre. Schließlich erschweren kulturelle Unterschiede die Beziehung auf Distanz. Es ist entscheidend, dass man die unterschiedlichen Lebenswelten zusammenbringt. Während Kerstin seit sechs Jahren in WGs lebt, jobbt und ihr Leben selbständig meistert, wohnt Javier noch immer bei seiner Familie. Aufgrund des vorherrschenden Katholizismus in Spanien ist es undenkbar, dass Kerstin bei ihrem Freund übernachtet. Anderthalb Jahre hat es gedauert, bis Kerstin der Familie offiziell vorgestellt wurde, weil Javiers Eltern sehr konservativ sind. »Am Anfang habe ich mich gefühlt, als ob ich verleugnet werde, weil wir unsere Beziehung verheimlichen mussten«, erinnert sie sich.

Um nicht an der Situation zu zerbrechen, sind Geduld und Ausdauer für die Beziehung lebenswichtig. Dies können die meisten nur dann aufbringen, wenn sie davon überzeugt sind, dass die Liebe auf Distanz nur eine Übergangslösung ist.

A Einleitung: Traurig in der Disko

B Kennenlernen

C Probleme

1. Distanz und Trennungsschmerz

D Schluss

2 [Text gliedern] Der Text hat das nebenstehende Gliederungsschema.
Die Abschnitte des Hauptteils (Gliederungspunkt C 1., C 2. ...) sind nicht
durch Absätze voneinander getrennt.

⇨ **Wie viele Abschnitte** hat der Hauptteil C (Z. 13 – 48)? Markieren Sie im Text, wo für C ein neuer Gliederungspunkt beginnt (siehe Beispiel Zeile 18: »... sieht.«│).

⇨ Markieren Sie in jedem Abschnitt von Hauptteil C den wichtigsten Satz *(siehe Beispiel Z. 14/15)*.

⇨ Markieren Sie in jedem Absatz **das wichtigste Wort** mit einer anderen Farbe (siehe Beispiel Trennungsschmerz, Z. 16).
Zu diesem Wort können zum Beispiel auch Zahlwörter (*fünf* Gründe,) Attribute (*schneller* Abschied) oder Negationen (*keine* Zukunft) gehören.

⇨ Schreiben Sie für C1 bis Cx die Themen an den Rand (siehe Beispiel 1. Distanz und Trennungsschmerz).

A	Einleitung
B	Kennenlernen in Madrid
C	Probleme einer Fernbeziehung
	1.
	2.
	3.
	...
	x
D	Schluss

3 **Was hat Ihnen dabei geholfen,**

⇨ den Beginn eines neuen Abschnitts zu finden;

⇨ den wichtigsten Satz zu erkennen;

⇨ das wichtigste Wort eines Abschnitts zu finden;

⇨ das Thema des Absatzes zu erkennen?

4 [Fragen stellen] Rechts finden Sie Antworten aus dem Text, zu denen Sie Fragen stellen sollen.   ▶ GR S. 143

Frage	Antwort
Zeile 1 – 13	
Warum ist Kerstin in der Disko traurig?	Weil ihr Freund nicht da ist.
	Bei einem Praktikum im Goethe-Institut Madrid.
	Für ein Jahr.
Zeile 14 – 30	
	Wenn die Trennung sehr lange dauert.
	Man plant, was man beim Wiedersehen macht.
	Sie vertraut Javier.
Zeile 31 – 51	
	Sie braucht zwei Tage.
	Sie sprechen nur Spanisch zusammen.
	Bei seiner Familie.
	Weil die Eltern streng katholisch und konservativ sind.
	Wenn man weiß, dass man irgendwann einmal nicht mehr getrennt leben wird.

▶ Üb, S. 36

(Fernes) Glück

Vor dem Hören

A In der linken Spalte sind die Probleme in Stichworten aufgelistet, die auch im Lesetext »Fernes Glück« erwähnt sind.

Welche Ratschläge würden Sie geben? Falls Ihnen einer einfällt: Tragen Sie ihn stichwortartig in die Spalte »Mein Ratschlag« ein.

> **Hörtext: In der Ferne liegt mein Glück**
> Radiosendung, 950 Wörter ☺ ☺
> In der Radiosendung rufen Frauen und Männer an, die Erfahrungen mit Fernbeziehungen haben. Sie schildern jeweils ein Problem. Ein Experte gibt Ratschläge.

1. Hören

1 **In welcher Reihenfolge kommen die Probleme zur Sprache?**
   ⇨ Nummerieren Sie (siehe Beispiel **1** – *Alltag fehlt*).
   ⇨ Ein Problem, das im Lesetext genannt wird, wird *nicht* angesprochen. Dafür wird aber *zusätzlich* ein Thema genannt, das im Lesetext nicht erwähnt wird. Streichen Sie dieses Thema in der Tabelle (Spalte »Problem«) durch und ersetzen sie es durch das zusätzlich genannte Thema.

2 **Welche Ratschläge / Kommentare gibt der Experte?**
   ⇨ Machen Sie sich (mit Bleistift) Notizen (Spalte »Ratschlag des Experten«).
   ⇨ Vergleichen / ergänzen Sie mit Ihrem Lernpartner.

Sie können den Text auch ein zweites Mal **hören.**

Nr.	Problem	Mein Ratschlag	Ratschlag des Experten
○	Trennungs-schmerz		
○	Sehnsucht		
○	Eifersucht		
1	Alltag fehlt		
○	teuer		
○	kulturelle Unterschiede		
○	Sprach-barriere		

▶ Üb, S. 40

HV 5

Nach dem Hören

3 Herr Kleefeld hat zwei Briefe an Hörer geschrieben, die während der Sendung per E-Mail ihr Problem geschildert und ihn um Rat gefragt haben.
⇨ Brief 1: Was raten **Sie** Herrn Müller? Schreiben Sie den Brief zu Ende.
⇨ Brief 2: Was hat Frau S. geschrieben? Schreiben Sie die E-Mail, die Frau S. an den Experten Prof. Kleefeld geschickt hat.

Brief 1

Sehr geehrter Herr Müller,

Sie schreiben, dass Ihre Freundin für zwei Auslandssemester in Italien ist und Sie sich einmal pro Vierteljahr für zwei Wochen sehen. Nach der ersten Wiedersehensfreude fühlen Sie sich aber unwohl, weil Sie kein Italienisch sprechen und sich isoliert in der fremden Stadt fühlen. Sie beklagen sich darüber, dass Ihre Freundin keine Rücksicht darauf nimmt und – wie Sie schreiben – »einfach ihr Leben fortführt, als wäre ich nicht da«. Sie fühlen sich vernachlässigt und wünschen sich, dass Ihre Freundin sich mehr um Sie kümmert.

Ich höre diese Klage immer wieder. Ich ….

Brief 2

Sehr geehrte Frau S.,

Ich glaube nicht, dass Sie daran etwas ändern können. In jeder Beziehung geht es auch darum, wer das Sagen hat, also wer bestimmt. Wenn Sie kein Französisch sprechen, ist es klar, dass Ihr Freund, der perfekt Französisch spricht, in Frankreich bestimmt. Er führt alle Telefongespräche, er fragt im Geschäft, am Flughafen und in der Bibliothek für Sie. Das heißt, Sie sind, wenn Sie bei Ihrem Freund in Frankreich sind, gegenüber Freunden und seiner Familie völlig abhängig von ihm.

Sie sollten deswegen unbedingt darauf dringen, dass Ihr Freund Sie auch genauso oft in Deutschland besucht, wie Sie ihn in Frankreich besuchen. Dann steht er nämlich vor der gleichen Situation. Dann ist er abhängig von Ihnen.

Ich hoffe, Ihnen geholfen zu haben.

Ihr Klaus Kleefeld

4 Entdecken Sie in dem Text dieses Unglücklichen 14 Wörter, die etwas negieren. Das können Negationswörter sein, aber auch Suffixe und Präfixe, mit denen verneinte Wörter gebildet werden können.

Trennungsschmerz

Schlaflose Nächte und unruhige Träume quälen mich. In meinen Träumen wandere ich desorientiert und ziellos durch menschenleere Straßen. Ich esse kaum noch etwas, ich habe keinen Appetit. Niemand kann meinen Schmerz nachempfinden, und nichts kann ihn lindern. Ich fühle mich nirgendwo wohl, wie ein Alkoholiker auf Entzug. Ich habe weder Geduld noch Kraft, auf unser nächstes Treffen zu warten. Wenn ich in den Spiegel schaue, sehe ich ein blutleeres Gesicht mit hoffnungslosem Blick.

5 Schreiben Sie die Negationen der folgenden Ausdrücke in die Spalte »negativ«. Schreiben Sie in »Beispielsatz« einen Satz mit der Negation auf.

▶ GR S. 145

positiv	negativ	Beispielsatz
überall		
alles		
jede/jeder		
immer		
ein, zwei …viele		
sowohl … als auch		
auf jeden Fall		

▶ Üb, S. 43

(Fernes) Glück

Bei Suchergebnissen im Internet, in Programmzeitschriften, Vorlesungskommentaren usw. finden Sie oft **kurze Texte**, die Sie **möglichst schnell lesen** wollen, weil Sie

- Texte finden wollen, die Sie interessieren;
- Texte finden wollen, die nur bestimmte Informationen enthalten;
- nicht viel Zeit haben, alles ganz gründlich zu lesen.

Es handelt sich hierbei meistens um Texte, die nicht besonders »wertvoll« sind. Man kann sie vergessen, wenn sie ihre Funktion erfüllt haben, nämlich, wenn Sie die benötigten Informationen gefunden haben.

In diesem Buch werden Sie verschiedene Textsorten und Übungen bearbeiten, die Ihnen das schnelle Auffinden von Informationen erleichtern.

Auf der nächsten Seite haben 8 Personen in *den alten Medien* – in der Zeitung – Kontaktanzeigen (1 – 8) aufgegeben. Ohne Erfolg! Jetzt wollen diese 8 Männer und Frauen es mit *den Neuen Medien* versuchen, mit einer der zahlreichen »Single-Börsen« und Partnervermittlungen im Internet (A – H).

1 Suchen Sie für die Personen eine passende Online-Partnerbörse.

Gehen Sie so vor (siehe Beispiel *für 1 – E)*

1. Schritt Lesen Sie die Wünsche der Personen. Markieren Sie farbig, worin **der besondere Wunsch** besteht.

2. Schritt Suchen Sie für Person 1 die passende Partnerbörse. Überfliegen Sie dazu die Angebote der Börsen. Suchen Sie gezielt nach **gleichen oder ähnlichen Wörtern**, wie Sie sie bei den Personen markiert haben. **Markieren Sie** diese Wörter.

3. Schritt Wenn Sie den Text gefunden haben, **streichen Sie ihn** mit Bleistift **durch**. Das erleichtert die Suche, und Sie müssen nicht alle Texte mehrmals lesen. Suchen Sie in den restlichen 7 Texten nach einer passenden Börse für Person 2. Danach bleiben 6 Texte für Person 3 übrig usw.

4. Schritt Tragen Sie die Ergebnisse in die Tabelle ein.

Person	Börse
1	E
2	
3	
4	
5	
6	
7	
8	

Die Personen, die einen Partner / eine Partnerin suchen

1 Nach vielen Enttäuschungen möchte ich (30 Jahre) es mit jemandem versuchen, der älter ist als ich und mir durch seine Lebenserfahrung Halt und Sicherheit geben kann.

2 Du bist am Montag mit dem Fahrrad in der Marburger Fußgängerzone umgefallen, als du mir ausweichen wolltest. Selbst Schuld! Möchte dich trotzdem wiedersehen.

3 Ziehe nächstes Jahr nach Griechenland. Allein in einem fremden Land? Nein, danke! Welche Griechin bereitet mich auf das (finanzielle?) Abenteuer in ihrem Land vor?

4 Mein lieber vierjähriger Sohn und ich suchen liebevollen Vater und Geliebten. Zuschriften nicht nur von Akademikern gewünscht.

5 Suche Mann, nicht älter als 25 Jahre. Bin Studentin, stehe aber nicht nur auf Akademiker. Eine feste Bindung interessiert mich nicht. Eifersucht hasse ich.

6 Suche gebildete Partnerin, die auch bei Gesprächen über Nietzsche und Zuckerberg Überraschendes zu sagen weiß. Doktor- und / oder Professorentitel (keine Plagiate, bitte!) angenehm.

7 Eine gemeinsame unerschütterliche und tiefe Überzeugung ist die beste Grundlage für eine dauerhafte und ernsthafte Beziehung. Wer teilt Glauben und Leben mit mir?

8 Arbeite als Nachtportier in einem Hotel, also oft zu Zeiten, wo andere schlafen. Daran sind alle meine Beziehungen gescheitert. Wem geht es ähnlich?

Beispiel Welche Online-Börse passt zu Person 1?

Schlüsselwörter Person 1	Schlüsselwörter Börse E
älter ist als ich – Lebenserfahrung *(Es geht um das **Alter** des Partners!)*	gleichaltrig, Erfahrung des Alters, Altersunterschied, älteren Partner

Die Online-Partnerbörsen

A Amigoline ist eine kostenlose Partnerbörse, die die Partnersuche in fast jedem Alter möglich macht. Dabei bietet Amigoline ein sehr breites Spektrum von ganz unterschiedlichen Charakteren, so dass für jeden jemand dabei ist, mit dem man sich versteht. Die Suche bei Amigoline ist länderübergreifend, d.h., Sie können Partner in fast allen Ländern Europas finden.

B Jedes Jahr werden in Deutschland ca. 200.000 Ehen geschieden, die meisten davon sind Ehen mit Kindern. Viele der geschiedenen Eltern suchen nach einem neuen Partner. Bei uns können Sie sich per Mausklick Ihren Traumpartner »ins Haus holen«. Single-Eltern, alleinerziehende Väter und Mütter und ihre Kinder sind bei uns herzlich willkommen.

C Du hattest Blickkontakt, warst aber zu schüchtern zum Ansprechen? brizzl gibt Dir eine zweite Chance! Mit brizzl kann man Personen suchen und finden, ohne den Namen zu kennen. Wie das geht? Ganz einfach. Die Gemeinsamkeit ist der Ort und der Zeitpunkt der Begegnung. Hinterlasse einfach eine Nachricht auf der Karte und warte ab, was passiert.

D Seit August 2007 bringt eine Partnerbörse Singles aus dem Gastgewerbe zusammen. Das macht Vieles leichter, denn wer in der Nacht und an Wochenenden arbeitet, wird eher von Partnern akzeptiert, die ebenfalls zu unregelmäßigen Zeiten arbeiten. Dies trifft aber nicht nur auf Hotellerie und Gastronomie zu. Inzwischen sind auch zahlreiche Metzger, Bäcker, Mediziner, Ingenieure und Landwirte registriert.

E Geht es Ihnen auch so, dass gleichaltrige Partner oft langweilig sind? Profitieren Sie von der Erfahrung des Alters oder der Unbekümmertheit der Jungen. Lernen Sie den Partner ab 5 Jahre Altersunterschied kennen. Treffen Sie Singles, welche ebenfalls den jüngeren oder älteren Partner suchen. Frauen können kostenlos Nachrichten schreiben. Männer können ab 5,50 € pro Monat Kontakt aufnehmen.

F Wie der Name schon sagt, ElitePartner zielt auf Akademiker ab: Die meisten Partnersuchenden bei ElitePartner (rund 70%) haben studiert. ElitePartner verwendet einen wissenschaftlichen Persönlichkeitstest, der eine hohe Qualität bei den Partnervorschlägen ermöglicht. Die Partnerbörse betreibt intensive Werbung im Fernsehen. Eine Mitgliedschaft von drei Monaten kostet 179,90 €.

G Hier finden Christen aller Konfessionen schnell und unkompliziert aus ihrer näheren Umgebung oder im gesamten deutschsprachigen Raum neue Freunde, die geistlich und menschlich eine Wellenlänge haben. Und christliche Singles, die in ihrer Gemeinde allein blieben, fanden und finden hier mit etwas Glück ihren Traumpartner.

H iLove ist mit mehr als 6 Millionen Mitgliedern eines der führenden Flirtportale im deutschsprachigen Raum. Das Angebot von iLove richtet sich an Leute, für die Spaß beim Flirten im Vordergrund steht. Der Anspruch ist hier nicht, den Partner fürs Leben oder die große Liebe zu finden. Mit iLove mobile ist das Flirten vom Handy aus möglich, unterwegs und jederzeit.

▶ Üb, S. 41

Lerntipp Hören: Schlüssel- und Signalwörter

In Kapitel 2 wurden im Lerntipp »Antizipation« Vorschläge gemacht, was Sie **vor dem Hören** tun können, um einen Hörtext besser zu verstehen.
Während des Hörens helfen Ihnen **Signalwörter**, Wichtiges von Unwichtigem zu unterscheiden und sich im Hörtext zu orientieren.

Was sind Signalwörter?

Signalwörter sind zum Beispiel
- Schlüsselwörter von Aufgaben
- Hervorhebungen (»insbesondere«, »vor allen Dingen«, »*wichtigstes* Ergebnis« usw.)
- Gliederungssignale (»erstens, zweitens ...«)

Eine wesentliche Hilfe beim Hörverstehen sind **Aufgaben** (*). Aufgaben lenken die Aufmerksamkeit auf die Hauptinformationen des Textes. Sie geben Ihnen Hinweise,
- welche **Themen** angesprochen werden,
- welche Schlüsselwörter es im Text gibt,
- auf welche **Signalwörter** Sie achten müssen,
- auf was Sie sich während des Hörens konzentrieren sollten.

(*) Aufgaben in HALIT (Kursbuch) überprüfen nicht das Hörverstehen, sondern **führen zum Verstehen**. Typische Prüfungsaufgaben finden Sie hingegen im Übungsbuch.

Beispiel 1

Aufgabe (Frage)	Hörtext
Worin besteht der Unterschied zwischen einem Tabu und einem Verbot?	*Ich glaube, ein wichtiger, vielleicht sogar der wichtigste Unterschied besteht darin, dass über Verbote gesprochen werden darf, ja, gesprochen werden muss. Über Tabus aber soll man nicht, darf man nicht sprechen.*
Schlüsselwörter in der Aufgabe ⟶	**Signalwörter** im Text

Markieren Sie in Beispiel 2 Schlüsselwörter und Signalwörter.

Beispiel 2

Frage	Hörtext
Warum ist der Autor der Meinung, dass Rassismus ein nützliches Tabu ist?	*Man sagt ja oft, dass man keine Tabus haben darf. Aber es gibt auch nützliche Tabus, z.B. die Diskriminierung von Menschen schwarzer Hautfarbe. Dass man sich hier nicht rassistisch öffentlich äußern darf, ist nützlich, weil es Menschen schützt.*

A Der eine Liedtext auf Seite 61 stammt aus dem Jahre 1979, der andere aus 2003.
Was vermuten Sie: Welches Lied stammt aus welchem Jahr? Begründen Sie Ihre Vermutung.

B **In beiden Liedern geht es um eine Liebesbeziehung.**
⇨ Vergleichen Sie, wie »Liebe« besungen wird. Welcher Text gefällt Ihnen besser?
⇨ Im Interview wird gesagt, dass Liebeslieder zeigen, wie sich eine Gesellschaft verändert hat. Können Sie solche Veränderungen in den Liedtexten erkennen?

> **Hörtext: Liebeslieder**
> Interview, 554 Wörter
>
> Im Text erläutert eine Forscherin, was sie bei der Analyse von Liebesliedern herausgefunden hat.

HV 5

Samajona: Sag es Jahr

Du denkst, du bist ein cooler Typ,
du bist so selbstverliebt.
Tust so supersouverän,
doch so kann es nicht geh'n.
Hohle Worte und viel heiße Luft,
leere Phrasen, keinen Plan.
Wenn du denkst, du setzt mich so schachmatt –
Hey glaube mir, das kommt nicht an …

Sag es – sag's mir direkt.
Labern hat keinen Zweck.
Willst du – denn wirklich mich.
Nicht nur – mein hübsches Gesicht.
Sag es – sag's mir direkt.
Spielst du - mit mir Versteck.
Komm schau – mich an.
Und sag es – sag's mir – direkt.

Dein süßes Lächeln ist der Hit –
du hast verdammt viel Charme
Du sagst, du wärst in mich verliebt,
das glaub' ich dir nicht, Mann.
Nee, so'ne leichte Beute – bin ich sicher nicht.
Du musst mir erst mal beweisen –
dass du hältst, was du versprichst …

Mireille Mathieu: Es geht mir gut, Chérie

Heut' bleibt die Musikbox nicht steh'n,
ich will noch nicht nach Hause geh'n,
mein Herz, es lässt mir keine Ruh',
heut' will ich tanzen immerzu.

Wenn ich in deine Augen schau',
dann ist die Welt so himmelblau,
es wird nun alles anders sein,
ich bin nie mehr allein.

Es geht mit gut, merci, Chérie,
es geht mir gut, das macht die Liebe,
sie macht den Tag so schön,
sie macht die Nacht so schön,
so schön wie nie.

Chérie, ich glaube es noch kaum,
die Glocken läuten schon im Traum,
wir beide reisen um die Welt,
und bleiben, wo es uns gefällt.
Aus einem Südseeparadies
schreib ich den Freunden in Paris,
ich hab vergessen, was mal war,
denn bei dir ist mir klar:

Es geht mir gut, Chérie …   Jahr

1 [Globales Hören] **Hören Sie das Interview einmal ganz. Welche der drei Zusammenfassungen ist richtig? Bitte ankreuzen.**

❶ *Eine Forscherin hat alte und neue Liebeslieder miteinander verglichen. Die Bedeutung von »Liebe« hat sich verändert, lautet ihre Schlussfolgerung.* ☐

❷ *Eine Forscherin hat untersucht, wie viele Lieder früher und heute von Liebe handeln. Liebe spielt in den heutigen Liedern eine viel größere Rolle als früher, hat sie herausgefunden.* ☐

❸ *Eine Forscherin hat neue und alte Liebeslieder untersucht und dabei herausgefunden, dass Frauen in den Liedern heute eine andere Rolle spielen als früher.* ☐

Hören Sie den Text in zwei Teilen.

1. Teil

2 Arbeiten Sie mit Ihrem Lernpartner. **Die Wörter in der Tabelle kommen alle im 1. Teil des Hörtextes vor. Sie beziehen sich auf alte und neue Liedtexte.**

⇨ **Partner A:** Welche Wörter werden verwendet, um die Texte **alter** Liebeslieder zu charakterisieren? Kreuzen Sie A an.

⇨ **Partner B:** Welche Wörter werden verwendet, um die Texte **neuer** Liebeslieder zu charakterisieren? Kreuzen Sie N an.

glücklich	A N	ohne Probleme	A N	Schmerz	A N	Scheitern	A N
Schutz	A N	Hölle	A N	bis in alle Ewigkeit	A N	ernsthaft	A N
Trennung	A N	Geborgenheit	A N	Liebeskummer	A N	Sicherheit	A N

3 Nach dem Hören 1. Teil: **Ergänzen Sie den folgenden Lückentext. Setzen Sie die Ausdrücke aus Aufgabe 2 in die Lücken.**

Im Gegensatz zu früher werden in den heutige Liebesliedern auch _____ thematisiert. Häufig geht es um _____. Früher war vom _____ der Liebe nie die Rede. In den Liedern war Liebe vielmehr _____

Heute erscheint die Liebe in manchen Liedern sogar als _____. Es wird immer betont, dass der Partner _____ bieten muss.

(Fernes) Glück

2. Teil

*Im zweiten Teil des Interviews begründet Frau Kraus ihre **These, dass die Liedtexte Veränderungen in der Gesellschaft widerspiegeln.** Die folgenden Aufgaben helfen Ihnen zu verstehen, was sie damit meint. Gehen Sie so vor:*

⇨ Lesen Sie die Aufgaben 4 a) bis 4 f). Besprechen Sie mit Ihrem Lernpartner, was Sie noch vom ersten Hören in Erinnerung haben.

⇨ **Markieren** Sie die **Schlüsselwörter** in den Aufgaben. **Notieren** Sie in **Stichworten** die Antworten auf die Fragen, wenn Sie die **Signalwörter hören**.

4 a) Was war in den 60er und 70er Jahren normal? _____

b) Was ist hingegen heute offensichtlich? _____

c) Welches Beispiel führt Frau Kraus an? _____

d) Was haben viele Menschen verloren? _____

e) Was bieten die Familien heute nur noch selten? _____

f) Welche Folgen hat das *[= Antwort auf e)]* für die Partnerschaft? _____

5 Im Interview wird ein Liedtext von Herbert Grönemeyer zitiert. Ergänzen Sie die Liedzeilen.

Ich brauch niemand, _____

_____, der mich zerdrückt.

Niemand, der _____

Wenn man ihn _____

Wenn man nach _____, auf dem _____

6 Frau Kraus führt den Vers von Grönemeyer als ein Beispiel an. Wofür ist der Text von Grönemeier ein Beispiel?

Nach dem Hören 2. Teil

7 Ergänzen Sie den folgenden Lückentext. Setzen Sie die Ausdrücke aus Aufgabe 3 und 4 (auch aus der Aufgabenstellung!) in die Lücken.

Liedtexte spiegeln _____ wider. In den 1960er und 1970er Jahren

war _____

Heute dagegen weiß jeder, dass Liebe auch _____, was man an

den _____ sehen kann. Heute wird in den

Liebesliedern vom Partner Schutz und Geborgenheit gefordert. Das liegt wahrscheinlich daran, dass viele Menschen _____

Die Familie bietet _____, und soziale

Gemeinschaften spielen eine geringe Rolle. Aus diesen Gründen hat die Partnerschaft _____

_____. Man ist bereit, viel zu geben, aber man _____

_____ vom Partner.

▶ Üb, S. 42

Textbezüge

GR 5

> Viele Wörter in einem Satz beziehen sich auf vorangegangene Nomen, Satzteile oder sogar ganze Sätze. Solche Wörter stellen eine Verbindung zwischen Sätzen, einen **Textzusammenhang**, her.

1 Markieren Sie die Bezugswörter und die Wörter, Satzteile oder Sätze, auf die sie sich beziehen.

Nur nicht für die 25-jährige Kerstin. Sie versucht, die aufkommende Traurigkeit abzuschütteln. Wieder so eine Situation, in der Javier nicht dabei ist, und Javier ist weit, sehr weit entfernt: Er lebt in Madrid, sie in Berlin.	**Personalpronomen** beziehen sich auf ein Nomen.
Kerstin hatte schon nach dem Abitur für über ein Jahr als Aupair in Paris gearbeitet. Das sollte nicht ihre einzige Auslandsstation bleiben. Um nicht an der Situation zu zerbrechen, sind Geduld und Ausdauer für die Beziehung lebenswichtig. Dies können die meisten nur dann aufbringen, wenn sie davon überzeugt sind, dass die Liebe auf Distanz nur eine Übergangslösung ist.	**Demonstrativpronomen** dies-, der, die, das beziehen sich meistens auf einen ganzen Satz oder einen Satzteil.
Sie entschied sich, ein Praktikum am Goethe-Institut in Madrid in dieser Zeit zu machen. Hier traf sie 2007 ihre große Liebe.	**Lokaladverbien** dort, da, hier beziehen sich auf einen vorher genannten Ort.
a) Man ist ständig damit beschäftigt, Pläne für ein baldiges Wiedersehen zu schmieden. b) Spanische Männer sind in der Regel ja sehr eifersüchtig ... Aber Kerstin und Javier haben gelernt, damit umzugehen.	**Präpositionaladverbien** damit, darüber usw. beziehen sich auf einen ganzen Satz oder einen Satzteil. Dieser Satz / Satzteil kann a) **nach** oder b) **vor** dem Präpositionaladverb stehen.

2 In einem Internet-Forum über Fernbeziehungen fragt »Christian« um Rat. Sein Text ist etwas merkwürdig, weil er fast keine Bezugswörter verwendet. **Ersetzen Sie die markierten Wörter und Wortgruppen** durch die Bezugswörter im Kasten. In Abschnitt **(1)** passen die Bezugswörter von **A**, in Abschnitt **(2)** die Bezugswörter von **B**.

Hi,

(1) ich, Christian, führe seit etwa 3 Jahren eine Fernbeziehung mit einer Südamerikanerin. Ich war auch etwa ein Jahr in ihrem Land. Wir haben in ihrem Land _____ aber auch nur eine Wochenendbeziehung geführt. Obwohl sich Maria und Christian _____ sehr lieben, habe ich das Gefühl, dass es so nicht mehr weitergehen kann. Maria _____ lehnt es ab, sich von Marias _____ Familie zu trennen, und will unbedingt in ihrem Land bleiben. Dass sie in ihrem Land unbedingt bleiben will _____ stört mich schon, weil ich massive Probleme _____ habe, nach Südamerika umzusiedeln. Dass ich nach Südamerika umsiedle _____ verlangt Maria _____ von Christian _____. Ich weiß wirklich nicht, ob ich in Südamerika _____ mein restliches Leben verbringen will.

(2) Auf der anderen Seite hänge ich echt an Maria _____ und weiß auch, dass Maria _____ Christian _____ liebt. Und dass es Maria _____ das Herz brechen würde, wenn Maria und Christian sich _____ trennen. Gestern hat Maria _____ gefordert, dass Christian sich _____ bald entscheiden müsste. Wie soll Christian _____ auf diese Forderung _____ reagieren?

A	ihrer	sie	sie	mir	damit	das	das	da	dort	wir uns
B	sie	sie	darauf	wir uns	ihr	ihr	ich	ich mich	mich	

▶ Üb, S. 45

6 Gerecht?

Das Ultimatum-Spiel

Sie haben 100 Euro geschenkt bekommen. Glückwunsch! Aber es gibt einen Haken: Sie müssen einer anderen Person etwas von dem Geld abgeben. Wie viel das ist, bleibt Ihnen überlassen. Toll, denken Sie, ein paar Euro gebe ich gerne ab. Aber Achtung: Die andere Person kann Ihr Angebot ablehnen! Wenn das passiert, bekommen beide – nichts. Und Ihre hundert Euro sind futsch.

Spieler 1

Machen Sie Ihrem Mitspieler 2 ein Angebot, wie viel er von den 100 Euro bekommen soll. Ihr Mitspieler kann das Angebot annehmen oder ablehnen. *Wenn Ihr Mitspieler das Angebot ablehnt, bekommen beide – Sie und Ihr Mitspieler – **nichts**.*

Spielergebnis

Spieler 1 hat angeboten	Spieler 2 hat
Für sich selbst: _____ €	☐ angenommen
Für den Mitspieler: _____ €	☐ abgelehnt

Spieler 2

Spieler 1 macht Ihnen ein Angebot, wie viel Sie von dem Geld erhalten sollen. Entscheiden Sie, ob Sie den Vorschlag akzeptieren oder ablehnen. *Wenn Sie ablehnen, bekommen beide – Sie und Ihr Mitspieler – **nichts**.*

Spielregeln

⇨ Jeder Gruppe besteht aus 2 Spielern.
⇨ Spieler 1 ist immer derjenige, dessen Nachname im Alphabet zuerst kommt.
⇨ Spieler 1 macht ein Angebot.
⇨ Spieler 2 lehnt ab oder stimmt zu.

⇨ Die Gruppe trägt das Ergebnis in »Spielergebnis« ein.
⇨ Die **angenommenen und abgelehnten Beträge** werden im Plenum zusammengetragen und in die **Diagramme** eingetragen, so dass Kurven entstehen.
⇨ Dann ist das Spiel beendet und die Arbeit beginnt – **mit dem Hörverstehen** auf der nächsten Seite.

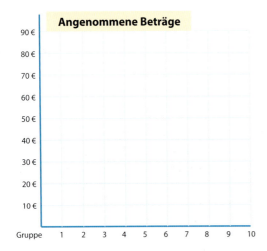

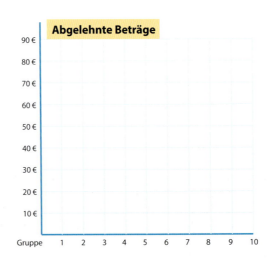

Sie hören ein Interview zum Ultimatum-Spiel. Sie hören dieses Interview nur einmal.

Vorbereitung
▸▸ Markieren Sie die Schlüsselwörter in den Fragen, bevor Sie das Interview hören.
▸▸ Überlegen Sie bei Frage 3, 4 und 5: *Wie könnte die Antwort lauten?*

In diesem Kapitel werden Sie

▸ ein Spiel aus der Ökonomie spielen, die Ergebnisse auswerten und ein Diagramm erstellen;
▸ Die Kursergebnisse des Spiels mit weltweit ermittelten Ergebnissen vergleichen (HV, LV);
▸ mit Hilfe von Arbeitsanregungen Kurztexte selbständig erarbeiten und sie mit Hilfe von Grafiken referieren (LV);
▸ in einem Gedicht Ironie entdecken (LV);
▸ eine abwägende Stellungnahme schreiben;
▸ Partizipien als Attribute kennenlernen (GR).

1 Vergleichen Sie die Ergebnisse aus den Experimenten im Labor mit den Kursergebnissen.

☐ Es gibt **keine** Unterschiede.

☐ Es *gibt* Unterschiede,

nämlich: _____

2 Wie verhält sich Spieler 2?

_____

3 Wie wird im Interview das Verhalten von Spielern beurteilt, die Angebote ablehnen?

Interviewer _____

Prof. B: _____

4 Warum macht Spieler 1 meistens faire Angebote?

_____

5 Das Experiment wurde in verschiedenen Ländern und Kulturen durchgeführt. Welche Unterschiede gab es?

_____

Nach dem Hören

6 Lesen Sie die Erklärung zum Homo oeconomicus rechts im Kasten. Welcher Spieler verhält sich wie dieser »Modellmensch«?

Spieler 1, weil _____

_____

Spieler 2, weil _____

Beide, weil _____

Keiner, weil _____

> **Homo oeconomicus**
> In den Wirtschaftswissenschaften gibt es als Modell den *Homo oeconomicus*. Der *Homo oeconomicus* kennt nur ökonomische Ziele, er verhält sich rational und strebt nach möglichst großem Nutzen (Nutzenmaximierung).

7 Der folgende Text beschäftigt sich auch mit dem Ultimatum-Spiel.
  ⇨ Vergleichen Sie den Text mit dem Interview. Was fällt auf?
  ⇨ Markieren Sie den Satz, mit dem der Autor seine Auffassung begründet.

▸ Üb, S. 46

Die Ergebnisse beim Ultimatum-Spiel scheinen sich auf der ganzen Welt zu gleichen. Der Sozialwissenschaftler Joseph Henrich hat sich allerdings gefragt, ob es sich dabei wirklich um ein universelles Verhaltensmuster handelt oder ob das Verhalten der Einzelnen nicht doch durch gesellschaftliche Bedingungen geprägt wird. Henrich kam auf die Fragestellung, weil er das Ultimatum-Spiel auch einmal mit einem Indio-Stamm im Amazonasgebiet
5 gespielt hat. Überraschenderweise boten die Angehörigen des Machiguenga-Stammes manchmal nur 15 Prozent und durchschnittlich ein Viertel des Gesamtbetrags. Die Mitspieler lehnten diese Angebote auch nicht ab. Bei 21 Spielen gab es nur eine Ablehnung.
Die scheinbar allgemeingültigen Ergebnisse der universitären Forschung sind also keineswegs universell. Und das liegt schlicht an der Rekrutierung der Versuchspersonen, wie die Wissenschaftler meinen: »Praktisch alle
10 Versuchspersonen sind Universitätsstudenten gewesen. Es gibt zwar kulturelle Unterschiede zwischen den Studierenden auf der Welt, diese sind aber vergleichsweise gering und werden durch die Globalisierung immer geringer«, sagt Henrich.

Lerntipp: Texte selbstständig erarbeiten und referieren

Im Folgenden sollen Sie vier Kurztexte in Gruppen bearbeiten. Jede Gruppe bearbeitet einen Text und stellt ihn im Plenum vor.

➤ **Bevor Sie mit der Gruppenarbeit beginnen, sollen Sie einen Beispieltext mit Hilfen und Anleitungen bearbeiten.**

Beispieltext*

Gesundheitsrisiko Armut

1 Studien zeigen, wie sehr die Gesundheit von Kindern von ihrer sozialen Her-
2 kunft abhängt. In allen untersuchten Ländern, in reichen wie in armen Gesell-
3 schaften, sind Kinder aus armen Familien schlechter ernährt und haben mehr
4 Infektionskrankheiten und mehr Karies als ihre Altersgenossen aus wohlha-
5 benden Familien. Auch in Deutschland sind arme Kinder oft kranke Kinder.
6 Besonders deutlich zeigen sich die Unterschiede zwischen Kindern aus armen
7 und wohlhabenden Familien in der Ernährung. Untersuchungen des Robert
8 Koch-Instituts zeigen, dass dies schon im Säuglingsalter beginnt: Nur zwei
9 Drittel der Kinder mit dem niedrigsten Sozialstatus werden gestillt, aber 90
10 Prozent der Oberschichtkinder. Und wenn sie älter werden, essen arme Kinder
11 ungesünder. Die 11- bis 13-Jährigen aus armen Familien leiden doppelt so viel
12 unter krankhaftem Übergewicht wie ihre Altersgenossen aus reichen Familien.
13 Der Grund dafür ist aber in den seltensten Fällen, dass die Eltern ihre Kinder
14 nicht vor Übergewicht oder Krankheit schützen wollen. Es mangelt aber an
15 Wissen und vor allem an Geld. »Kinder werden mit süßem Zeug vollgestopft,
16 sehen zu viel fern, und es wird zu wenig mit ihnen gespielt und gesprochen«,
17 sagt Ulrich Fegeler vom Robert Koch-Institut. »Die Folgen sind oft Übergewicht,
18 Karies, vor allem aber Entwicklungsstörungen.«

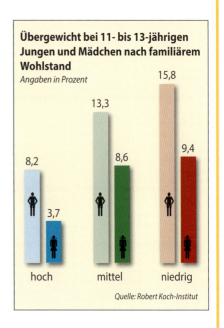

Arbeitsanregungen

⇨ Erläutern Sie die Überschrift »Gesundheitsrisiko Armut«.
⇨ Informieren Sie mit Hilfe der Grafik über die unterschiedliche Ernährung von armen und reichen Kindern.
⇨ Erklären Sie, welche Gründe es dafür geben könnte.
⇨ Was bedeutet »Entwicklungsstörungen« *(Z. 18)*? Erläutern Sie die Wortbildung.
⇨ Suchen Sie zwei Schlüsselwörter aus dem Text und erklären Sie sie mit eigenen Worten.

Mögliches Vorgehen

1 Den **Text lesen**. Am besten liest einer vor. Unbekannte Wörter klären.

2 **Arbeitsanregungen** in der Gruppe bearbeiten. Sie helfen Ihnen, Ihre Arbeit zu strukturieren. Die Anregungen beziehen sich auf das Verstehen der wichtigsten Textinformationen und auf einzelne Wörter.

   a **Schlüsselwörter** markieren. (➥ **Aufgabe 1 auf der nächsten Seite**)

   b Über die **Grafik** sprechen. Sie sollen die wichtigsten Informationen später verständlich darstellen. (➥ **Aufgabe 2**)

   c Welche **Wörter** muss man den anderen Gruppen **erklären**? Analysieren Sie die **Wortbildung**, wenn Sie ein Kompositum erklären sollen. (➥ **Aufgabe 3**)

   d Legen Sie fest, **wer** bei der Präsentation **welche Aufgabe** übernimmt.

   e Sie sollten, wenn Sie sich nicht sicher fühlen, den **Text**, den Sie vortragen, **schriftlich formulieren**. Schreiben Sie aber einen eigenen Text! **Nicht abschreiben!** (➥ **Aufgabe 1**)

»Am meisten haben wir gelernt, wenn wir einen Text vortragen mussten. Schlüsselwörter, Notizen machen, richtig schreiben, auf Deutsch länger sprechen als normal im Unterricht. Man fühlt sich ein bisschen wie ein Lehrer. Mit der Gruppe ist das einfacher, als wenn man vor dem Kurs allein sprechen muss. Wörter, die wir auf Deutsch erklärt haben, vergessen wir nie wieder. Wir mussten »Durchschnittseinkommen« erklären. Tipp: Lasst die anderen mal rechnen.« *(Swetlana, Catherine, Bashira, Malgorzata, Mittelstufe 2)*

3 Sie sollen Ihre Arbeitsergebnisse **den anderen Gruppen vorstellen** und den Text erläutern. »**Erläutern**« heißt, etwas erklären und dazu **Beispiele** und die **Diagramme** verwenden. Die anderen Gruppen, die den Text nicht kennen, sollten nach Ihrem Vortrag die wichtigsten Informationen des Textes verstanden haben. Versuchen Sie, Ihre Arbeitsergebnisse **mit eigenen Worten** vorzutragen. Verwenden Sie die **SoS** aus dem Kasten »Texte und Grafiken vorstellen« auf **S. 70**.

4 Die anderen Gruppen erzählen Ihnen etwas über einen anderen Aspekt des Themas. **Hören Sie aufmerksam zu**, machen Sie sich **Notizen**. **Bitte lesen Sie nicht den Text.** Wenn Sie bei dem Vortrag der anderen Gruppen etwas nicht verstanden haben, fragen Sie nach!

5 Bearbeiten Sie nach dem Vortrag aller Gruppen die **Kontrollaufgaben auf Seite 70**. Die Aufgaben dort beziehen sich auf die Vorträge der Gruppen.

➢ **Bearbeiten Sie nun in der Gruppe die drei Aufgaben, die sich auf 2 a, b, c und e beziehen.**

1 **(2 a + e) Lesen Sie das Beispiel der Zeilen 1 – 5. Markieren Sie dann die Schlüsselwörter für die restlichen Zeilen. Schreiben Sie einen eigenen Text für diese Abschnitte.**

	Text (Z. 1 – 5)	eigener Text
Beispiel	Studien zeigen, wie sehr die Gesundheit von Kindern von ihrer sozialen Herkunft abhängt. In allen untersuchten Ländern, in reichen wie in armen Gesellschaften, sind Kinder aus armen Familien schlechter ernährt und haben mehr Infektionskrankheiten und mehr Karies als ihre Altersgenossen aus wohlhabenden Familien. Auch in Deutschland sind arme Kinder oft kranke Kinder.	Studien zeigen, dass Kinder gesünder sind, wenn sie aus reichen Familien kommen. Kinder aus armen Familien sind schlechter ernährt, haben häufiger Infektionskrankheiten und Karies, auch in Deutschland.

2 **(2 b) Ergänzen Sie den Lückentext mit den Informationen der Grafik.**

Werft bitte einen Blick auf die Grafik. Wir möchten euch erklären, was hier dargestellt wird. Die Grafik zeigt

_____ .

Es wird unterschieden _____ Familien mit hohem, _____ und

Einkommen. Man kann gut sehen, dass Jungen aus armen Familien viel

 Übergewicht haben als _____ , nämlich

15,8 bei armen und _____ Familien. Das ist fast doppelt so

viel. Bei den Mädchen ist der Unterschied noch viel krasser: _____

_____

_____ Familien mit mittlerem Einkommen liegen bei den übergewichtigen Kindern auch in

der Mitte. Auffällig ist der Anteil bei den Mädchen: _____

_____

3 **(2 c) Erklärung des Kompositums »Entwicklungsstörung«: Ergänzen Sie den Lückentext.**

Wir möchten euch noch einige wichtige Wörter und Begriffe erklären. Zunächst das Wort »Entwicklungsstörung«. Das Wort ist ein Kompositum. Für das Verstehen ist es wichtig, hinten, mit dem Grundwort, anzufangen. »Störungen« kommt von dem Verb _____ . Das kennt ihr sicherlich. Mit »ung« kann man aus einem

_____ ein Nomen machen. Das _____ ist ganz ähnlich

gebildet. Es kommt von dem Verb _____ . Auch hier wird mit »ung« ein

gebildet. Zwischen den beiden Nomen steht ein _____ . Das ist das sogenannte »*Fugen-s*«. Es steht immer

nach _____ .

Die Bedeutung von »Entwicklungsstörung« ist: Etwas wird _____ . Was wird _____ ?

Die _____ . Und im Kontext ist die _____ vom Jugendlichen zum

_____ gemeint.

Gerecht?

Text 1 *
Armut ist keine Kalorienfrage

1 Weltweit gilt als arm, wer täglich weniger als 1,25 US-Dollar zur Verfü-
2 gung hat. Für diese Menschen ist die einfachste Grundversorgung nicht
3 gewährleistet. Diese Form von Armut, man nennt sie »absolute Armut«,
4 gibt es in Deutschland selten. Trotzdem leben auch bei uns Menschen,
5 die im Verhältnis zu den durchschnittlichen Lebensverhältnissen arm
6 sind. Dies wird als »relative Armut« bezeichnet. Offiziell sind das in
7 Deutschland rund 13 Millionen. Diese Menschen haben monatlich
8 weniger als die Hälfte des Durchschnittseinkommens.
9 Aber Armut bedeutet nicht nur, dass man wenig Geld zur Verfügung
10 hat. Die Qualität des Wohnens, die Möglichkeit, gute Schulen zu
11 besuchen und am sozialen und kulturellen Leben teilzunehmen, aus-
12 reichende medizinische Versorgung und Arbeitsplatzangebote gelten
13 auch als Indikatoren für Armut und Reichtum. Es geht um die unglei-
14 che Verteilung von Chancen, am gesellschaftlichen Leben teilzunehmen. Als Ursache für die zunehmende Armut gilt
15 die Arbeitslosigkeit und sinkende Löhne und Gehälter. Insbesondere so genannte »prekäre Beschäftigungen« – das sind
16 Jobs mit nur befristeten Verträgen, Zeitarbeit, Leiharbeit – führen schnell zu einer Verarmung der Betroffenen und ihrer
17 Familien.

Arme in Deutschland
So viel Prozent in Deutschland gelten als arm
10,5 % (1998) ... 15,5 % (2010)
Quelle: Hans-Böckler-Stiftung

> **Gruppe 1: Arbeitsanregungen**
> ⇨ Erläutern Sie die Begriffe »absolute Armut« und »relative Armut«. Stellen Sie die Hauptinformationen der Grafik vor.
> ⇨ Stellen Sie die »Indikatoren für Armut« *(Z. 13)* vor.
> ⇨ Erläutern Sie den Ausdruck »prekäre Beschäftigungen« *(Z. 15)*.
> ⇨ Was bedeutet »Durchschnittseinkommen« *(Z. 8)*? Erläutern Sie die Wortbildung.
> ⇨ Suchen Sie zwei Schlüsselwörter aus dem Text und erklären Sie sie mit eigenen Worten.

Text 2 **
Unterschiedliche Lebenserwartung

1 Arme Menschen sterben früher als Menschen aus höheren Einkommensgruppen.
2 Laut Untersuchungen des Robert Koch-Instituts liegt die mittlere Lebenserwar-
3 tung bei Frauen aus armen Familien rund neun Jahre unter der von Frauen aus
4 der hohen Einkommensgruppe. Bei Männern beträgt die Differenz sogar fast elf
5 Jahre. Dabei spielen mehrere Faktoren eine Rolle. Frauen und Männer aus der
6 so genannten Armutsrisikogruppe rauchen häufiger, treiben weniger Sport und
7 sind deutlich häufiger übergewichtig. Darüber hinaus leben sie häufiger an dicht
8 befahrenen Straßen, da sich dort billigere Wohnungen befinden. Das hat zur Folge,
9 dass sie Lärm und Schadstoffe ertragen müssen. Oft üben sie eine körperlich sehr
10 anstrengende Arbeit aus. Die Betroffenen stehen außerdem meist unter Stress.
11 Stress bereiten nicht nur finanzielle Sorgen. Auch die berufliche Situation armer
12 Menschen verursacht Stress: Die Leistungen im Beruf werden nicht anerkannt,
13 und sie haben keine Möglichkeit, irgendetwas selbst zu entscheiden.

Lebenserwartung in Deutschland
Frauen: 85,3 / 76,9
Männer: 80,9 / 70,1
■ hohes Einkommen
■ niedriges Einkommen

> **Gruppe 2: Arbeitsanregungen**
> ⇨ Was hat das Robert Koch-Institut herausgefunden? Erläutern Sie die Untersuchungen mit Hilfe der Grafik.
> ⇨ Erläutern Sie den Ausdruck »Armutsrisikogruppe« *(Z. 6)*:
>   a) Analysieren Sie die Wortbildung.
>   b) Charakterisieren Sie diese Gruppe: Welche Personen? Wie leben sie? Welche Probleme haben sie?
> ⇨ Suchen Sie zwei Schlüsselwörter aus dem Text und erklären Sie sie mit eigenen Worten.

Der Apfel fällt nicht weit vom Stamm ...

Text 3 **

1 ... sagt ein Sprichwort, und es beschreibt die Realität
2 in kaum einem anderen europäischen Land so
3 genau wie in Deutschland. Schulabschluss, erlernter
4 Beruf und auch der ausgeübte Job sind sehr stark
5 abhängig vom Bildungsstand der Eltern. Hat der
6 Vater ein Studium abgeschlossen, dann fangen 81
7 Prozent der Kinder selbst einmal an zu studieren.
8 Hat der Vater keinen akademischen Abschluss,
9 dann wagen nur 24 Prozent der Kinder diesen
10 Schritt. Nur vier Prozent der Kinder von unge-
11 lernten Arbeitern schaffen es in leitende Positionen.
12 Wer »unten« geboren wird, der wird sein Leben
13 auch »unten« leben. Wer dagegen aus einer
14 gehobenen gesellschaftlichen Schicht kommt, wird
15 dort wahrscheinlich auch bleiben.

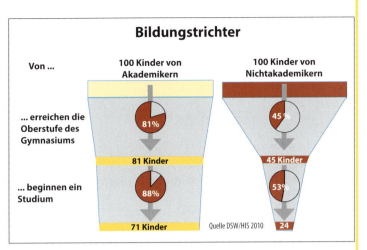

Gruppe 3: Arbeitsanregungen

⇨ Erläutern Sie das Sprichwort mit Hilfe der Grafik »Bildungstrichter«.
⇨ Schreiben Sie den Satz in Z. 5 – 7 »Hat der Vater ... zu studieren.« an die Tafel. Erklären Sie, um was für ein Satzgefüge es sich handelt und woran man das erkennen kann.
⇨ Suchen Sie zwei Schlüsselwörter aus dem Text und erklären Sie sie mit eigenen Worten.

Arme und reiche Stadtviertel

Text 4 ***

1 In welchem Stadtteil ein Kind aufwächst, ist ein entscheidender
2 Faktor für seine Entwicklung. Wissenschaftler der Universität
3 Köln haben eine alarmierende Tendenz herausgefunden: Sozial
4 benachteiligte Bevölkerungsgruppen konzentrieren sich zunehmend
5 auf bestimmte Stadtteile, während in anderen Vierteln wohlhabende
6 Menschen unter sich bleiben. Die Stadtsoziologen bringen diese
7 räumliche Armutskonzentration vor allem mit dem Niedergang
8 einzelner Industrien in Verbindung. So befinden sich Stadtteile mit
9 besonders hoher Arbeitslosen- und Sozialhilfequote oft in der Nähe
10 von stillgelegten großen Fabriken. Wenn in der Region kaum neue
11 Jobs entstehen, bleibt die Arbeitslosigkeit auf hohem Niveau. Damit
12 beginnt in der Regel ein Teufelskreis, schreiben die Forscher: Wer es
13 sich leisten kann, zieht weg. Wer bleiben muss, muss seine Kinder auf
14 schlechtere Schulen schicken, mit Diskriminierungen leben und hat
15 weniger Chancen am Arbeitsmarkt.

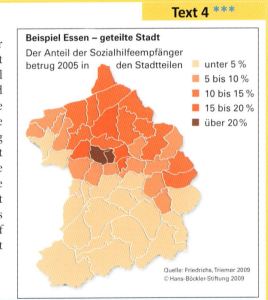

Gruppe 4: Arbeitsanregungen

⇨ Was haben Kölner Wissenschaftler herausgefunden? Erläutern Sie den Ausdruck »räumliche Armutskonzentration« *(Z. 6)* mit Hilfe der Grafik.
⇨ Welche Gründe gibt es für die räumliche Armutskonzentration?
⇨ Erläutern Sie den Ausdruck »Teufelskreis« *(Z. 12)* mit dem Text.
⇨ Was bedeutet »Arbeitslosen- und Sozialhilfequote« *(Z. 9)*? Erläutern Sie die Wortbildung.

Gerecht?

> Kontrollaufgaben zu den Texten auf den vorangegangenen Seiten: Beantworten Sie in der Gruppe die Fragen.

1 Relative Armut bedeutet: Wer weniger als 1,25 $ pro Tag zur Verfügung hat, »ist relativ arm«. *(Bitte ankreuzen)* R F

2 Nennen Sie mindestens vier weitere Indikatoren für Armut (b, c, d, e).

a) wenig Geld; b) _____

_____

3 Was hat den größten Einfluss auf die Art des Schulabschlusses?

☐ a) Welche Leistung man erbringt;
☐ b) welchen Schulabschluss die Eltern haben;
☐ c) wie viel die Eltern verdienen.

4 Welche Ursache hat die »räumliche Armutskonzentration«?

_____

5 Nennen Sie mindestens vier Faktoren, die für die geringere Lebenserwartung von ärmeren Menschen verantwortlich sind.

_____

6 Wie sehen die Verhältnisse zu den beschriebenen Themen in Ihrem Land aus? Informieren Sie die anderen Kursteilnehmer im Plenum über Unterschiede und Gemeinsamkeiten.

▶ Üb, S. 47

SoS!	Texte und Grafiken vorstellen
Was ist das Thema unseres Vortrags?	• Wir möchten den Text *xy* vorstellen. • In dem Text geht es um … *(es folgt ein Schlüsselwort / Themenwort)*
Was zeigt die Grafik?	• Werft bitte ein Blick auf die Grafik. Wir möchten euch erklären, was die Grafik bedeutet / was die Grafik zeigt. • Man kann gut sehen, dass … • Es wird deutlich, dass …
Welche Gründe, welche Folgen hat die dargestellte Entwicklung?	• Im Text werden dazu folgende Gründe genannt. 1. …, 2… • Im Text wird auch begründet, warum … • Die Folgen von … sind: 1. …, 2…
Welche Wörter sind wichtig?	• Wir möchten euch noch einige wichtige Wörter und Begriffe erklären / erläutern. • Folgende Schlüsselwörter möchten wir noch erklären: • Da ist zunächst der Ausdruck »*x*« • Außerdem spielt noch das Wort »*y*« eine wichtige Rolle. • Als Letztes möchten wir euch den Ausdruck »*z*« erläutern.

Partizipattribute

> **Attribute** können im Deutschen nicht nur von Adjektiven gebildet werden, sondern auch **von Verben**. Als **Partizip I** oder **Partizip II** werden sie vor das Nomen gestellt. Sie erhalten dann eine Endung wie Adjektiv-Attribute. Partizip-Attribute können erweitert werden. Man spricht dann von einer Partizipgruppe. Partizipgruppen können einen Satz sehr lang machen. Oft ist der Satz besser zu verstehen, wenn man die Attribute in einen Relativsatz verwandelt.
>
> ▶ GR S. 146

1 Markieren Sie in den folgenden Ausdrücken mit unterschiedlichen Farben.
- Attribute, die von einem Adjektiv stammen;
- Attribute, die von einem Verb stammen.

» die durchschnittlichen Lebensverhältnisse, die relative Armut, die medizinische Versorgung, die zunehmende Arbeit, die sinkenden Löhne, die befristeten Verträge, das europäische Land, der erlernte Beruf, der ausgeübte Job, der akademische Abschluss, die mittlere Lebenserwartung, die armen Familien, die ungelernten Arbeiter, eine körperlich sehr anstrengende Arbeit, eine gehobene gesellschaftliche Schicht, dicht befahrene Straßen, billigere Wohnungen, ein entscheidender Faktor, sozial benachteiligte Bevölkerungsgruppen, räumliche Armutskonzentration, in der Nähe stillgelegter großer Fabriken. «

2 In den folgenden Sätzen haben die Nomen Attribute, die von Verben stammen. Sie können aus jedem Attribut einen Hauptsatz bilden. **Schreiben Sie die Sätze in die Kästen. Achtung! Die Attribute sind mit unterschiedlichen Farben markiert.**
Überlegen Sie: *Worin bestehen die Unterschiede? Welche Auswirkungen hat das auf die Sätze, die ich schreiben muss.*

(1) Als Ursache für die zunehmende Armut gelten sinkende Löhne.

| Die Armut nimmt zu. | |

(2) Der erlernte Beruf und auch der ausgeübte Job sind abhängig vom Bildungsstand der Eltern.

(3) Oft üben sie eine körperlich sehr anstrengende Arbeit aus.

(4) Wissenschaftler habe eine alarmierende Tendenz herausgefunden.

(5) Die sozial benachteiligten Bevölkerungsgruppen konzentrieren sich zunehmende auf bestimmte Stadtteile.

(6) Diese Stadtteile befinden sich oft in der Nähe von stillgelegten Fabriken.

▶ Üb, S. 50

3 Tragen Sie die Sätze (3), (4), (5) und (6) in das Schema ein. Ergänzen Sie auch die Regel in der letzten Zeile.

(3) Oft üben sie eine _____ aus, die körperlich _____.	(5) _____, die _____, konzentrieren sich zunehmend auf bestimmte Stadtviertel.
(4) Wissenschaftler haben eine _____, die _____, herausgefunden	(6) Die Stadtteile befinden sich oft in der Nähe von _____, die _____.
Partizip I-Attribute kann man in **Relativsätze** verwandeln. Das **Verb** steht im _____	**Partizip II-Attribute** kann man in **Relativsätze** verwandeln. Das **Verb** steht im _____

Gerecht?

1 **Sprechen Sie über das Foto. Schreiben Sie z.B. auf:**
  ⇨ Was mich am meisten berührt, ist …
  ⇨ Was mir am besten an dem Foto gefällt, ist …
  ⇨ Was der Mann hinten links und die Frau denken.

2 Das Foto wurde in einem Artikel veröffentlicht, der die Überschrift hatte: »**Den Armen Würde zurückgeben**«. Passen Foto und Überschrift zueinander?

3 **Schließen Sie das Buch. Hören Sie das Gedicht »Wohltätigkeit« von Erich Kästner.**
  ⇨ Was bedeutet »Wohltätigkeit«?
  ⇨ Am Schluss des Gedichts kommt das Wort »verdroschen« vor. Was könnte es bedeuten?

4 **Lesen Sie das Gedicht laut. Wenn Sie möchten, lernen Sie es auswendig.**

5 **Lesen Sie den Text zu »Ironie«. Markieren Sie mit dem »Ironiezeichen«, wo der Text ironisch ist.**

6 **Lesen Sie das Gedicht laut. Machen Sie einige sehr ironische Stellen durch Betonung, Gesten und Gesichtsausdruck deutlich.**

Wohltätigkeit

Ihm war so scheußlich mild zumute.
Er konnte sich fast nicht verstehn.
Er war entschlossen, eine gute
und schöne Handlung zu begehn.

Das mochte an den Bäumen liegen
und an dem Schatten, den er warf.
Er hätte mögen Kinder kriegen,
obwohl ein Mann das gar nicht darf.

Der Abend ging der Nacht entgegen,
und aus den Gärten kam es kühl.
Er litt, und wußte nicht weswegen,
an einer Art von Mitgefühl.

Da sah er Einen, der am Zaune
versteckt und ohne Mantel stand.
Dem drückte er, in Geberlaune,
zehn Pfennig mitten in die Hand.

Er fühlte sich enorm gehoben,
als er darauf von dannen schritt,
und blickte anspruchsvoll nach oben,
als hoffe er, Gott schreibe mit.

Jedoch der Mann, dem er den Groschen
verehrte, wollte nichts in bar
und hat ihn fürchterlich verdroschen!
Warum? Weil er kein Bettler war.

Erich Kästner

Ironie ist ein Sprachmittel, bei dem sich der Sprecher bewusst verstellt und nicht das sagt, was er wirklich meint. Er geht aber davon aus, dass der wahre Sinn seiner Worte verstanden wird. Die Sprechabsicht ist in der Regel Kritik an Personen oder Verhältnissen.
Wer damit rechnet, dass Ironie nicht verstanden werden könnte, kann durch besondere Betonung, Gesichtsausdruck oder Gesten seine Absicht deutlich machen. Es wurde schon vorgeschlagen, ein Ironiezeichen – vergleichbar mit dem Ausrufezeichen (!) – einzuführen, um Missverständnisse zu vermeiden, zum Beispiel ein umgekehrtes Fragezeichen – ⸮ – . Zum Glück wird es so gut wie gar nicht verwendet, denn das Schöne an der Ironie ist es ja, dass man die wahre Bedeutung der Aussage versteckt.

LV 6

Es ist ein beispielloser Schritt: 40 Milliardäre in den USA haben an diesem Mittwoch zugesagt, mindestens 50 Prozent ihres Vermögens für wohltätige Zwecke zu spenden. Darunter sind auch der legendäre Investor Warren Buffett und Microsoft-Gründer Bill Gates. Beide hatten in der Vergangenheit bereits mehrfach Geld für wohltätige Zwecke gegeben.

Gates und Buffett haben ihre Kampagne im Juni gestartet. Sie wollen Hunderte US-Milliardäre überzeugen, den Großteil ihres Vermögens zu Lebzeiten oder im Todesfall zu spenden. Außerdem sollen die Spender ihren beabsichtigten Schritt öffentlich machen.

Die reichen Deutschen kritisieren indessen die US-Aktion: »Ich finde das höchst problematisch«, sagte der Hamburger Reeder und Multimillionär Peter Krämer, der seit langem für eine höhere Besteuerung von Vermögenden eintritt. Weil Spenden in den USA zum großen Teil steuerlich absetzbar seien, würden Reiche entscheiden, ob sie lieber spenden oder Steuern zahlen, sagte Krämer. »Die Spender treten an die Stelle des Staates. Das geht nicht. Das ist alles nur ein schlechter Transfer von der Staatsgewalt hin zu den Milliardären.«

Krämer fügte hinzu: »Nicht der Staat soll entscheiden, was gut für die Menschen ist, sondern die Reichen wollen dies bestimmen. Das ist eine Entwicklung, die ich wirklich schlimm finde. Wer legitimiert diese Menschen, zu entscheiden, wo solche riesigen Beträge hinfließen?«

1 Sprechen Sie über das Foto. Wer sind die Leute? Wo sind sie? Was fällt auf?

2 Lesen Sie den Artikel. Schreiben Sie eine passende Überschrift in den weißen Kasten.

3 Sammeln Sie Argumente für beide Meinungen.

Pro Steuern	Pro Spenden

4 Stellen Sie im Plenum für beide Meinungen die Argumente zusammen. Ergänzen Sie in Ihrer Tabelle neue Argumente, die Sie in Ihrem Text verwenden möchten.

5 Schreiben Sie einen Leserbrief von ca. 150 Wörtern. Schreiben Sie zu folgenden Aspekten etwas:

| Sind Sie für Spenden oder für Steuern? Begründen Sie Ihre Meinung mit mindestens drei Argumenten. | Nennen Sie noch andere Vorschläge, was Milliardäre gegen die Armut machen könnten. | Was halten Sie persönlich von Spenden? Würden Sie selber für etwas spenden? |

6 In Ihrem Land gibt es zwar auch viele Milliardäre und Millionäre, aber niemand von den Damen und Herren geht an die Öffentlichkeit und ruft die Klassengenossen zu mehr Spenden oder zum Zahlen von mehr Steuern auf.
Sie ergreifen die Initiative und schreiben einen Aufruf mit dem Ziel, die Superreichen wachzurütteln.

> Empört Euch!

7 Kommunikation

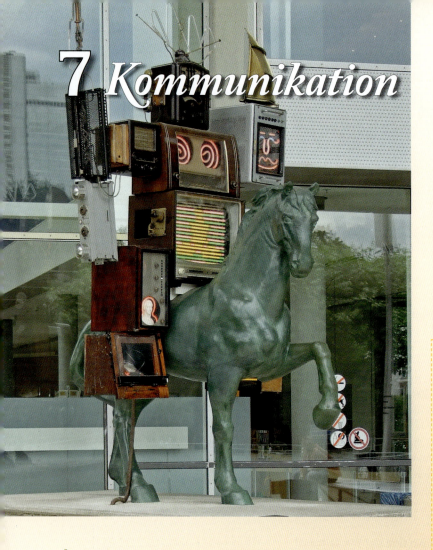

① Ich bin unsicher. / Ich weiß nicht, was ich sagen / glauben soll.

1 Hier stimmt was nicht! Aber was?

2 Die Personen sprechen nicht, aber man kann sie trotzdem verstehen. Was denken sie? Schreiben Sie 1-2 Sätze auf. (Siehe Beispiel ①.)

3. Bilden Sie vier Gruppen. Wenn die Arbeitsergebnisse präsentiert werden, schließen Sie bitte das Buch.

Arbeitsaufträge für die Gruppen

A Gruppenarbeit

1. Lesen Sie die Texte unter den Abbildungen.
2. Denken Sie sich Situationen aus, in denen die Geste gezeigt wird und spielen Sie sie.
3. Sprechen Sie darüber, ob in Ihren Kulturen die Geste die gleiche Bedeutung hat.
4. *Wo es Denkblasen zu den Gesten gibt:* Verbalisieren Sie die Gesten. Schreiben Sie in einem oder zwei Sätzen auf, was die Personen denken.

B Präsentation

1. Stellen Sie Ihre Gesten dar.
2. Lassen Sie die anderen raten, was die Gesten zum Ausdruck bringen.
3. Erläutern Sie die Gesten.

In diesem Kapitel werden Sie

- Gesten und Körperhaltungen darstellen und interpretieren (LV);
- die Körpersprache von Männern und Frauen vergleichen (HV);
- einen Text zur Körpersprache in Gruppen selbstständig erarbeiten (LV);
- eine Zusammenfassung über die *Grammatik von Gesten* erstellen (LV);
- sich beschweren;
- in einem Interview Schlüsselwörter erhören (HV);
- eine Textgliederung erstellen (LV);
- von Cariba erfahren, warum es sinnvoll ist, mit einem einsprachigen Wörterbuch zu arbeiten (*Lerntipp*);
- Varianten von Kausalsätzen wiederholen und vielleicht neue kennenlernen (GR).

Gruppe 1: Gesicht

Mund bedecken: Wenn wir etwas Unwahres sehen, sagen oder hören, versuchen wir oft, Augen, Mund oder Ohren zu bedecken. Die Hand bedeckt den Mund, weil das Gehirn ihnen unbewusst befiehlt, die unwahren Worte zu unterdrücken. Wenn *der Sprecher* diese Geste benutzt, zeigt sie an, dass er lügt. Legt *der Zuhörer* dagegen die Hand über den Mund, dann zeigt er, dass er dem Sprecher nicht glaubt.

Kratzen am Hals: Kratzt man sich während eines Gesprächs am Hals oder unter dem Ohr, zeigt das Unsicherheit und Zweifel. Merkwürdigerweise kratzt man sich fast immer fünf Mal – nur selten öfter oder weniger oft. Wenn jemand dem Gesprächspartner zustimmt und sich gleichzeitig am Hals kratzt, passt das nicht zusammen.

Hand an der Wange: Echtes Interesse am Gespräch oder Vortrag zeigt sich, wenn die Hand an der Wange liegt und nicht den Kopf stützen muss. Die Hand ist geschlossen, nur der Zeigefinger zeigt nach oben, in Richtung Ohr.

Daumen am Kinn: Wenn der Daumen das Kinn stützt und der Zeigefinger senkrecht nach oben zeigt, signalisiert das Desinteresse oder Skepsis. Oft reibt der Zeigefinger am Auge, wenn das Desinteresse stark ist.

Gruppe 2: Hände

Hände verschränken: Diese Geste wirkt auf den ersten Blick wie ein Zeichen von Zufriedenheit, weil Menschen, die sie benutzen, oft lächeln und glücklich aussehen. In Wirklichkeit aber versucht man so, eine negative, ja, sogar eine feindselige Haltung zum Gesprächspartner zu verdecken.

Hände als Dach: Diese Geste wird oft verwendet, wenn jemand seine Überlegenheit oder sein größeres Wissen demonstrieren will. Lehrer, Rechtsanwälte, Ärzte verwenden dieses Geste häufig. Manager benutzen diese Geste oft, wenn sie Untergebenen Anweisungen geben oder Ratschläge erteilen.

Hände im Rücken verschränken: Diese Geste ist bei männlichen Mitgliedern des Adels beliebt. Im Alltag sieht man Polizisten so durch die Straßen gehen, Schuldirektoren, wenn sie über den Schulhof schreiten oder Militärs. Es ist also eine Geste, die Überlegenheit und Selbstbewusstsein ausdrückt. Wenn man diese Haltung in einer Stress-Situation einnimmt, z.B. vor einer Prüfung, dann fühlt man sich entspannt und optimistisch.

Kommunikation

Gruppe 3: Arme

Verschränkte Arme: Bringt man die Arme vor den Körper, errichtet man eine Barriere zwischen sich und anderen Menschen. Das Armeverschränken bedeutet fast überall das Gleiche: eine defensive oder negative Einstellung. Man kann sie oft beobachten, wenn ein Mensch sich unter lauter Fremden befindet, in Versammlungen, Warteschlangen, Cafeterias oder Lifts, kurz überall, wo Menschen sich unbehaglich oder unsicher fühlen. Bei einem Gespräch bedeuten verschränkte Arme, dass die Person mit dem Gesagten nicht einverstanden ist.

Teilweise verschränkte Arme: Voll verschränkte Arme bedeuten oft eine zu leicht durchschaubare Geste; sie würde den anderen zeigen, dass man Angst hat oder unsicher ist. Deshalb benutzt man eine subtilere Version: die teilweise verschränkten Arme. Dabei legt sich ein Arm vor den Körper und berührt oder ergreift den anderen Arm und bildet so eine Barriere.

Verstecktes Armeverschränken: Der Griff an die Uhr, an die Krawatte oder an die Halskette ist ein verstecktes Armeverschränken. Mit diesen Gesten bringt man die Arme vor den Körper und versucht, Nervosität und Unsicherheit zu verbergen. Solche Gesten kann man überall beobachten, wo Menschen an Zuschauern vorbeigehen müssen.

Gruppe 4: Beine

Übereinandergeschlagene Beine: Ein Bein wird ordentlich über das andere gelegt, normalerweise das rechte über das linke. Diese Haltung ist in ganz Europa verbreitet und weist auf Nervosität, Zurückhaltung und Ablehnung hin, vor allem in Verbindung mit anderen negativen Gesten wie verschränkten Armen.

Gekreuzte Beine: Wer so steht, hält sich meistens in einer Gruppe auf, in der er fremd ist. Zusätzlich zu den verschränkten Armen, kreuzen sich die Beine. Gekreuzte Beine drücken Unsicherheit aus.

Geschlossene und geöffnete Beine: *Links:* Die Gesprächspartner kennen sich nicht, ihre Beine sind gekreuzt, ihre Arme verschränkt, die Handflächen nicht sichtbar. Insgesamt nehmen sie eine defensive Haltung ein und fühlen sich nicht wohl.
Rechts: Beine und Arme öffnen sich, die Handflächen werden sichtbar, ein Fuß zeigt auf den Gesprächspartner. Die Haltung ist offensiv, interessiert. Beide fühlen sich wohl.

1 *(Decken Sie bitte Texte und Abbildungen der Gruppenarbeit ab.)* **Haben Sie richtig zugehört? Was zeigen die Personen? Woran kann man das erkennen?**

HV 7

A Ordnen Sie folgende Ausdrücke der Körpersprache von Männern (M) und Frauen (F) zu. Bitte in der Spalte »Vermutung« ankreuzen.

	Vermutung	Text
ausdrucksstark	F M	F M
weniger Gefühle	F M	F M
senden Botschaften	F M	F M
zurückhaltend	F M	F M
lächeln nicht so oft	F M	F M
große Gestik, kleine Mimik	F M	F M
kleine Gestik, große Mimik	F M	F M
Kontrolle	F M	F M
Körperhaltung offen	F M	F M
geneigter Kopf	F M	F M
starren	F M	F M
suchen Augenkontakt	F M	F M

> Hörtext: Der feine Unterschied:
> **Körpersprache von Frauen und Männern**
> Vortrag, 612 Wörter ☺ ☺
> Der Vortrag beschäftigt sich mit den Unterschieden in der nonverbalen Kommunikation zwischen Männern und Frauen. Es wird auf Gestik, Mimik, Kopfhaltung und Ausdruck der Augen eingegangen.

1. Hören

1 **Während des Hörens:** Welche Ausdrücke werden im Text Frauen, welche Männern zugeordnet? Kreuzen Sie in der Spalte »Text« der Vorbereitungsaufgabe A an.

2 **Nach dem Hören:** Was trifft zu? Kreuzen Sie an. Vergleichen Sie und besprechen Sie die Ergebnisse mit Ihrem Lernpartner.

☐ Bei uns ist das genau so. ☐ Bei uns trifft das teilweise zu. ☐ Bei uns ist das ganz anders.

2. Hören

3 Legen Sie eine Tabelle wie nebenstehend an.
⇨ Machen Sie sich Notizen während des Hörens.
⇨ Vergleichen Sie die Tabelle mit der Ihres Lernpartners.

	Frauen	Männer
Mimik		
Gestik		
Kopfhaltung		
Augen / Blick		

▶ Üb, S. 54

4 *Die beiden Gemälde stammen zwar nicht von Picasso, zeigen aber auch zwei Paare, die denen aus dem Vortrag ähneln.* **Ergänzen Sie die Lückentexte mit den Informationen des Vortrags.**

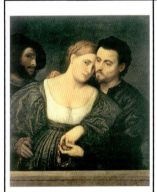

Die Kopfhaltung der Frau ist _____. Die Frau wurde von allen Versuchspersonen als _____ _____ _____ charakerisiert.

Die Kopfhaltung der Frau ist _____.
Weibliche Versuchspersonen charakterisierten die Frau als _____ _____

Die männlichen Versuchspersonen aber charakterisierten sie als _____ _____

77

Kommunikation

Der Körper spricht

»Der kann seine Zunge nicht im Zaum halten« – so urteilt man über jemanden, der gegen seinen Willen, unbedacht, etwas sagt, was er besser verschwiegen hätte. Noch schwerer als die Zunge »im Zaum halten« aber ist es, die Sprache des Körpers zu kontrollieren. Der Körper spricht: Nicht nur »Blicke können töten«, sondern auch Hände, Arme, sogar die Füße teilen unserem Gesprächspartner etwas mit, was man ihm verbal nicht sagen würde. Die Kommunikationswissenschaften sprechen von »nonverbaler Kommunikation«.

Gesten, Gesichtsausdrücke und Körperhaltungen können bewusst eingesetzt werden, um jemandem Sympathie oder Antipathie, Zustimmung oder Ablehnung mitzuteilen. Andererseits sendet der Körper unbewusst ständig Signale aus, die nicht oder nur mit einem speziellen Training kontrolliert werden können. Aus diesem Grund gilt die Körpersprache auch als ehrlicher als verbale Äußerungen und wird deshalb besonders intensiv in der Kriminalistik erforscht.

Statistiken verdeutlichen den großen Stellenwert des Nonverbalen in der menschlichen Kommunikation. Über eine Million nonverbaler Äußerungen und Signale wurden bereits registriert. Wissenschaftler haben herausgefunden, dass eine Botschaft zu sieben Prozent verbal ist (das betrifft allein die Worte), zu 38 Prozent vokal (das betrifft Nuancen der Stimmlage und stimmliche Äußerungen ohne Worte) und zu 55 Prozent nonverbal (das betrifft die Körpersprache). Man schätzt, dass ein durchschnittlicher Mensch am Tag nur insgesamt zehn oder elf Minuten lang in Worten spricht und dass ein durchschnittlicher Satz nur ungefähr 2,5 Sekunden dauert. Die meisten Forscher sind der Meinung, dass sprachliche Äußerungen vor allem für den Austausch von Informationen benutzt werden, während die Körpersprache die zwischenmenschlichen Beziehungen regelt und gelegentlich auch als Ersatz für mündliche Mitteilungen dient.

Körpersprachliche Signale sind niemals so eindeutig wie sprachliche Äußerungen. Verschränkte Arme müssen nicht zwangsläufig Distanz, Verschlossenheit oder Ablehnung bedeuten. Sie können auch einfach der bequemen Körperhaltung dienen oder zeigen, dass es jemandem kalt ist. Nonverbale Signale sind immer mehrdeutig und lassen sich aus diesem Grund nur aus ihrem Kontext erschließen. Ein Lächeln kann Zufriedenheit und Glück, aber auch Verlegenheit zum Ausdruck bringen. Man kann aus tiefer Trauer weinen, aber auch aus einem großen Glücksgefühl. Ein Zucken des Augenlides kann Nervosität und Unsicherheit signalisieren; es ist aber auch möglich, dass sich ein Fremdkörper im Auge befindet.

Die korrekte Interpretation körperlicher Signale wird zusätzlich noch dadurch erschwert, dass extrovertierte und introvertierte Personen unterschiedliche körperliche Signale senden. Ebenso gibt es Unterschiede im nonverbalen Ausdrucksverhalten zwischen Männern und Frauen und zwischen verschiedenen sozialen Schichten. Erwachsene haben oft Schwierigkeiten, die Bedeutung von Wörtern der Jugendsprache zu verstehen. Gleiches gilt für Gesten und andere körperliche Signale, die oft nur von Jugendlichen selbst richtig verstanden werden.

Darüber hinaus werden die gleichen körperlichen Signale in verschiedenen Kulturen unterschiedlich interpretiert. Zum Beispiel kann ein Araber das Übereinanderschlagen der Beine als unhöflich empfinden, denn die Fußsohle, die dem Gesprächspartner auf diese Weise präsentiert wird, gilt in der arabischen Kultur als unrein. Gruppen von Menschen, Gesellschaften und Kulturen entwickeln also ein eigenes System von nonverbalen Botschaften, einen eigenen Code. Nur wenn man mit diesem Code aufgewachsen ist, kann man ihn richtig verstehen und benutzen. Hilfreich ist es in jedem Fall, die Möglichkeiten der Körpersprache gut zu kennen, sie lesen und einsetzen zu lernen.

Der Chef/die Chefin

Sie leiten die Gruppenarbeit. Das bedeutet:

- Sie sagen, was gemacht wird.
- Sie fragen, ob es unbekannte Wörter gibt, und entscheiden, ob geraten wird oder das Wörterbuch gefragt wird.
- Sie stellen **W-Fragen** zum Text: Wer? Warum? Wie viele? usw.

Das Wörterbuch

Sie sind der Einzige, der ein Wörterbuch hat. Das kann zweisprachig oder einsprachig sein.

Der Chef / die Chefin fordert Sie auf, Wörter nachzuschlagen. Sie erklären den anderen das Wort – auf Deutsch natürlich.

1 Bearbeiten Sie den Text in Vierergruppen.

Der Letzte im Alphabet übernimmt zuerst die Rolle des Chefs / der Chefin. Nach jedem Absatz werden im Uhrzeigersinn die Rollen gewechselt.

Vorgehen

Der Chef

⇨ fordert alle auf, den Text einmal still durchzulesen. Er sagt, wie lange das maximal dauern darf.
⇨ fordert den Vorleser auf, den ersten Abschnitt vorzulesen.
⇨ fragt, ob es unbekannte Wörter gibt. Er entscheidet, ob die Wörter erraten werden sollen oder ob das Wörterbuch gefragt wird.
⇨ stellt Fragen zum Textabschnitt, die die anderen beantworten.
⇨ fordert den Gliederungsexperten auf, eine Überschrift oder ein Schlüsselwort zum Abschnitt zu nennen.

*Anschließend werden für den nächsten Textabschnitt **die Rollen getauscht**. Wenn auf diese Weise der Text bearbeitet worden ist, werden in der Gruppe gemeinsam die **Kontrollaufgaben** gelöst. Zusätzlich kann noch die Aufgabe 1 auf S. 55 im Übungsbuch bearbeitet werden.*

2 Kontrollaufgaben: Beantworten Sie die Fragen schriftlich in den Gruppen.

Abschnitt 1 + 2
a) Es ist leichter, Gesten zu kontrollieren als gesprochene Sätze. .... R F
b) Wer hat ein besonderes Interesse an der Körpersprache? _____

Abschnitt 3
a) Welche Funktion hat die sprachliche, welche die nichtsprachliche Kommunikation?
   1. sprachliche _____
   2. nichtsprachliche _____
b) Die meisten Botschaften an andere Menschen werden nichtsprachlich weitergegeben. .... R F

Abschnitt 4
a) Welche unterschiedlichen Bedeutungen können die folgenden Körpersignale haben?
   1. verschränkte Arme _____
   2. Lächeln _____
   3. Weinen _____
   4. Zucken mit Lidern _____
b) Körpersignale sind viel genauer als Sprache. .... R F

Abschnitt 5 + 6
Wer verwendet unterschiedliche körperliche Signale?
1. _____ 4. _____
2. _____ 5. _____
3. _____

▶ Üb, S. 55

Der/die Vorleser/in

Sie fangen mit der Arbeit an. Sie lesen den Textabschnitt vor und achten natürlich ein bisschen auf die Satzmelodie, auf Punkte und auf Kommas.

Der/die Gliederungsexperte/in

Sie nennen die Schlüsselwörter und den wichtigsten Satz des Abschnitts. Sie schlagen außerdem eine Überschrift vor.

Kommunikation

A Beschreiben Sie die Bilder in einem (einfachen (Satz) in Ihrer Muttersprache. Schreiben Sie den Satz unter die Bilder. Kreuzen Sie an, wie der Satz aufgebaut ist. S = Subjekt; V = Verb; O = Objekt

B Einige Kursteilnehmer aus verschiedenen Ländern stellen die Bilder mit Hilfe von Gesten dar. Kreuzen Sie an, in welcher Reihenfolge die Teile der Bilder dargestellt werden.

Text:	Text:	Text:
☐ SVO	☐ SOV	☐ VSO
Gesten: ☐ SVO ☐ SOV ☐ VSO	Gesten: ☐ SVO ☐ SOV ☐ VSO	Gesten: ☐ SVO ☐ SOV ☐ VSO

Gesten haben eine Grammatik

1 Jede Sprache hat ihre Grammatik: Im Deutschen ist zum Beispiel der Satzbau entscheidend. »Hund beißt Mann«
2 heißt eindeutig etwas anderes als »Mann beißt Hund«. Die Reihenfolge der Satzteile ist in verschiedenen Sprachen
3 unterschiedlich. Ein Forscherinnenteam hat untersucht, ob es auch eine eindeutige Reihenfolge der Satzteile in der
4 nonverbalen Kommunikation, bei Gesten, gibt.

5 So international wie ihr Thema war auch die Zusammensetzung des Teams der Forscherinnen: Sie stammen aus
6 Chicago, Peking, Istanbul und Madrid. In diesen Städten versammelten sie Testpersonen, deren Aufgabe darin
7 bestand, Bilder verbal und nonverbal zu beschreiben. Die Probanden sprachen ausschließlich ihre Muttersprache –
8 Englisch, Mandarin, Türkisch und Spanisch.

9 Den Probanden wurden Videos vorgeführt, in denen verschiedene einfache Handlungen gezeigt wurden: zum
10 Beispiel ein Mann, der ein Auto wäscht, ein Bär, der einen Fisch fängt, und ein Mann, der eine Frau fotografiert. Dann
11 wurden die Testpersonen gebeten, diese Tätigkeiten in ihrer jeweiligen Sprache zu beschreiben. Das Ergebnis: Wenn
12 die Versuchspersonen die Ereignisse mit Worten beschrieben, nutzten sie die grammatikalische Wortabfolge, wie sie
13 für ihre jeweilige Sprache charakteristisch war. Im Englischen, Chinesischen und Spanischen lautet die Reihenfolge
14 dabei Subjekt – Verb – Objekt *(»Bär fängt Fisch«)*. In den sogenannten SVO-Sprachen, zu denen auch Deutsch gehört,
15 ist diese Satzreihenfolge normal. Im Türkischen ist die Grundstruktur anders; hier lautet die Reihenfolge SOV *(»Bär*
16 *Fisch fangen«)*. Arabisch hingegen ist eine VSO-Sprache *(»Fängt Bär Fisch«)*.

17 Die Überraschung der Forscherinnen war groß, als sie den Probanden die Aufgabe stellten, die Videos mit Hilfe von
18 Gesten zu erzählen. Alle Versuchspersonen wählten die gleiche Reihenfolge: Sie stellten erst das Subjekt dar, dann das
19 Verb und erst am Schluss das Objekt.

20 Die Forscherinnen schließen aus der Diskrepanz zwischen Sprache und nonverbaler Kommunikation, dass die Abfolge
21 Subjekt, Objekt, Verb möglicherweise eine »Urgrammatik« darstellen könnte, aus der sich alle Sprachen entwickelt
22 haben. Ein Indiz dafür ist auch, dass gehörlose Kinder, die ihre eigenen Gebärdensprache entwickeln, ebenfalls fast
23 immer die SVO-Reihenfolge verwenden.

24 Warum so viele Sprachen dann doch von diesem Satzbau abweichen, ist noch unbekannt.

LV 7

1 [globales Lesen] **Lesen Sie den Text. Vergleichen Sie die Textinformationen mit den Ergebnissen aus der Vorbereitungsaufgabe A. Wo gibt es Unterschiede?**

Erste Gedanken zum Text

1. Hat der Text mir etwas Interessantes mitgeteilt? ☐J ☐N
2. Habe ich verstanden, um was es in dem Text geht? ☐J ☐N
3. Konnte ich den Textaufbau erkennen? Wodurch? ☐J ☐N
4. Was möchte der Autor erreichen?
5. Welche Meinung hat der Autor?

2 [selektives Lesen] **Was stimmt? Kreuzen Sie an.**

a) Die Versuchspersonen, die **türkisch** sprachen, zeigten bei Gesten die Reihenfolge

☐ SVO ☐ SOV;

und sie schrieben in der Reihenfolge

☐ SVO ☐ SOV.

b) Die Versuchspersonen, die **chinesisch** sprachen, zeigten bei Gesten die Reihenfolge

☐ SVO ☐ SOV;

und sie schrieben in der Reihenfolge

☐ SVO ☐ SOV.

3 **Ergänzen Sie (in Stichworten) das Raster mit den Informationen des Textes.**

⇨ Markieren Sie mit unterschiedlichen Farben
  • die Wörter, die die Themen angeben,
  • die wesentlichen Informationen zu den Themen *(siehe Beispiel für »Thema der Untersuchung«).*

⇨ Ergänzen Sie dann in Stichworten das Raster.

Thema der Untersuchung	Reihenfolge der Satzteile in nonverbaler Kommunikation
Forscher	
Testpersonen	
Aufgaben der Testpersonen	1. 2.
Ergebnisse	1. 2.
Schlussfolgerung der Forscherinnen	
Hinweis für diese Schlussfolgerung	
offene Frage	

4 Einige Linguisten sind der Meinung, Deutsch sei keine SVO-Sprache. Welche Gründe könnte es dafür geben? ▶ Üb, S. 58

Kommunikation

A **Grammatische Vorübung**

In einer Zeitung wurde das *Verliebtsein* so beschrieben:

Plötzlich erwischt es einen – unfassbar, unvorhersehbar, unplanbar, unbeschreibbar. Ärzte vergleichen den Zustand akuter Verliebtheit gelegentlich mit einer milden Psychose.

In dem Zitat finden Sie vier typisch deutsche Wörter: Präfix – Stamm – Suffix. Schreiben Sie sie auf. Welche Bedeutung haben sie?

B Schreiben Sie die passenden Adjektive mit *un-* und *-bar* unter die Bilder. Als Hilfen sind in den meisten Fällen die entsprechenden Verben angegeben. In zwei Fällen müssen Sie die Verben selber finden.

	zählen	hören	genießen	durchscháuen	widerlegen

Sie fahren mit dem Zug. Neben Ihnen sitzt ein typischer Fan elektronischer Medien: Iphone 8, Ipad 5, Notebook – alles dabei. Während er seine belanglosen E-Mails checkt, telefoniert er. Nach 15 Minuten wissen Sie so ziemlich alles über die letzte affengeile Party. Als er sich anschickt, erneut eine Nummer in den teuflischen Apparat zu tippen, reicht es Ihnen. Sie sprechen ihn an und beschweren sich ...

Bei einer Beschwerde sind grundsätzlich immer zwei Varianten möglich:
Variante 1: höflich; **Variante 2:** nicht so höflich. Bedenken Sie bei beiden Varianten: *Wie man in den Wald hineinruft, so schallt es heraus!*

C *Arbeiten Sie mit Ihrem Lernpartner. Wechseln Sie die Rollen.* **Sprechen Sie den Dialog mit Ihrem Lernpartner in beiden Varianten. Verwenden Sie die SoS! »sich beschweren«.**

D Stellen Sie sich folgende Situation vor: Sie sitzen wieder im Zug. Sie lesen ein Buch. In Ihrem Abteil sitzt jemand, der telefoniert. Sie wechseln das Abteil. Endlich Ruhe! Beim nächsten Haltebahnhof setzen sich ein Mann und eine Frau in Ihr Abteil und unterhalten sich lebhaft. Sie überlegen: Pest oder Cholera? Bleibe ich hier bei den Viel*rednern*, oder gehe ich wieder zurück in das Abteil mit dem Viel*telefonierer*? (Leider gibt es keinen Platz mehr in einem anderen Abteil). **Was würden Sie tun?**

SoS!	sich beschweren
höflich	**nicht so höflich**
Entschuldigen Sie, aber es stört mich, dass Sie ...	Es ist eine Frechheit /Unverschämtheit, dass Sie ...
Ich muss Ihnen leider sagen, dass ...	Jetzt reicht's mir aber langsam mit ... / dass ...
Es stört mich sehr, dass	Ich habe jetzt aber genug von / davon, dass ...
Ich bitte um Verständnis dafür, dass ...	Es ist nervig / unerträglich, / unfassbar, dass ...
Würden Sie bitte ...	X geht mir gewaltig auf die Nerven.

HV 7

1. Hören

1 [globales Hören] **Hören Sie das Interview einmal ganz.**
- Können Sie die Überschrift des Textes schon erklären?
- Die folgenden Wörter kommen alle im Text vor. Aber **nur drei** Wörter sind **Schlüsselwörter**. Welche sind das? Streichen Sie die anderen durch. Vergleichen Sie mit Ihrem Lernpartner und begründen Sie Ihre Auswahl.

> Hörtext: **Wer kein Deutsch kann, ist klar im Vorteil!**
> Interview, 558 Wörter ☺☺☺
> Im Interview wird behauptet, dass Handygespräche in der Öffentlichkeit stören.

U-Bahn · Halbalog · Psychologie · Aufmerksamkeit · Vorschläge · Telefongespräch

2. Hören

2 Welche persönlichen Gründe hatte Frau König für ihre Forschung?
- a) ☐ Sie war selbst Opfer von störenden Telefonaten.
- b) ☐ Man hat sich oft über sie beschwert, weil sie in der Öffentlichkeit laut telefoniert hat.
- c) ☐ Sie hat sich im Studium mit der Technik von Mobiltelefonen beschäftigt.

3 Was erregt Aufmerksamkeit, was nicht?

Erregt Aufmerksamkeit	Erregt kaum Aufmerksamkeit

4 Was trifft für einen Dialog, was für einen Halbalog zu? Bitte ankreuzen.

	Dialog	Halbalog
unvorhersehbar		
Weghören möglich		
verlangt nicht so viel Aufmerksamkeit		
macht neugierig		
zwingt zum Zuhören		
wie eine laute U-Bahn neben einer neuen Wohnung		

5 Ergänzen Sie den Satz mit den Informationen des Textes.

Auch wenn uns das Gespräch nicht interessiert, _____
_____ Ob wir wollen oder nicht.

6 Frau König macht am Ende des Interviews Vorschläge. Allerdings gibt es bei den ersten beiden Vorschlägen ein Problem. Welche Vorschläge macht Frau König? Welche Probleme gibt es?

1. _____
Problem: _____
2. _____
Problem: _____
3. _____

7 *Arbeiten Sie mit Ihrem Lernpartner. Wechseln Sie die Rollen.* **Sie sitzen wieder im Zug, sie wollen lesen, und wie üblich telefoniert Ihr Sitznachbar. Sie beschweren sich. Aber dieses Mal können Sie dem verblüfften Störenfried einen kleinen wissenschaftlichen Vortrag über die Gründe Ihrer Beschwerde halten ...**

▶ Üb, S. 59

Kommunikation

A Welches Medium würden Sie wählen? Warum? Kreuzen Sie an und vergleichen / diskutieren Sie mit Ihrem Lernpartner.

Sie wollen ...	Telefon	SMS	E-Mail	Facebook	Gespräch
... sich mit einem Freund/einer Freundin verabreden.					
... sich für einen Fehler bei jemandem entschuldigen.					
... auf eine Wohnungsannonce antworten.					
... jemandem sagen, wie sehr Sie ihn/sie lieben ...					
... jemandem eine unangenehme Nachricht mitteilen.					
... jemanden um Hilfe bei einer Hausaufgabe bitten.					

B Schauen Sie sich die drei Schaubilder auf Seite 85 an. Welcher Zusammenhang besteht zwischen den Statistiken und der Überschrift?

1 [globales Lesen] Lesen Sie den Text einmal ganz. Ignorieren Sie die Lücken. Welche Zusammenfassung (a, b oder c) passt?

☐ **a** SMS und E-Mail werden immer beliebter. Telefonieren fördert aber soziale Kommunikation und Vertrauen. Schreiben fällt Jugendlichen immer schwerer.

☐ **b** SMS und E-Mail sind beliebter als Telefon. Sie lassen mehr Zeit zum Antworten. Es kostet auch weniger Überwindung, einen Text zu schreiben, als ein Gespräch zu führen.

☐ **c** Das Telefon könnte bald aussterben. Aufwand und Kosten sind zu hoch. SMS und E-Mail sind günstiger, die Kommunikation wird aber oberflächlicher.

2 [Textgliederung erkennen] **Im Text wird begründet, warum viele Menschen lieber eine E-Mail schreiben als telefonieren** *(Gliederungspunkt B3)*. **Es werden verschiedene Gründe angeführt.**
⇨ Markieren Sie die Wörter, die einen neuen Grund einleiten (»Gliederungssignale«).
⇨ Schreiben Sie die genannten Gründe stichwortartig an den Rand.

3 Ergänzen Sie die Lücken.
⇨ Zeile 10 – 17 mit den Daten aus den drei Diagrammen.
⇨ Zeile 51 – 54: Bei welchen Beschäftigungen werden SMS / E-Mails geschrieben? Was vermuten Sie?

Dinosaurier Telefon

Ein junger Mann kommt ins Büro und wird von seinem Kollegen aufgefordert, einen Kunden zurückzurufen. Der Mann braucht ein halbe Minute, um auf seinem Handy die Funktion zum Telefonieren zu finden – weil er sie noch nie benutzt hat.
5 Das ist symptomatisch: Telefonieren stirbt zunehmend aus. Die neue Generation der heute 20-Jährigen bevorzugt Instant Messaging (Chat), SMS oder Facebook. Statistiken zeigen, dass die Zahl der Telefongespräche seit einigen Jahren zurückgeht. Dies lässt sich besonders bei der Altersgruppe der 18- bis 34-jährigen US-Amerikaner verdeutlichen: Während diese Gruppe _____ noch
10 _____ telefonierte, waren es _____ nur noch _____. Darüber hinaus ist nicht nur die Zahl der Telefongespräche zurückgegangen, es wird auch nicht mehr so lange telefoniert. Dauerte ein durchschnittliches Gespräch _____ noch _____ Minuten, so waren es _____
15 _____. Die Anzahl der SMS hingegen hat sich in

A Einleitung: Entwicklung von Telefon und SMS

dem gleichen Zeitraum fast verdoppelt: von _____ auf gigantische _____ .

Nicht wenige Experten glauben, das Telefon könnte bald ganz aus unserem Leben verschwinden – und hätte es nicht anders verdient. Die ganze Erfindung »Telefon«
20 leide nämlich an einem Konstruktionsfehler: Es stört. Auf eine E-Mail oder SMS kann der Angesprochene antworten, wann er möchte. Das Telefon erschwert diese Form asynchroner Kommunikation. Es klingelt, und, ob man will oder nicht, man wird in seiner bisherigen Tätigkeit gestört oder muss sogar sofort antworten.

Doch die zunehmende Beliebtheit von SMS und E-Mail lässt sich allein mit Höflich-
25 keit und dem Wunsch, andere nicht zu stören, nicht erklären. Man könnte ja auch auf der Mobilbox oder dem Anrufbeantworter eine Nachricht hinterlassen und um Rückruf zu einem passenderen Augenblick bitten. Wahrscheinlich geht es gar nicht so sehr um Höflichkeit, sondern ums Schreiben. Offensichtlich ziehen viele Menschen das abstraktere Medium Schrift der gesprochenen Sprache vor.
30 Noch vor wenigen Jahren haben die meisten Jugendlichen nur dann geschrieben, wenn für die Schule Aufgaben erfüllt werden mussten. Gleiches gilt für die Mehrzahl der Berufe. Dank des Internets ist das Schreiben aber wieder zu einer alltäglichen Praxis geworden. Vielen Menschen scheint es heute deutlich leichter zu fallen, eine E-Mail zu verfassen, als zum Telefonhörer zu greifen.

35 Dafür gibt es verschiedene Gründe: Zunächst ist der Aufwand zu nennen: Es ist weitaus bequemer, eine kurze SMS zu schicken, wenn man sich mit jemandem verabreden will, als zu telefonieren. Ein Telefonat könnte länger dauern als gewünscht; bei einer SMS kontrolliert man Länge und Inhalt der Kommunikation. Ein zweiter Grund scheint darin zu liegen, dass die Menschen offener sind, wenn sie schreiben. Eine
40 Kommunikation per E-Mail oder SMS führt häufiger zu direkten Nachfragen und ehrlicheren Antworten, als es bei einem Gespräch unter vier Augen oder bei einem Telefongespräch der Fall ist. Außerdem kostet es weniger Überwindung zu schreiben, denn man muss nicht fürchten, den anderen zu stören, weil es ihm überlassen bleibt, wann und ob er antwortet. Schließlich lassen sich unangenehme Nachrichten oder
45 Meinungen leichter per SMS oder E-Mail mitteilen als am Telefon.

Die Vorliebe für das getippte Wort ist manchmal seltsam. Einer Umfrage zufolge findet es ein bedeutender Anteil der unter 25-Jährigen heute in Ordnung, auch während anderer Beschäftigungen eine Text-Nachricht zu tippen: Jeder Zweite tut es _____ . Jeder Vierte
50 _____ . Und zehn Prozent sagen sogar, man könnte problemlos eine SMS schreiben, während man _____ .

B Hauptteil: Verschwindet das Telefon?

1. Telefon stört

2. Schreiben beliebter als Sprechen

3. Gründe
   a)

C Schluss: Nebenbeschäftigung SMS schreiben

▶ Üb, S. 60

Telefongespräche der 18 - 34-jährigen US-Amerikaner *in Minuten pro Jahr*
2008: 1200 / 2010: 900

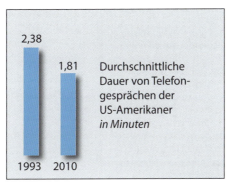

Durchschnittliche Dauer von Telefongesprächen der US-Amerikaner *in Minuten*
1993: 2,38 / 2010: 1,81

Anzahl der SMS in den USA *in Milliarden*
2008: 76,4 / 2010: 141,1

Lerntipp: Einsprachiges Wörterbuch

1 Was sind Ihre Erfahrungen mit Wörterbüchern?
Lesen Sie, was Cariba dazu schreibt.

2 Markieren Sie zur Orientierung im Wörterbuch-Auszug unten auf der Seite mit verschiedenen Farben die vier verschiedenen Bedeutungen von »versprechen« (nur die Ziffern, siehe Beispiel 1).

3 Ergänzen Sie in den folgenden Sätzen das Verb »versprechen« und die Pronomen. Schreiben Sie in die Kreise die Nummern der Bedeutungen.

a) Das _____ ein leichter Test zu werden. ◯

b) Sie _____ _____, dass sie mich anruft. Leider tat sie es nicht. ◯

c) Von dem einsprachigen Wörterbuch _____ ich _____ genauere Worterklärungen. ◯

d) »Feleton«? Ich glaube, da hast du _____ _____. Du meinst wahrscheinlich .... ◯

»Am Anfang fand ich es schwer, mit einem einsprachigen Wörterbuch zu arbeiten. Ich wusste nicht, was die Abkürzungen bedeuten, es gibt immer viele Möglichkeiten usw. Es ist viel bequemer, Wörter in einem zweisprachigen Wörterbuch nachzuschlagen. Aber das ist nur scheinbar bequemer, denn oft macht man Fehler oder versteht den Text ganz falsch, weil die Übersetzung nicht gepasst hat. Bei einsprachigen Wörterbüchern kann man die verschiedenen Bedeutungen von Wörtern besser verstehen. Außerdem gibt es immer Beispiele, wie man die Wörter richtig benutzt. Es ist besser, man gewöhnt sich früh an einsprachige Wörterbücher. Hinterher im Beruf oder Studium braucht man sie auf jeden Fall immer. Noch ein Tipp: Gebt euch nicht mit der ersten Bedeutung des Wortes zufrieden. Lest alle Bedeutungen und prüft, welche Bedeutung in den Text passt.
(Cariba, 3. Semester)

4 Schlagen Sie die blau gedruckten Wörter in einem einsprachigen Wörterbuch nach und ergänzen Sie die Lücken. In Klammern [ ] Hinweise auf die zu ergänzenden Wörter.

a) Unsere Treffen beschränkten _____ _____ das Wochenende. [Reflexivpronomen, Präposition]

b) Er ging _____ Frage nach, ob Fernbeziehungen stabil bleiben können. [bestimmter Artikel]

c) Man sagt _____ große mathematische Fähigkeiten nach. [Personalpronomen]

d) Als er eine Schlägerei anfing, wurde er _____ _____ Disco gewiesen. [Präposition, bestimmter Artikel]

5 In (guten) einsprachigen Wörterbüchern finden Sie auch Komposita und idiomatische Wendungen. Schlagen Sie die blau gedruckten Wörter in a) – e) nach und beantworten Sie die Fragen.

a) Wie viele Komposita mit dem Grundwort »-Signal« sind in Ihrem Wörterbuch aufgeführt?

b) Wie viele Komposita mit dem Bestimmungswort »Ehe-« sind in Ihrem Wörterbuch aufgeführt?

c) Was bedeutet: »jemandem versagt die Stimme«?

d) Was bedeutet: »im siebten Himmel sein«?

e) Was bedeutet: »ein Haar in der Suppe finden«?

---

3. Ps Sing. — *Präteritum, Perfekt* — Abkürzung des Wortes (**v**ersprechen)

versprechen; *verspricht, versprach, hat versprochen*;
vt **1** **(j-m) etw.** *v.* j-m sagen, dass man etw. ganz sicher tun wird [j-m etw. fest, hoch u. heilig v.; j-m Hilfe v.]: *seinem Sohn ein Fahrrad v.; j-m v., ihm zu helfen; Ich habe ihm versprochen, dass ich ihn besuchen werde: „Kommst du wirklich?"-„Ja, ich verspreche es dir"* **2** **etw. verspricht etw.** etw. lässt erwarten, dass e-e bestimmte Entwicklung o.Ä. eintritt: *Das verspricht, ein schöner Abend zu werden* **3** **sich** (Dat) **etw. von j-m/etw. v.** glauben, dass e-e bestimmte Entwicklung stattfinden wird: *sich von der neuen Regierung viel, nur wenig, nichts v.* **4**. vr **sich v.** ohne Absicht etw. falsch, anders sagen od. aussprechen, als man wollte: *Er war so nervös, dass er sich ständig versprach.*

— Beispielsatz
— Bedeutung Nr. 3
— Erklärung, Umschreibung des Wortes

Abkürzungen:
vt	Verb ist transitiv
vr	Verb ist reflexiv
j-m	jemandem
etw.	etwas
e-e	eine
o.Ä.	oder Ähnliches

Kausalsätze

GR 7

> Kausalsätze geben den Grund an, Konsekutivsätze die Folge. Manchmal steht der Grund vor der Folge, manchmal die Folge vor dem Grund. »Weil« und »darum« sind die Konnektoren, die am häufigsten verwendet werden. Es gibt aber auch noch einige andere.
>
> ▶ GR S. 147

1 Es gibt sehr viele (nicht immer ernst zu nehmende Vorschläge), wie man anhand körperlicher Signale erkennen kann, ob jemand lügt. Das Kratzen an der Nase ist ein Beispiel.

⇨ Unterstreichen Sie in den Sätzen alle Konnektoren, die Begründungen einleiten (→ die Begründung folgt) oder auf Begründungen verweisen (← die Begründung wurde vorher genannt).

> Ein Mensch, der lügt, kratzt sich ständig an der Nase.
>
> Er lügt, **denn** (→) er kratzt sich ständig an der Nase. Er kratzt sich ständig an der Nase, **also** (←) lügt er. Wegen seines ständigen Kratzens an der Nase lügt er. Er kratzt sich ständig an der Nase, deshalb lügt er. Er kratzt sich ständig an der Nase, folglich lügt er. Er lügt, er kratzt sich nämlich ständig an der Nase.

2 Schreiben Sie zu den folgenden Bildern jeweils 2 Sätze mit den angegebenen Konnektoren auf.

 (folglich, weil)	
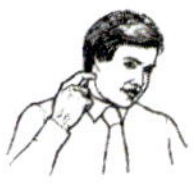 (nämlich, denn)	
 (wegen, deshalb)	
 (also, nämlich)	

3 Führen Sie die folgende Aufgabe in Gruppen durch.

A stellt irgendeine Geste dar. Das kann eine aus den Seiten 75-76 sein oder eine andere (z.B. den Zeigefinger zur Stirn führen). Gleichzeitig gibt er an, welcher Konnektor verwendet werden soll.
Die anderen sagen, was diese Geste bedeutet, und verwenden dazu den geforderten Konnektor. Verschiedene Interpretationen der Geste sind erwünscht! Anschließend werden die Rollen getauscht.

Beispiel A *Führt den Zeigefinger zur Stirn und sagt* »Nämlich!«. B: »Er will zum Frisör. Er tippt sich *nämlich* an die Stirn.«
C: Er denkt angestrengt nach. Er tippt sich nämlich an die Stirn.

▶ Üb, S. 61

8 Halit

In den Jahren 2000 bis 2006 ermordete eine Gruppe von Neonazis in Deutschland 10 Menschen. Neun der zehn Ermordeten mussten sterben, weil sie oder ihre Eltern aus der Türkei und aus Griechenland kamen. Eine Polizistin wurde ermordet, angeblich weil die Täter eine Waffe brauchten. Nur durch einen Zufall ist bekannt geworden, dass es Neonazis waren, die aus Ausländerhass mordeten. Zuvor wurden die Opfer und deren Familienangehörige selber verdächtigt, irgendwie an den Morden beteiligt gewesen zu sein. Elf Jahre lang konnten die Täter unentdeckt bleiben.
Nicht wenige in Deutschland glauben, dass dies nur möglich sein konnte, weil die Sicherheitsbehörden, insbesondere der so genannte Verfassungsschutz, auf dem rechten Auge blind sind und oft einen rassistischen Blick auf Kriminalität haben.
Am 24. Februar 2012 fand in Berlin eine Gedenkfeier für die Ermordeten statt. Von dieser Feier handeln die Texte. Der erste Text ist eine Reportage über die Gedenkfeier. Der zweite Text ist die Rede von Ismail Yozgat, dessen Sohn ermordet wurde.

Berlin, 24. Februar 2012

Zwei Welten

1 Es ist kurz nach 10 Uhr an diesem Donnerstagmorgen. Die Bundeskanzlerin spricht gerade von ihrem Entsetzen über
2 die zehn Morde der Neonazis, als Gökan Akgün aus der Kreuzberger Grundschule E.O. Plauen in Berlin eilt. Für die
3 Rede auf der Gedenkfeier hat er keine Zeit. Er hat einen Termin um elf Uhr in der Staatsschutzabteilung des Landes-
4 kriminalamts, er will eine Zeugenaussage machen. Am Montag, als die Mitarbeiter der Bundeskanzlerin noch an der
5 Rede schrieben, saßen der Erzieher Gökan Akgün, ein Grundschullehrer und ein gutes Dutzend zehn- bis elfjähriger
6 Schüler einer fünften Klasse in der S-Bahn auf dem Weg zum Bowling. Es war schulfrei, weil Rosenmontag war. Die
7 Schüler, von denen die meisten einen Migrationshintergrund haben, freuten sich auf das Bowlen.
8 Zwischen den Stationen Ostbahnhof und Alexanderplatz war es vorbei mit der Freude. Eine deutsche Frau und ein
9 deutscher Mann beschimpfte die Gruppe. »Nur noch Ausländer, wo man hingeht«, zischte die Frau. »Geht doch nach
10 Hause!« Der Mann: »Vergasen sollte man Leute wie euch. Früher hat man Leute wie euch nach Auschwitz verfrachtet!«
11 Gökan Akgün und der Grundschullehrer waren fassungslos. Die Kinder wussten gar nicht, was mit Auschwitz gemeint
12 war. Und sie verstanden auch nicht, dass sie nach Hause gehen sollten. »Aber Herr Akgün«, sagte ein Mädchen, »wir
13 sind doch hier zu Hause.«

Zu beschäftigt?

15 Im Konzerthaus an Gendarmenmarkt sind 1200 Menschen geladen und hören der Kanzlerin zu, die sagt: »Wir ver-
16 drängen, was mitten unter uns geschieht. Vielleicht, weil wir zu beschäftigt sind mit anderem.« Zu beschäftigt? Oder
17 nur einfach: zu gleichgültig? In der S-Bahn am Rosenmontag, erzählt Gökan Akgün, »hat niemand etwas gesagt. Alle
18 haben gehört, was die beiden Deutschen gesagt haben, aber niemand hat etwas gesagt.« Der S-Bahn-Fahrer habe die
19 Fahrt nicht unterbrechen wollen.
20 Im Konzerthaus tragen jetzt zwölf junge Menschen Kerzen in den Saal. Manche von ihnen haben helle Haut, manche
21 ganz dunkle. Ein Mädchen trägt die Haare offen, ein anderes hat sie unter einem Kopftuch verborgen. Zehn Kerzen
22 sind den Toten gewidmet, eine allen übrigen Opfern von Rassismus und Fremdenhass, und eine weitere, so wird die
23 Bundeskanzlerin später sagen, soll Hoffnung spenden.

Es ist still, als Ismail Yozgat spricht

25 Im Konzerthaus erhebt sich ein kleiner Mann. Er ist aufgeregt, er rutschte schon eine ganze Weile unruhig auf seinem
26 Stuhl herum. Man konnte es gut sehen, er sitzt in der ersten Reihe, rechts neben der Kanzlerin. Er geht die Stufen
27 hinauf zum Rednerpult, neben ihm steht eine Dame, auch sie ganz in Schwarz, Stift und Zettel in der Hand. Sie ist die
28 Dolmetscherin. Sie wird die berührende, fast schon beschämende Ansprache übersetzen.
29 »Ich bin der, der am 6. April 2006 im Internetcafé den mit einer Kugel im Kopf sterbenden 21-jährigen Halit Yozgat in
30 seinen Armen hielt – ich bin sein Vater, Ismail Yozgat.« Still ist es, als Herr Ismail Yozgat das sagt. So ein Mann, denkt
31 man, müsste wütend sein, verzweifelt, er müsste die anklagen, die für dieses Martyrium verantwortlich sind. Niemand

32 auf dieser Welt würde es ihm übelnehmen. Aber Ismail Yozgat klagt nicht, und er klagt nicht an. Ismail Yozgat bedankt
33 sich. Die Gäste im Saal schlucken schwer, als Ismail Yozgat seine Rede beendet. Dann gibt es langen Applaus.

34 **Wo waren sie?**

35 Kreuzberg. Zwei junge Männer stehen an ein Auto gelehnt in der Naunynstraße. Baseballcaps, Baggyhosen, Handys.
36 Die Jungs an dem Auto checken, was so los ist in ihrer Straße, und weil nichts los ist, checken sie halt auf ihren Smart-
37 phones, was bei Facebook los ist. Wenn man die beiden türkischen Männer fragt, ob sie wüssten, dass gerade 1200
38 Menschen im Konzerthaus auf dem Gendarmenmarkt zusammengekommen sind, um ihrer ermordeten Landsleute
39 zu gedenken, sagen sie: »Ach ja?« Und: »Wo ist der Gendarmenmarkt?« Auf Google Maps suchen sie die Route von
40 der Naunynstraße zum Gendarmenmarkt und stellen fest, dass der nur dreieinhalb Kilometer entfernt liegt. Sie waren
41 noch nie dort. Er ist Lichtjahre entfernt von ihrem Kiez. »Ey, die sollen mal nach Kreuzberg kommen und nicht in der
42 Mitte feiern, wo kein einziger Türke lebt«, sagt der eine. Der andere: »Die haben Schiss vor Kreuzberg.«
43 In der Mitte, am Gendarmenmarkt, ist jetzt alles voller Menschen. Die Gedenkfeier ist zu Ende, die Gästen gehen
44 heim. Der Platz ist noch immer abgeriegelt, alle zwei Meter steht ein Polizist in Uniform. Diesmal sind die Sicher-
45 heitsbehörden präsent. Dieser Aufwand wäre wichtiger gewesen, als die Nazis mordend durchs Land zogen. Das wird
46 die Frage sein, an deren Beantwortung Deutschland sich messen lassen muss: Wo waren alle diese Behörden damals?

A Worterklärungen

der **Migrationshintergrund**	(bürokratische Bezeichnung für eine) Bevölkerungsgruppe, die aus Personen besteht, die seit 1950 eingewandert sind. Dazu gehören auch deren Kinder und Enkel.
verfrachten	an einen anderen Ort bringen. Benutzt man dieses Wort für Personen bedeutet dies: sie gegen den Willen oder mit Gewalt an einen anderen Ort bringen.
Schiss haben	(ugs.) Angst haben

1 Lesen Sie den Text. Vergleichen Sie mit Ihrem Lernpartner ihre »ersten Gedanken zum Text«.

> **Erste Gedanken zum Text**
> 1. Dieser Text hat mir etwas Interessantes mitgeteilt. J N
> 2. Man kann den Text gut verstehen. J N
> 3. Ich kann den Textaufbau gut erkennen. J N
> 4. Was möchte der Autor erreichen?
> 5. Welche Meinung hat der Autor?

2 Der Text ist mit »zwei Welten« überschrieben. Worin bestehen die Unterschiede zwischen den Welten?
  ⇨ Markieren Sie, wo im Text jeweils die eine und die andere Welt anfängt und aufhört.

3 **Finden Sie eine Bezeichnung für die beiden Welten.** Das kann ein Nomen, Nominalkompositum, Relativsatz ... sein.

4 **Wer gehört zur einen, wer zur anderen Welt? Erstellen Sie eine Liste aller Personen, die im Text genannt werden, und ordnen Sie sie der einen oder der anderen Welt zu.** Besprechen Sie Ihre Tabelle mit Ihrem Lernpartner.

Person	Welt 1	Welt 2
Bundeskanzlerin		
Gökhan Agkün		
...		

Hören Sie die Rede von Ismail Yozgat. Sie hören das türkische Original und die Übersetzung ins Deutsche.

1 Herr Yozgat bedankt sich. Bei wem bedankt er sich?

3

2 Herr Yozgat möchte etwas nicht und hat drei Wünsche.

Was ich nicht möchte _____

1. Wunsch _____

2. Wunsch _____

3. Wunsch _____

3 In dem Artikel »Zwei Welten« wird über die Reaktion des Publikums auf die Rede berichtet. Warum hat das Publikum Ihrer Meinung nach so reagiert?

9 Kauf!

Vorsicht, Falle!

A **Auf dem Bild sind 8 Einkaufsfallen im Supermarkt eingezeichnet.** Klären Sie zunächst, was man unter »Einkaufsfallen« versteht. Haben Sie selbst beim Einkaufen in einem Supermarkt Einkaufsfallen entdeckt?

B **Zur Vorbereitung des Hörtextes bearbeiten Sie bitte das Quiz.**
⇨ Lesen Sie die Fragen. Kreuzen Sie die Lösung (A, B oder C) in der Spalte »Meine Antwort« an. Vergleichen Sie Ihre Antworten untereinander.

	Quiz	Meine Antwort	Antwort im Text
1.	Was wird im Eingangsbereich aufgestellt? A Produkte, die nicht so wichtig sind: Der Kunde soll schnell in das Innere des Marktes gelangen. B Produkte, die man sich gerne anschaut: Der Kunde soll gleich am Anfang stoppen und schauen.	A ☐ B ☐	A ☐ B ☐
2.	Um in den hinteren Ladenbereich zu gelangen, muss der Kunde länger laufen. Welche Art von Produkten stellt man im hinteren Ladenbereich auf? A Hinten stehen Produkte, die besonders selten verkauft werden. B Hinten stehen die Produkte, die besonders häufig verkauft werden.	A ☐ B ☐	A ☐ B ☐
3.	Die Anordnung der Produkte im Supermarkt-Regal ist genau festgelegt. Es gibt drei mögliche Positionen: Die **Reckzone** beginnt ab 180 cm Höhe. Die **Sichtzone** liegt zwischen 140 und 180 cm. Und unten ist die **Bückzone**. Wo werden Zahnpasta und wo Zahnbürsten platziert? A Zahnpasta in die Sichtzone, Zahnbürste in die Bückzone. B Zahnpasta in die Reckzone, Zahnbürste in die Sichtzone. C Zahnpasta in die Sichtzone, Zahnbürste in die Reckzone.	A ☐ B ☐ C ☐	A ☐ B ☐ C ☐
4.	Für ähnliche Produkte gibt es ganz unterschiedliche Preise. Wie werden die Preiskategorien in den Regalen eingeordnet? A Die billigsten Produkte gibt es in der Bückzone. B Die teuersten Produkte gibt es in der Reckzone.	A ☐ B ☐	A ☐ B ☐
5.	Welche Produkte werden an der Kasse angeboten? A So genannte Aktionsware: Produkte, die nur in einer begrenzten Zahl vorhanden sind. B So genannte Impulsware: Produkte, die man oft spontan kauft, Süßigkeiten, Zigaretten, Kaugummi.	A ☐ B ☐	A ☐ B ☐
6.	Wie viel Prozent der Einkäufe sind nicht geplant? A 15 % B 50 % C 70 %	A ☐ B ☐ C ☐	A ☐ B ☐ C ☐

1 [1. Hören] Hören Sie den Text.
Einige der Quiz-Fragen werden im Text beantwortet.
Kreuzen Sie die Antwort, die der Text gibt, in der Spalte »Antwort im Text« an.

90

Hörtext: Vorsicht, Einkaufsfalle
Monologischer Text, 838 Wörter ☺ ☺
Ein Verkaufsleiter führt seine Angestellten durch den Supermarkt und erklärt ihnen, wie er aufgebaut ist.

In diesem Kapitel werden Sie

- erfahren, wie ein Supermarkt aufgebaut ist und welchen Zwecken und Zielen der Aufbau dient (HV, GR);
- die Gliederung von Texten ohne Zwischenüberschriften erarbeiten und ein Textraster ausfüllen (LV);
- ein Diagramm beschreiben;
- Meinungen zum Thema »Ladendiebstahl« hören und sie mit den Aussagen eines Kriminologen vergleichen (HV, LV);
- vier Kurztexte zu raffinierten Verkaufstricks in Gruppen selbständig erarbeiten und sie im Plenum vorstellen (LV);
- Finalsätze und Infinitivsätze kennenlernen (GR).

Im Hörtext werden die **Ziele** benannt, die der Aufbau von Supermärkten hat.
Achten Sie im Text auf folgende Ausdrücke, mit denen Ziele, Absichten und Zwecke geäußert werden.

| um ... zu | damit | dienen dazu | sollen | es geht um | hat die Funktion | wollen | möchte | mit dem Ziel |

2 [2. Hören] **Hören Sie den Text ein zweites Mal.**
⇨ Notieren Sie stichwortartig, worin die Fallen bestehen und welche Ziele sie haben.
⇨ Tragen Sie nach dem Hören im Kurs alle Fallen und deren Ziele zusammen, so dass Ihre ganze Tabelle ausgefüllt ist.
⇨ Lösen Sie die Kontrollaufgaben im Übungsbuch.

	Falle	Zweck
①		
②		1. 2.
③		
④		
⑤		
⑥		1. 2.
⑦		
⑧		

▶ Üb, S. 64

> Nebensätze, die den **Zweck**, die **Absicht** oder das **Ziel** einer Handlung angeben, heißen **Finalsätze**. Am häufigsten werden sie mit **um ... zu** und **damit** eingeleitet.

1 **Bilden Sie** (mündlich oder schriftlich) **aus den Stichworten aus Aufgabe 2 zu »Falle« und »Zweck« Finalsätze.**

▶ GR S. 148

	Falle	Zweck	
Beispiele	große Einkaufswagen	mehr Waren hineinlegen	→ Es werden große Einkaufswagen zur Verfügung gestellt, **damit** der Kunde mehr Waren **hineinlegt**.
	im Eingangsbereich Hindernisse aufgestellt	Tempo der Kunden verlangsamen	→ Im Eingangsbereich werden Hindernisse aufgestellt, **um** das Tempo der Kunden **zu** verlangsamen.

▶ Üb, S. 65

Kauf!

Der berechenbare Kunde

I Er nennt sich »Brand Futurist«. Er entwirft Marken und Werbestrategien, belehrt Firmenchefs, Manager und Kommunikationsexperten. Er ist in zahlreichen Fernsehshows zu Gast, und seine Bücher sind in einem Dutzend Sprachen erhältlich. Zu seinen Kunden zählen Mercedes-Benz, McDonalds und Microsoft. Und das US-Magazin »Time« hat Martin Lindstrom zu einem der 100 »einflussreichsten Menschen der Welt« erklärt.

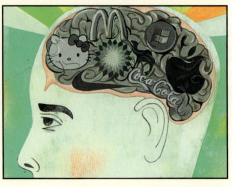

Martin Lindstrom – ein einflussreicher Mann

II Seine Mission: Lindstrom will die »Buyology« des Menschen ergründen. So nennt er all jene Gedanken, Gefühle und Wünsche, die mitbestimmen, was genau Menschen kaufen. Sein Kunstwort hat er aus den englischen Wörtern für »Biologie« und »Einkauf« geformt.

Was bedeutet »Buyology«?

Die Fragen, die mit diesem Begriff verknüpft sind, beschäftigen Unternehmer und Wirtschaftsforscher weltweit: Warum kaufen Kunden, was sie kaufen? Warum entscheiden sie sich für dieses Produkt und ignorieren ein anderes, gleichartiges? Was entfacht das Verlangen, genau diesen Schokoladenriegel zu besitzen oder genau jene Armbanduhr?

III Lindstrom glaubt, all diese Fragen beantworten zu können – mithilfe des Neuromarketings. Er verspricht seinen Klienten in den Wirtschaftsunternehmen, die Kaufentscheidungen von Kunden in Boutiquen und Supermärkten mit den Methoden der Hirnforschung zu entschlüsseln – und so den Markterfolg eines Produktes zu planen.
In Lindstroms Auftrag studieren Forscher die neurobiologischen Grundlagen des Kaufverhaltens. Aus den Ergebnissen entwickelt er dann Konzepte, die Unternehmen helfen, den Umsatz zu steigern.
Lindstrom ist der wohl prominenteste Vertreter der Idee, die Konsumforschung mit den Neurowissenschaften zu verknüpfen. Auch Neurobiologen in den USA und Europa befassen sich seit einiger Zeit mit den nervlichen Grundlagen des ökonomischen Verhaltens.

IV Ihre Instrumente sind Hirnscanner, mit denen sich die Gehirnaktivität messen lässt. Ursprünglich waren diese Maschinen dazu gedacht, Hirntumore oder Schädelverletzungen aufzuspüren. Seit 10 Jahren versucht man nun, mit ihrer Hilfe herauszufinden, in welchen Bereichen des Denkorgans Neuronen aktiv sind, wenn Versuchspersonen zum Beispiel bunte Schachteln oder ein Markenlogo betrachten. Man hofft, im Gehirn zu erkennen, welche Emotionen das Betrachten von Bildern auslöst und welchen Einfluss sie auf Kaufentscheidungen haben.

V Glaubt man den Anhängern des Neuromarketings, spielen Emotionen und nicht bewusste Entscheidungen die wichtigste Rolle bei einem Kauf. Rund zwei Drittel aller Einkaufsentscheidungen, so wird behauptet, fallen spontan, wobei die Motive für den Kauf dem Käufer nicht bewusst sind. Die Hirnforschung soll den Marketingstrategen das Tor zu diesem Unbewussten des Käufers öffnen.

 Im Text spielt das Wort »Neuromarketing« eine wichtige Rolle. Was könnte damit gemeint sein?
Hinweise gibt Ihnen das Bild oben rechts.

Erste Gedanken zum Text
1. Hat der Text mir etwas Interessantes mitgeteilt?
2. Habe ich verstanden, um was es in dem Text geht?
3. Konnte ich den Textaufbau erkennen? Wodurch?
4. Was möchte der Autor erreichen?
5. Welche Meinung hat der Autor?

LV 9

B Im Text kommen folgende Wörter und Ausdrücke vor, die Sie vielleicht nicht kennen. Versuchen Sie, die Wörter aus dem Kontext und/oder der Wortbildung zu erraten. Lesen Sie dazu den Satz, in dem das Wort vorkommt. Kreuzen Sie Ihre Vermutung an.

a) Z. 17 Was entfacht das Verlangen?
- ☐ 1. Was hindert uns daran ...
- ☐ 2. Was bekommen wir dafür ...
- ☐ 3. Was erzeugt den starken Wunsch ...

b) 21 die Kaufentscheidungen von Kunden ... zu entschlüsseln
- ☐ 1. die Kaufentscheidungen ... zu manipulieren
- ☐ 2. nach den Kaufentscheidungen zu fragen
- ☐ 3. die Kaufentscheidungen zu verstehen

c) 31 Hirntumore aufzuspüren
- ☐ 1. Hirntumore zu erkennen
- ☐ 2. Hirntumore zu heilen
- ☐ 3. Hirntumore zu untersuchen

1 [globales Lesen] **Lesen Sie den Text. Versuchen Sie nur zu verstehen, was die beiden Begriffe bedeuten:**
⇨ (1) Buyology , (2) Neuromarketing

> Der Text hat keine Zwischenüberschriften, die die Textgliederung verdeutlichen würden. In einem solchen Fall können Sie die Teilthemen oft daran erkennen, dass
> - sie **im ersten Satz** genannt werden;
> - das **Schlüsselwort des Themas mehrfach** genannt wird, z.B. »*Fernseher*«. Aus stilistischen Gründen wird aber nicht immer das gleiche Wort verwendet, sondern **Synonyme**, z. B. »*TV-Gerät*« oder **Umschreibungen und Wendungen** wie »*vor der Mattscheibe sitzen*«. Oft taucht das Schlüsselwort auch in **Komposita** auf: »*Fernsehgewohnheiten*«.

2 **Lesen Sie den Text abschnittsweise.**
⇨ Markieren Sie in den Abschnitten I – V jeweils das Schlüsselwort einschließlich der Synonyme, Umschreibungen, Komposita usw. *(siehe Beispiel für die Abschnitte I und II)*.
⇨ Schreiben Sie danach ein Überschrift an den Rand *(siehe Beispiel für die Abschnitte I und II)*.
⇨ Überprüfen Sie, ob in jedem Abschnitt wirklich das Teilthema im *ersten Satz des Abschnitts* benannt wird.
⇨ Vergleichen Sie Ihre Ergebnisse mit Ihrem Lernpartner.

3 **Ergänzen Sie mit den Informationen des Textes das Raster.**

Buyologie	
Ziele Neuromarketing	1.
	2.
Instrumente	
Man will erkennen	1.
	2.
Hirnforscher: Entscheidungen beim Kauf	

▶ Üb, S. 66

Kauf!

Zum Thema »Ladendiebstahl« haben sich verschiedene Personen geäußert.

1 Hören Sie die Äußerungen einmal und notieren Sie in Stichworten die Meinungen (»Meinung«).

Meinung	Meine Meinung		Text	
	Ja	Nein	R	F
1.				
2.				
3.				
4.				
5.				
6.				

2 Welcher Meinung stimmen Sie zu (»Ja«), welche halten Sie für ein Vorurteil (»Nein«)?

⇨ Kreuzen Sie in den Spalten »Meine Meinung« an.
⇨ Vergleichen Sie mit Ihrem Lernpartner. Begründen Sie Ihre Meinung mündlich in ganzen Sätzen (siehe Beispiel).

3 Lesen Sie den Text »Abenteuerspielplatz Kaufhaus« auf der nächsten Seite.
Welche Meinungen aus den Kurzinterviews werden bestätigt (R = »richtig«), welche widerlegt (F = »falsch«).

⇨ Kreuzen Sie in den Spalten »Text« an.
⇨ Markieren und nummerieren Sie die Textstellen, in denen die Informationen stehen.

> **Beispiel**
>
> Ich halte es für ein Vorurteil, dass Männer häufiger als Frauen klauen. Frauen gehen ja viel öfter einkaufen.
>
> Sie können mit dem dass-Satz auch beginnen:
>
> Dass Männer häufiger als Frauen klauen, halte ich für ein Vorurteil. Frauen gehen ja...
>
> etw. beurteilen: **halten für**
> Begründung (ohne Konnektor): **»ja«** signalisiert Begründung + Überzeugung: »Das weiß doch jedes Kind!«

4 Schreiben Sie einen Text zur Grafik »Ladendiebstahl« auf S. 95. Orientieren Sie sich am Beispiel »Weihnachtsgeschenke«. Verwenden Sie nach Möglichkeit in Ihrem Text alle farbig markierten Wörter im SoS!-Kasten.

SoS! Diagramme beschreiben (1)

Weihnachtsgeschenke
Durchschnittliche Ausgaben für Geschenke zu Weihnachten in €
2002 03 04 05 06 07 08 09 2010
246 288 301 309 259 246 214 220 233
Quelle: K. Ruprecht Coop.

Die blauen Pfeile gehören nicht zum Diagramm, sondern sind Hilfen.

Thema Zeit	Das Diagramm gibt Informationen über die durchschnittlichen Ausgaben für Weihnachtsgeschenke in den Jahren 2002 bis 2010.
Quelle	Die Zahlen beruhen auf Angaben der K. Ruprecht Coop.
Extreme	Am meisten wurde 2005 für Weihnachtsgeschenke ausgegeben: 309 €. Am wenigsten wurde 2008 ausgegeben, nämlich 214 €.
Tendenzen Auffälligkeiten	In den Jahren 2002 bis 2005 sind die Ausgaben jährlich gestiegen, und zwar von 246 auf 309 €. Ab 2005 sind sie von 309 auf 214 € im Jahr 2008 stark gefallen. Danach lässt sich wieder ein Anstieg der Ausgaben feststellen.

Abenteuerspielplatz Kaufhaus *(Interview mit Prof. Pfeifer, Kriminologisches Forschungsinstitut)*

Sie haben sich im Rahmen einer Untersuchung von Jugendgewalt auch mit Ladendiebstahl beschäftigt. Warum stehlen Kinder?

Manchmal aus echter Not, weil das Geld aus Sozialleistungen in ihren Familien extrem knapp ist, andere aus Abenteuerlust oder schlicht aus Gruppendruck. Sie wollen unbedingt wie andere modische Kleidung oder einen Lippenstift besitzen, um in der Clique anerkannt zu werden.

Wirkt sich die wachsende Kinderarmut auf die Zahl der Ladendiebstähle aus?

Insgesamt betrachtet – nein. Der Ladendiebstahl geht seit Jahren zurück. Mitte der 1990 Jahre gab es Rekordzahlen. Der Grund war die Zuwanderung von Asylbewerbern, Flüchtlingen und Aussiedlern, die wenig Geld hatten und erst einmal von der Riesenwarenwelt und dem Selbstbedienungssystem in den Kaufhäusern überfordert waren. Aber das ist Vergangenheit. Heute ist Ladendiebstahl für viele Jugendlichen eine Mutprobe im Abenteuerspielplatz Kaufhaus.

Welche Kinder und Jugendliche sind stärker betroffen?

Haupt- und Förderschüler stehlen öfter als Gymnasiasten. Sie haben meist auch weniger Taschengeld. Türkische Jugendliche stehlen am seltensten. Das hat kulturelle Gründe. Für türkische Jungen gilt es offenbar als feige, sich heimlich etwas zu nehmen. Allerdings sind sie führend bei Raub, der als männliche Demonstration von Stärke gilt. Muslimische Mädchen treten kaum in Erscheinung. Sie haben durch ihre strenge religiöse Erziehung hohe moralische Normen verinnerlicht. Religion wirkt hier als starker Bremser. Bei Deutschen klauen Jungen und Mädchen gleich oft. Das ändert sich dann im Erwachsenenleben, da beträgt der männliche Anteil an den Ladendiebstählen 60 Prozent.

Wie sollen Eltern reagieren, wenn ihre Kinder erwischt werden?

Mit einem ernsten Gespräch und der eindringlichen Ermahnung, das nie wieder zu tun. Das reicht in der Regel, denn der Brief des Staatsanwalts und die Vernehmung bei der Polizei sind bei Ersttätern als Sanktionen eindrucksvoll genug.

Wie lässt sich vorbeugen?

Eine gute Prävention leisten Kaufhäuser. Ihre hohen Investitionen in abschreckende Sicherheitssysteme in den vergangenen Jahren sind ein wesentlicher Grund für den Rückgang beim Ladendiebstahl. Die Peinlichkeit und Scham, die Kinder empfinden, wenn sie erwischt werden, ist das wirksamste Stoppsignal. Strafen helfen wenig.

Trotzdem bleibt die Angst, in der Erziehung versagt zu haben.

Mütter und Väter brauchen sich keine Vorwürfe zu machen, dass sie einen kleinen Kriminellen großgezogen haben. Dass Ladendiebstahl der Beginn einer kriminellen Karriere ist, ist Unsinn. Zu etwa 80 Prozent bleibt es bei denen, die erwischt werden, bei einer einzigen Tat. Ladendiebstahl passiert bei den meisten in einer Entwicklungsphase, in der sie sich vorübergehend von den Normen der Erwachsenenwelt distanzieren. Das ändert sich zum Glück bei der großen Mehrheit im Zuge des Erwachsenwerdens.

Auch wenn keine Sanktionen folgen, weil die Kinder nicht erwischt werden?

Ja. Befragungen von Jurastudenten haben ergeben, dass auch in dieser Gruppe, die später einmal das Recht schützen soll, viele als Jugendliche geklaut haben. Die wenigsten wurden erwischt und hörten aus Vernunftsgründen später trotzdem auf. Mit dem Alter lernen sie, ihr Geld einzuteilen, widerstehen Gruppen- und Konsumdruck und überblicken das Risiko für ihre berufliche Laufbahn.

Werden die meisten Ladendiebstähle von Jugendlichen begangen?

Nein, absolut nicht. Erwachsene verüben zwei Drittel der Ladendiebstähle. Es stehlen Leute aus allen Bevölkerungsschichten: der Obdachlose, der seinen Hunger stillen möchte, der Bankangestellte, der den Ipod zu teuer findet, bis hin zur reichen Dame, die ihr 400 Euro teures Parfum nicht bezahlen will. Auch das Alter der Diebe variiert sehr stark. Es gibt Neunzigjährige, die ihre Corega-Tabs stehlen, weil ihre Rente nicht reicht.

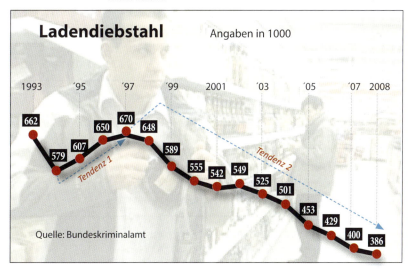

Zwei weitere Aufgaben auf der nächsten Seite ⋯➔

Infinitivsätze

5 [selektives Lesen] **Warum wird in Kaufhäusern gestohlen? Listen Sie alle Motive in Form einer Tabelle auf.** *Die Motive stehen an verschiedenen Stellen des Textes.*

Personen	Motive
Kinder und Jugendliche	
Erwachsene	

6 Was verhindert Ladendiebstahl? Finden Sie vier Gründe, die im Text genannt werden.

1. _____
2. _____
3. _____
4. _____

> **Dass-Sätze** können oft (nicht immer!) **durch Infinitivsätze ersetzt** werden. Infinitivsätze sind kürzer, flüssiger, eleganter. Warum? Sie haben weder Subjekt noch Konjunktion. Das Subjekt, das zum Infinitiv gehört, kann aber immer aus dem Hauptsatz abgeleitet werden.
>
> ▶ GR S. 148

1 Unterstreichen Sie in dem folgenden Zitat alle Infinitivsätze. Markieren Sie auch im zugehörigen Hauptsatz das Verb oder das Nomen, auf das der Infinitivsatz folgt.

» *Lindstrom glaubt, all diese Fragen beantworten zu können – mithilfe des Neuromarketings. Er verspricht seinen Klienten in den Wirtschaftsunternehmen, die Kaufentscheidungen von Kunden in Boutiquen und Supermärkten mit den Methoden der Hirnforschung zu entschlüsseln – und so den Markterfolg eines Produktes zu planen.*
In Lindstroms Auftrag studieren Forscher die neurobiologischen Grundlagen des Kaufverhaltens. Aus den Ergebnissen entwickelt er dann Konzepte, die Unternehmen helfen, den Umsatz zu steigern. Lindstrom ist der wohl prominenteste Vertreter der Idee, die Konsumforschung mit den Neurowissenschaften zu verknüpfen. «

2 Ergänzen Sie wie im Beispiel (1. Zeile) die Satzteile in Klammern.

Lindstrom **glaubt**, (beantworten können diese Fragen)	diese Fragen beantworten **zu können**.
Lindstrom **glaubt**, (kennen Kundenwünsche)	
Er **verspricht**, (entschlüsseln die Kaufentscheidungen)	
Er **hat die Absicht**, (verkaufen seine Erkenntnisse)	
Es ist **möglich**, (messen Gehirnaktivitäten)	
Die Hirnforschung **beginnt**, (ausforschen geheime Wünsche der Menschen)	
(einige) **Verben, Nomen, Adjektive**	**zu** + **Infinitiv**

▶ Üb, S. 68/73

Kundenfang

LV 9

Bearbeiten Sie die folgenden Texte in Gruppen: Jede Gruppe bearbeitet einen Text und stellt ihn im Plenum vor.

1. Eine(r) aus der Gruppe liest den Text vor. Klären Sie unbekannte Wörter.
2. Bearbeiten Sie die »Arbeitsaufträge«.
3. Sie sollen Ihre Arbeitsergebnisse den anderen Gruppen vorstellen. Die anderen Gruppen, die den Text nicht kennen, sollten nach Ihrem Vortrag die wichtigsten Informationen des Textes verstanden haben. Versuchen Sie, Ihre Arbeitsergebnisse mit eigenen Worten vorzutragen. (Sprechhilfen in Kapitel 6, Kursbuch auf S. 70)
4. Die anderen Gruppen berichten über ein anderes Beispiel. Hören Sie aufmerksam zu, machen Sie sich Notizen. Wenn Sie etwas bei dem Vortrag der anderen Gruppen nicht verstanden haben, fragen Sie nach!
5. Bearbeiten Sie nach dem Vortrag aller Gruppen die Kontrollaufgaben für alle 4 Texte **im Übungsbuch auf S. 72.**

Text 1 *

Zweifelhafte Menge

Die große Cola

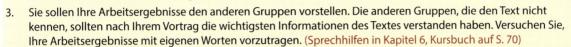

1 Wie viel Cola trinkt der Zuschauer während eines Kinofilms? Einen halben Liter vielleicht. Trotz-
2 dem sind die Halbliter-Portionen in den meisten Kinos eher die kleinen. Die mittlere Portion ist
3 meist schon ein ganzer Liter, die große können 1,5 oder gar zwei Liter sein. Tatsächlich kauft die
4 Zwei-Liter-Portion kaum ein Kinogänger. Doch die Erfahrung hat die Kinobesitzer gelehrt: Die
5 Menschen tendieren meist zur mittleren Größe. Wenn nun eine Zwei-Liter-Portion als große Portion auf der Tafel steht,
6 hat die mittlere Portion plötzlich einen Liter. Prompt wählen viel mehr Leute die Liter-Portion. Ganz freiwillig. Unzu-
7 frieden sind die Kinogänger mit dieser Entscheidung selten. Trotzdem kaufen sie mehr, als sie eigentlich trinken wollen.
8 Auch diese Strategie nutzen Verkäufer in allen Arten von Läden. Wenn der Anzugverkäufer drei unterschiedlich teure
9 Anzüge zeigt oder der Elektroverkäufer drei unterschiedlich teure Fernseher – dann ist es oft der mittlere, den er verkaufen
10 will. Hier ist besondere Vorsicht angebracht.

Arbeitsvorschläge

1. Machen Sie im Kurs eine Umfrage: a) Stellen Sie die folgende **Frage**. b) Sammeln Sie die **Zettel** ein. c) Schreiben Sie das **Ergebnis** an die Tafel.
   Frage: *Du gehst ins Kino und willst während des Films eine Cola trinken. Es werden drei Größen angeboten: 1,0 Liter, 2,0 Liter und 1,5 Liter. Welche nimmst du? Schreib die Zahl auf einen Zettel.*
2. Stimmt das Ergebnis der Kursumfrage mit den Informationen des Textes überein? **Wenn ja:** Interpretieren Sie das Ergebnis. **Wenn nein:** Erläutern Sie, welche Erfahrungen Kinobesitzer gemacht haben.
3. Erklären Sie, warum man beim Einkauf vorsichtig sein soll, wenn der Verkäufer drei unterschiedliche Produkte anbietet.

Text 2 * *

Zweifelhafte Qualität

Der süße Schokoriegel

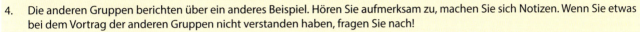

1 Es ist bekannt, dass Menschen im Supermarkt mehr kaufen, wenn sie hungrig sind.
2 Doch der Verhaltensökonom Daniel Read und die Biologin Barbara van Leeuwen
3 warnen: Hungrige Leute kaufen nicht nur mehr, sondern auch ungesünder ein.
4 Die beiden boten Angestellten einer Amsterdamer Firma Obst und Schokoriegel als
5 Pausensnacks an. Die Angestellten konnten sich aussuchen, was sie essen wollten
6 und mussten eine Bestellung aufgeben. Als das Essen eine Woche später kam, muss-
7 ten sie sich allerdings nicht an ihre Vorbestellung halten.
8 Der Hunger hatte tatsächlich enorme Wirkung: Wenn die Lieferung erst am späten
9 Nachmittag kam, wählten die hungrigen Angestellten deutlich häufiger Schoko-
10 riegel als Äpfel und Bananen, auch wenn sie das gesündere Obst vorbestellt hatten.
11 Unter den Vorbestellungen fanden sich viel weniger Schokoriegel, als dann tatsäch-
12 lich verlangt wurden. Kam das Essen dagegen kurz nach Mittag, wurde meistens
13 auch Obst genommen, wenn Obst bestellt worden war.

Vom Appetit gesteuert
Auswahl von Obst und Schokoriegel in Prozent

- Obst gewählt, Obst genommen
- Obst gewählt, Schokoriegel genommen

hungrig: 32 / 68
satt: 81 / 19

Quelle: Read, van Leeuwen

Arbeitsvorschläge

1. Schreiben Sie das Wort »**Vorbestellung**« **an die Tafel**. Erklären Sie den anderen Kursteilnehmern das Wort.
2. Erläutern Sie mit Hilfe der Grafik, was Read und van Leeuwen herausgefunden haben.

Kauf!

Zweifelhafter Nutzen
Die kleine Brotbackmaschine

Text 3 * *

1 Es war eine schwierige Entscheidung für die Kunden des amerikanischen Versand-
2 händlers Sonoma, damals in den achtziger Jahren: Braucht man wirklich eine Brotback-
3 maschine für 275 Dollar? Damals hatte Sonoma nur eine einzige im Angebot, und die
4 meisten Kunden entschieden: Nein, so einen Unsinn brauchen wir nicht.
5 Das änderte sich, als Sonoma eine zweite Brotbackmaschine ins Sortiment aufnahm.
6 Dieser zweite Automat war größer, kostete 429 Dollar, konnte aber kein Vollkornbrot
7 backen. Das Ding kaufte zwar keiner, aber plötzlich verdoppelten sich die Verkaufs-
8 zahlen der kleineren Maschine. Der Verhaltensökonom Dan Ariely hat dafür eine
9 einfache Erklärung: . »Die Leute dachten: Ich weiß zwar nicht viel über Brotback-
10 maschinen. Aber falls ich eine nehme, dann nehme ich auf jeden Fall die kleinere, die
11 günstiger ist und mehr kann.« Und das taten sie dann auch. So kam es, dass die Kunden
12 von Sonoma plötzlich Brotbackmaschinen kaufen wollten.
13 Entscheidend ist der Vergleich. Bei Olympischen Spielen hat sich übrigens herausgestellt, dass Bronzemedaillen-
14 gewinner glücklicher sind als Silbermedaillengewinner. Erstere konnten knapp den vierten Platz – das Nichts – ver-
15 meiden. Was für ein Glück! Letztere hätten aber fast Gold gewonnen. So ein Pech!

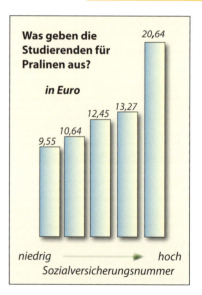

Arbeitsvorschläge

1. Schreiben Sie das Wort »Brotbackmaschine« an die Tafel. Erklären Sie es den anderen Kursteilnehmern mit Hilfe der Wortbildung. Denken Sie daran: Fangen Sie hinten mit dem Grundwort an!
2. Erzählen Sie, wie es kam, dass Sonoma eines Tages viele Brotbackmaschinen verkaufte.
3. Erläutern Sie, warum eine Bronzemedaille besser ist als eine Silbermedaille.

Zweifelhafter Preis
Das teure Rinderfilet

Text 4 * * *

1 Was soll man im Restaurant bestellen: das günstige Kotelett oder das teure
2 Rinderfilet? Wie sich die Gäste entscheiden, das hängt auch von den Preisen
3 der Vorspeisen ab. Wenn die teuer sind, verzichten zwar viele Restaurantgäste
4 auf die Vorspeise. Aber bis sie auf der Karte beim Hauptgericht ankommen,
5 haben sie sich schon an die hohen Preise gewöhnt. Da schrecken Sie die 38 €
6 für ein Rinderfilet auch nicht mehr. Diese Verkaufsstrategie beruht auf dem
7 so genannten Ankereffekt (engl. »Anchoring«, Verankern), der bei Zahlen eine
8 starke Wirkung hat. Wenn der Verkäufer vor dem Kauf hohe Zahlen nennt, ist
9 der Käufer bereit, mehr zu bezahlen. Die hohen Zahlen wirken als Anker, der
10 Kunde orientiert sich an ihnen.
11 Der Verhaltensökonom Drazen Prelec hat das bei nordamerikanischen Wirt-
12 schaftsstudenten ausprobiert. Prelec ließ jeden dieser jungen Leute die letzten
13 zwei Stellen der eigenen Sozialversicherungsnummer aufschreiben. Dann bot er
14 den Studenten Pralinen an. Die Studenten sollten nun aufschreiben, wie viel sie
15 für die Pralinen bezahlen würden. Tatsächlich zeigte sich: Wenn die Studenten
16 anfangs eine hohe Zahl als Endziffer der Sozialversicherungsnummer notiert
17 hatten, boten sie viel mehr als die Studenten, die eine niedrige Zahl aufgeschrieben hatten – manchmal dreimal so viel.
18 Auch im Laden kennen Verkäufer diesen Trick: Im Beratungsgespräch zeigen sie gern die teure Ware zuerst.

Was geben die Studierenden für Pralinen aus?
in Euro

9,55 — 10,64 — 12,45 — 13,27 — 20,64

niedrig → hoch
Sozialversicherungsnummer

Arbeitsvorschläge

1. Schreiben Sie das Wort »Sozialversicherungsnummer« an die Tafel. Erklären Sie es den anderen Kursteilnehmern mit Hilfe der Wortbildung. Denken Sie daran: Fangen Sie hinten mit dem Grundwort an!
2. Spielen Sie eine Szene im Restaurant: Sie blättern die Speisekarte durch – und wählen das Rinderfilet.
3. Stellen Sie das Experiment von Drazen Prelec vor. Sie können sich auch ein ähnliches Experiment ausdenken, es im Kurs durchführen und anhand der Ergebnisse den »Ankereffekt« erläutern.

▶ Üb, S. 72

LV 9

Vorsicht, Schnäppchen! – Achtung, Grammatikfehler!*

Für Schnäppchenjäger herrschen paradiesische Verhältnisse: Überall locken Rabatte. Ob Januar oder Juli, März oder Mai: Preisnachlässe gibt es zu jeder Jahreszeit. Seit dem Fall des Rabattgesetzes ist es Händlern erlaubt, die Preise zu senken, wie es ihnen gefällt. Und die Kunden stürzen sich auf Rabatte wie Verdurstende auf Wasser. Doch was steckt hinter
5 Prozent-Aktionen, Kundenkarten, Stempelheftchen und Gutscheincoupons? Nicht alle vermeintlichen Schnäppchen sind am Ende wirklich welche.

»Grundsätzlich ist es ja kein Fehler, einen Rabatt mitnehmen«, sagt Georg Tryba von der Verbraucherzentrale Nordrhein-Westfalen. Dass diesem Satz noch ein großes »Aber« folgt, lässt sich bereits erahnen. Denn die Verbraucherverbände warnen seit Jahren vor einer Infla-
10 tion der Rabattaktionen, die das Preisempfinden der Verbraucher stören. Dem Verbraucherfreund geht es jedoch nicht nur darum. »Bevor man bei einem rabattierten Produkt zugreift, ist es sinnvoll, einige Aspekte bewerten, die nicht mit dem Preis zusammenhängen«, sagt der Verbraucherschützer. »Neben Qualität, Service und Nachhaltigkeit ist das vor allem die Überlegung: Brauche ich das Produkt eigentlich?«

15 Doch an solchen rationalen Überlegungen scheitern bereits viele Kunden. Denn Rabatte sind verlockend und geradezu unwiderstehlich. Entscheidend ist, die Preise vergleichen, um feststellen, wie lohnenswert ein Rabatt wirklich ist. »Das war nie einfacher als heute mit den verschiedenen Preisvergleichsmaschinen im Internet«, sagt Tryba. Allerdings rät er beim Vergleichen dazu, gleich mehrere Vergleichsportale konsultieren. Aber nicht jeder wird vor
20 dem Kauf eines Produkts einen Preisvergleich anstellen. Man braucht Zeit und Geduld, um vernünftig einkaufen. »Denken ist der schlimmste Zustand, der einem Gehirn passieren kann«, sagt Psychologe Häusel. »Nach zehn Minuten wird es ausgeschaltet.«

Siehe Aufgabe 3

Schlüsselwörter markieren, Überschriften formulieren

1 [globales Lesen] **Lesen Sie den Text einmal ganz.** Erklären Sie die Überschrift. Formulieren Sie eine andere, sachlichere Überschrift.

2 [Zwischenüberschriften formulieren] **Markieren Sie in den drei Textabschnitten jeweils das Schlüsselwort einschließlich der Synonyme, Umschreibungen, Komposita usw.**
⇨ Schreiben Sie danach ein Überschrift zu den drei Abschnitten an den Rand.
⇨ Vergleichen Sie Ihre Ergebnisse mit Ihrem Lernpartner.

Grammatik

3 **Im Text fehlt in einigen Sätzen ein »zu«. Es handelt sich um a) 5 Infinitivsätze, die nach bestimmten Verben, Nomen oder anderen Ausdrücken folgen und b) um 3 Finalsätze.**
⇨ Ergänzen Sie die fehlenden »zu« im Text *(siehe Beispiel Z. 3, rot)*.
⇨ Welche Verben, Nomen usw. bestimmen, dass eine Infinivkonstruktion folgt? Ergänzen Sie die Tabelle.

Verb / Nomen /Ausdruck	Infinitivkonstruktion
es ist erlaubt	die Preise zu senken

4 **Was ist eine »Preisvergleichsmaschine«?** (Z. 18)

Eine Maschine, die _____

10 Fern- und Heimweh

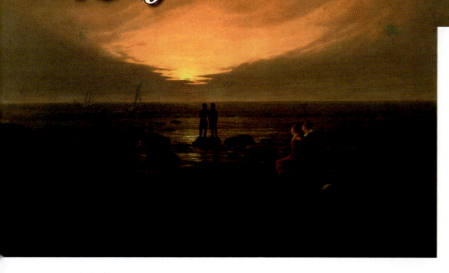

A Was fühlen Sie / an was denken Sie, wenn Sie das Bild betrachten?

B Welches Gefühl / welche Gefühle kommen Ihrer Meinung nach in dem Bild zum Ausdruck?

C »Gescheite« sind kluge Menschen. Stimmen Sie Hans-Eckardt Wenzel zu? Was bedeutet »es« in dem Vers?

Was tun die Gescheiten?
Sie wünschen sich fort.
Es sind ja nie die Zeiten.
Es ist nur der Ort.

Hans-Eckardt Wenzel

(1) stolz und hoch
    stark und allein
    einzeln und frei
    gerade und biegsam
(2) dicht
    brüderlich
    gleich
    unbesiegbar

Leben wie ein Baum
_____ (1)
und _____ (2)
wie ein Wald,
das ist unsere Sehnsucht.

Nâzim Hikmet

D Entscheiden Sie sich für jeweils eine Verszeile der Auswahl und schreiben Sie sie in das Gedicht von Nâzim Hikmet. Sie können aber auch andere, eigene Wörter einsetzen.

E Lesen Sie den Text »Deutsche Romantik«. Notieren Sie, wogegen sich die Romantik richtete und was sie charakterisierte.

Romantik

richtet sich gegen _____

künstlerische Merkmale _____

Deutsche Romantik

Um 1800 entsteht in Deutschland eine Kulturbewegung, die sich gegen den Glauben an die Vernunft der Aufklärung wendet: die Romantik. Das Gefühl, nicht die strenge Ordnung der Klassik leitet die Kunst. Dichter und Maler preisen die Natur als Spiegel der menschlichen Seele, feiern das Dunkel der Nacht, malen und besingen die Unendlichkeit des Meeres. In den Künstlerateliers entstehen Landschaften voller Mystik, die die Sehnsucht nach einer anderen Welt spiegeln. Die Aufklärung und die Französische Revolution hatten nicht die erhofften Änderungen herbeigeführt, und die Industrialisierung reduzierte den Menschen auf seinen ökonomischen Nutzwert. Die Welt ist gespalten, ungerecht und zerrissen, der romantische Künstler fügt sie in seinen Bildern wieder zusammen. Caspar David Friedrich (* 5. September 1774; † 7. Mai 1840) war einer der bedeutendsten Maler und Zeichner der deutschen Frühromantik.

F Das Bild oben stammt von Caspar David Friedrich. Es wird als typisches Beispiel für die Kunst in der Romantik bezeichnet. Warum?

G Im Text auf der folgenden Seite wird das Gefühl untersucht, das im Bild zum Ausdruck kommt: »Das bittersüße Gefühl«. **Was ist an dem Gefühl bitter, was süß?**

In diesem Kapitel werden Sie

▸ künstlerische Merkmale einer Kulturepoche in einem Kunstwerk entdecken;
▸ einen Text schriftlich mithilfe einer ausführlichen Gliederung und mit Stichworten zusammenfassen (LV);
▸ eine Radiosendung hören, in der junge Leute erzählen, wie sie Heimweh empfunden haben (HV);
▸ erste Eindrücke vom »Nominalstil« in Sachtexten erhalten (GR);
▸ eine Kurzgeschichte interpretieren und schöne unregelmäßige Konjunktiv-II-Formen kennenlernen (LV).

H Schreiben Sie die passenden Wörter zu den Erklärungen.

	in bestimmter Weise behandeln
	einer Sache näher kommen
	sich auf etw. beziehen, einen bestimmten Zweck haben
	sich ungeschützt einer Gefahr überlassen
	sich beschäftigen
	widersprüchlich, doppeldeutig; etw. hat zwei gegensätzliche Seiten

zielen auf   úmgehen mit   annähern   ambivalent   sich widmen + Dativ   sich ausliefern + Dativ

1 Lesen Sie den Text **bis Zeile 18**. Bei den Merkmalen (a) – (f) (Zeile 7 – 18) stehen im Originaltext Zitate, die die Merkmale der Sehnsucht umschreiben. Welche Zitate 1. – 6. passen zu den Merkmalen (a) – (f) *(» ... «)*?

Zitat	Merkmal ( )
1. »Ich frage mich, wo ich eigentlich leben will. Am liebsten am Meer! Warum gelingt es mir bloß nicht?«	
2. »Das Haus am Meer vermisse ich sehr in meinem Leben.«	
3. »Ich wollte schon immer ein Haus am Meer haben. Das wird wohl nichts, aber vielleicht in der Nähe vom Meer.«	
4. »Es ist wunderbar, sich den Blick über das Meer vorzustellen; gleichzeitig macht es mich traurig, dass ich von meinem Fenster auf diese hässliche Straße blicke.«	
5. »Für mich verkörpert das Meer Freiheit Grenzenlosigkeit und Nähe zur Natur.«	
6. »Als Kind war ich sehr oft am Meer, es fehlt mir jetzt, und es würde mein Leben in der Zukunft entscheidend verbessern«.	

Das bittersüße Gefühl

A Jeder Mensch kennt das bittersüße Gefühl der Sehnsucht. Sehnsucht ist ein Ziehen in der Brust, es schmerzt, aber Sehnsucht ist auch die schöne Vorstellung vom großen Glück. Eine Gruppe des Max-Planck-Instituts für Bildungsforschung in Berlin hat sich der theoretischen und empirischen Erforschung von Sehnsucht in den vergangenen Jahren gewidmet. Das Team führte mehrere Untersuchungen durch, in denen über 1.000 Personen aus allen
5 Bevölkerungsschichten aus Deutschland und den USA Fragebögen zum Thema »Sehnsucht« ausfüllen mussten. Was also ist Sehnsucht? Hat Sehnsucht eine Funktion? Verändert sich Sehnsucht über die Lebensspanne?

B1 In ihrem Modell der Sehnsucht unterscheidet die Forschergruppe sechs wichtige Merkmale:

(a) Sehnsucht ist die Vorstellung davon, was das »perfekte Leben« wäre. Für den einen ist dies das Zusammenleben mit einem Partner in unzerstörbarer Harmonie, für den anderen ein Leben in vollkommener Unabhängigkeit
10 und Autonomie. Diesem Ideal kann man sich zwar annähern, wird es aber wohl nie erreichen *(»....«)*

(b) Man hat das Gefühl, dass einem etwas im Leben fehlt oder etwas unfertig ist. *(»....«)*

(c) Sehnsucht bezieht sich immer auf das Gestern, das Heute und auf das Morgen. *(»....«)*

(d) Sehnsucht ist bittersüß: Süß sind die Phantasien vom Ersehnten, von dem, was das Leben perfekt machen würde. Bitter ist das Wissen darum, dass es sich dabei um etwas Unerreichbares handelt. *(»....«)*

15 (e) Der Sehnsüchtige blickt zurück auf sein Leben und bewertet es: Bin ich auf dem richtigen Weg? Was fehlt in meinem Leben? Wohin soll es gehen? *(»....«)*

(f) Meist stehen Sehnsüchte für etwas anderes. Man sehnt sich nach einem schnellen Sportwagen, der für Unabhängigkeit, Ansehen und Freiheit steht. *(»....«)*

   Bearbeiten Sie bitte jetzt die Aufgaben auf der nächsten Seite.

101

Fern- und Heimweh

B2 Sehnsucht dient den Forschern zufolge zwei Zielen: Zum einen kann Sehnsucht dabei helfen, mit der eigenen Unfertigkeit, mit Verlusten und dem nichtperfekten Leben umzugehen. In der Sehnsucht kann man das perfekte Leben eben doch für eine gewisse Weile haben.

Zum anderen kann Sehnsucht dem Leben eine Richtung geben. Sie kann einem dabei helfen, sich Ziele in den Lebensbereichen zu setzen, die einem besonders wichtig sind. Hierfür ist es allerdings wichtig, so die Ergebnisse der Forschung, dass man das Gefühl hat, seine Sehnsuchtsgefühle kontrollieren zu können. Sonst kann Sehnsucht sogar zu Depressionen führen.

B3 Die Inhalte der Sehnsüchte verändern sich im Laufe des Lebens: Jüngere Erwachsene tendieren eher zu Sehnsüchten, die den Beruf betreffen, die Sehnsüchte der mittelalten Erwachsenen zielen auf den idealen Lebenspartner. Ältere Erwachsene haben sehnsuchtsvolle Erinnerungen an die verloren gegangene Gesundheit oder an das Leben mit den eigenen Kindern. Bei Älteren herrscht der Eindruck vor, dass sie ihre Sehnsucht besser als früher kontrollieren können.

C Starke Sehnsucht, so das Fazit der Forscher, ist für den Menschen genauso ambivalent wie das Gefühl selbst: Einerseits kann sie dem Leben eine Richtung geben und helfen, Ziele zu verwirklichen. Auf der anderen Seite kann sie aber auch zu einer ständigen Unzufriedenheit mit der eigenen Situation führen.

Raster: Gliederung und stichwortartige Zusammenfassung des Textes »Das bittersüße Gefühl«	
A Einleitung	Untersuchung des Sehnsuchtsgefühls
Forscher ǀ Methode	
B1	
a)	
b)	
c)	
d)	
e)	Rückschau und Bewertung des eigenen Lebens
f)	
B2	
1. Ziel	
2. Ziel	
Depressionen, wenn	
B3	
C	
Einerseits	
Andererseits	

LV 10

▶▶ Im Folgenden sollen Sie den Text schriftlich zusammenfassen. Zu diesem Zweck bearbeiten Sie bitte zuerst die Aufgaben 2, 3 und 4, mit deren Hilfe Sie das Raster ausfüllen können. Das Raster ist die Grundlage für die schriftliche Zusammenfassung.

2 Lesen Sie den Rest des Textes. Ergänzen Sie die Gliederung mit den (ungeordneten) Überschriften für die Gliederungspunkte A, B und C und B (a) – (f) (siehe Beispiele).

Überschriften für die Gliederungspunkte A, B1, B2, B3 und C

- Merkmale von Sehnsucht
- Zwei Seiten der Sehnsucht
- ~~Untersuchung des Sehnsuchtsgefühls~~
- Veränderungen von Sehnsucht im Laufe des Lebens
- Funktionen von Sehnsucht

Überschriften für die Gliederungspunkte B1 a) – f)

⇨ Symbolisierung von Wünschen
⇨ Ausrichtung der Wünsche auf Vergangenheit, Gegenwart oder Zukunft
⇨ ~~Rückschau und Bewertung des eigenen Lebens~~
⇨ Unerreichbarkeit einer persönlichen Utopie
⇨ Unvollkommenheit und Unfertigkeit des eigenen Lebens
⇨ Ambivalenz der Gefühle

3 *Arbeiten Sie zu zweit.* Eine Deutschlernende hat für den Abschnitt Z. 19 – 25 die folgenden Schlüsselwörter markiert.

==Sehnsucht== dient den Forschern zufolge ==zwei Zielen: Zum einen== kann Sehnsucht dabei ==helfen==, mit der ==eigenen Unfertigkeit==, Verlusten und dem nicht perfekten Leben ==umzugehen==. In der Sehnsucht kann man das perfekte Leben eben doch für eine gewisse Weile haben.
==Zum anderen== kann Sehnsucht dem ==Leben== eine ==Richtung geben==. Sie kann einem dabei ==helfen==, sich ==Ziele== in den Lebensbereichen zu ==setzen==, die einem besonders wichtig sind. Hierfür ist es allerdings ==wichtig==, so die Ergebnisse der Forschung, dass man das Gefühl hat, seine ==Sehnsuchtsgefühle kontrollieren== zu können und sich ihnen nicht ausgeliefert zu fühlen. Sonst kann Sehnsucht sogar zu Depressionen führen.

⇨ Können Sie mit diesen Schlüsselwörtern die zentralen Aussagen des Textes verstehen?
⇨ Lesen Sie den Textabschnitt noch einmal. Welche Wörter würden Sie streichen, welche ergänzen?
⇨ Ergänzen Sie das Raster stichwortartig (Gliederungspunkt B2).

4 Lesen Sie die letzten beiden Abschnitte (Z. 26 – 33). Markieren Sie nun selber die Schlüsselwörter. Ergänzen Sie das Raster (Gliederungspunkte B3 und C).

B3 Die Inhalte der Sehnsüchte verändern sich im Laufe des Lebens: Jüngere Erwachsene tendieren eher zu Sehnsüchten, die den Beruf betreffen, die Sehnsüchte der mittelalten Erwachsenen zielen auf den idealen Lebenspartner. Ältere Erwachsene haben sehnsuchtsvolle Erinnerungen an die verloren gegangene Gesundheit oder an das Leben mit den eigenen Kindern. Bei Älteren herrscht der Eindruck vor, dass sie ihre Sehnsucht besser als früher kontrollieren können.

C Starke Sehnsucht, so das Fazit der Forscher, ist für den Menschen genauso ambivalent wie das Gefühl selbst: Einerseits kann sie dem Leben eine Richtung geben und helfen, Ziele zu verwirklichen. Auf der anderen Seite kann sie aber auch zu einer ständigen Unzufriedenheit mit der eigenen Situation führen.

Bevor Sie die Textzusammenfassung erstellen, bearbeiten Sie bitte noch den Grammatikteil dieses Kapitels »Nominalisierungen« auf der nächsten Seite.

Nominalisierungen

> Die Überschriften für die sechs Merkmale der Sehnsucht sind **Nominalisierungen**: Der Satz »*Das eigene Leben wird bewertet*« wird zu »*Bewertung des eigenen Lebens*«.
> Nominalisierung bedeutet: **Verben** oder **Adjektive** werden **in Nomen verwandelt**, die Nomen erhalten **Genitivattribute oder Präpositionalattribute**. Effekt: Die Sätze werden **kürzer**, die Informationen werden **komprimiert**.
> Der Nominalstil wird vor allen Dingen in der **Wissenschafts- und Fachsprache** verwendet.

5 Formen Sie die nominalen Ausdrücke in vollständige Sätze um.

▶ GR S. 149

⇨ Unterstreichen Sie mit verschiedenen Farben 1. das nominalisierte Verb oder Adjektiv und 2. das Genitiv-oder Präpositionalattribut.

⇨ Schreiben Sie die Sätze in die Spalte »Verbal«.

Nominal	Verbal
Symbolisierung von Wünschen	Wünsche werden **symbolisiert**.
Ausrichtung der Wünsche auf Vergangenheit, Gegenwart oder Zukunft	
Rückschau auf und Bewertung des eigenen Lebens	
Unerreichbarkeit einer persönlichen Utopie	
Unvollkommenheit und Unfertigkeit des eigenen Lebens	
Ambivalenz der Gefühle	

▶ Üb, S. 79 / 80

6 Schreiben Sie nun eine Zusammenfassung des Textes »Das bittersüße Gefühl«.

Als **Hilfen** verwenden Sie bitte

⇨ die Schreibhilfen SoS! »Texte zusammenfassen«;
⇨ das ausgefüllte Raster auf S. 102;
⇨ die Sätze aus Aufgabe 5 »Verbal«.

> *Das bittersüße Gefühl*
> *(Zusammenfassung)*
> In diesem Text geht es um das Gefühl der Sehnsucht. Eine Berliner Forschergruppe hat dieses Gefühl mit Hilfe von Fragebogen untersucht.
> Zunächst wird im ersten Abschnitt beschrieben, welche Merkmale Sehnsucht auszeichnet. Das erste Merkmal ist ...
> Das zweite Merkmal ...

▶ Üb, S. 76

SoS! Texte zusammenfassen

Thema	In dem Artikel / Text **geht es um** ... Der Artikel / Text **handelt von** ...	In dem Text **geht es um** das Gefühl der Sehnsucht. Der Text **handelt von** einer Untersuchung des Sehnsuchtsgefühls.
Gliederung & Inhalt	**Zunächst wird** im ersten Abschnitt **beschrieben**, welche / was / warum ... **Als Beispiel wird** ... **angeführt**. Der zweite Teil **handelt von** ... Im dritten Teil **beschäftigen sich** die Autoren **damit**, dass / warum / welche / wie ... Am Schluss wird **auf** ... **eingegangen**.	**Zunächst wird** im ersten Abschnitt **beschrieben**, welche Merkmale Sehnsucht auszeichnet. **Als Beispiel wird** die Sehnsucht nach einem Haus am Meer **angeführt**. Der zweite Teil **handelt von** den Funktionen der Sehnsucht. Im dritten Teil **beschäftigen** sich die Autoren **damit**, wie sich die Sehnsüchte im Laufe des Lebens verändern. Am Schluss wird noch einmal **auf** die Ambivalenz des Gefühls **eingegangen**.

A **Denken Sie bitte einen Moment über die folgenden Fragen nach. Sprechen Sie mit Ihrem Lernpartner darüber.**

⇨ Was empfinden Sie, wenn Sie über Heimweh nachdenken?
⇨ Könnten Sie eine Situation beschreiben, in der Sie Heimweh hatten?
⇨ Eine Untersuchung hat ergeben, dass Menschen, die unter Heimweh leiden, sich wärmer anziehen. Wie wirkt sich das Gefühl von Heimweh auf *Ihren* Alltag aus?
⇨ Jemand sagte, Heimweh sei ein Gefühl, das stärker als Liebe und Hass sei. Könnten Sie dem zustimmen?
⇨ In dem Wort »Heimweh« steckt der Begriff »Heimat«. Welche Bedeutung hat »Heimat« für Sie?

An dem Gespräch nehmen drei Personen teil: Sonja, Lena und Peter. Jeder übernimmt eine Person, auf die er sich beim Hören besonders konzentriert. Am Schluss soll jeder von »seiner« Personen einen »Steckbrief« schreiben. In diesem Steckbrief sollen mindestens die Angaben gemacht werden, die Sie in den Mustern unten auf der Seite sehen.

1. Teil

1 [globales Hören] **Hören Sie den ersten Teil des Textes. Eine von den drei Personen hat nach ihren Erfahrungen beschlossen, nie wieder für längere Zeit ins Ausland zu gehen. Welche könnte das sein? Was glauben Sie?**

Hörtext: Heimweh

Radiosendung, 933 Wörter ☺ ☺

Drei junge Leute erzählen, wie sie während ihres Aufenthalts im Ausland »Heimweh« erlebt haben *(1. Teil)* und was sie dagegen gemacht haben *(2. Teil)*.

2 **Machen Sie sich Notizen zu »Ihrer« Person.**

Nach dem Hören des 1. Teils

3 Der erste Teil schließt mit den Fragen: »*Haben Sie Strategien gegen Ihr Heimweh entwickelt? Welche Tipps können Sie unseren Hörern geben?*« Bevor Sie den zweiten Teil hören: **Schreiben Sie einige Tipps auf, die Sie empfehlen würden.**

2. Teil

4 **Hören Sie den 2. Teil. Vergleichen Sie die Antworten von Sonja, Lena und Peter mit Ihren Tipps. Machen Sie sich Notizen zu den Tipps, die »Ihre« Person gibt.**

5 **Worum geht es bei dem Streit zwischen Sonja und Lena?**

Sonja _____

Lena _____

Nach dem Hören

6 **Schreiben Sie den »Steckbrief« zu »Ihrer« Person.**

▶ Üb, S. 78

Fern- und Heimweh

San Salvador

Er hatte sich eine Füllfeder gekauft.

Nachdem er mehrmals seine Unterschrift, dann seine Initialen, seine Adresse, einige Wellenlinien, dann die Adresse seiner Eltern auf ein Blatt gezeichnet hatte, nahm er einen neuen Bogen, faltete ihn sorgfältig und schrieb: »Mir ist es hier zu kalt«, dann »ich gehe nach Südamerika«, dann hielt er inne, schraubte die Kappe auf die Feder, betrachtete den Bogen und sah, wie die Tinte eintrocknete und dunkel wurde (in der Papeterie garantierte man, dass sie schwarz werde), dann nahm er seine Feder erneut zur Hand und setzte noch großzügig seinen Namen Paul darunter.

Dann saß er da.

Später räumte er die Zeitungen vom Tisch, überflog dabei die Kinoinserate, dachte an irgendetwas, schob den Aschenbecher beiseite, zerriss den Zettel mit den Wellenlinien, entleerte die Feder und füllte sie wieder. Für die Kinovorstellung war es jetzt zu spät.

Die Probe des Kirchenchores dauert bis neun Uhr, um halb zehn würde Hildegard zurück sein. Er wartete auf Hildegard. Zu alldem Musik aus dem Radio. Jetzt drehte er das Radio ab.

Auf dem Tisch, mitten auf dem Tisch, lag nun der gefaltete Bogen, darauf stand in blauschwarzer Schrift sein Name Paul. »Mir ist es hier zu kalt«, stand auch darauf.

Nun würde also Hildegard heimkommen, um halb zehn.

Es war jetzt neun Uhr. Sie läse seine Mitteilung, erschräke dabei, glaubte wohl das mit Südamerika nicht, würde dennoch die Hemden im Kasten zählen, etwas müsste ja geschehen sein.

Sie würde in den Löwen telefonieren.

Der »Löwe« ist mittwochs geschlossen.

Sie würde lächeln und verzweifeln und sich damit abfinden, vielleicht.

Sie würde sich mehrmals die Haare aus dem Gesicht streichen, mit dem Ringfinger der linken Hand beidseitig der Schläfe entlangfahren, dann den Mantel aufknöpfen.

Dann saß er da, überlegte, wem er einen Brief schreiben könnte, las die Gebrauchsanweisung für den Füller noch einmal – leicht nach rechts drehen – las auch den französischen Text, verglich den englischen mit dem deutschen, sah wieder seinen Zettel, dachte an Palmen, dachte an Hildegard. Saß da.

Und um halb zehn kam Hildegard und fragte: »Schlafen die Kinder?«

Sie strich sich die Haare aus dem Gesicht.

Peter Bichsel

Indikativ	Präteritum	Konjunktiv II	Indikativ	Präteritum	Konjunktiv II
lesen	ich las	sie läse	kommen	ich kam	
(aus)brechen	ich brach aus		ringen	ich rang	
bringen	ich brachte		rinnen	es rann	
gelingen	es gelang		schwimmen	ich schwamm	
sehen	ich sah		singen	ich sang	
sitzen	ich saß		sprechen	ich sprach	
springen	ich sprang		treffen	ich traf	
treten	ich trat		vergessen	ich vergaß	

LV 10

1. **Schauen Sie sich die Zeichnung an: Wer ist der Mann? Was macht er? Wie ist seine Stimmung?**

2. **Lesen Sie die Geschichte.**
   - ⇨ Was passt zu Paul? Suchen Sie Textbelege für Ihre Auswahl.
   - ⇨ Mit welchen sprachlichen Mitteln gelingt es dem Autor, Paul so zu charakterisieren?

einsam
eintöniges Leben
liebt seine Frau
gelangweilt entschlossen
unentschlossen liebt seine Frau nicht

3. **Bilden Sie vier Gruppen, die folgende Aufgaben übernehmen.**

| **Gruppe 1:** 2 Personen (Paul, Hildegard) **Spielen Sie das Stück.** **Anregungen** • Jede beschriebene Handlung darstellen (»...schraubte die Kappe auf die Feder.«) • Den inneren Monolog (= Sätze im Konjunktiv II) sprechen (»Um halb zehn würde Hildegard zurück sein« → Um halb zehn kommt Hildegard). | **Gruppe 2:** **Ergänzen Sie den inneren Monolog ab Zeile 27.** Bichsel verwendet Konjunktive mit »ä«. Davon gibt es im Deutschen viele. Einige sind in der Tabelle auf S. 153 aufgelistet. Suchen Sie sich einige Verben aus und ergänzen Sie den inneren Monolog. **Beispiel:** *Sie bräche in Tränen aus. Die Tränen rännen über ihr Make-up.* | **Gruppe 3:** Hildegard kommt nicht um halb zehn. Jetzt reicht's! Paul schreibt einen richtigen Abschiedsbrief. **Schreiben Sie den Abschiedsbrief.** | **Gruppe 4:** Statt der Füllfeder hat sich Paul einen Wecker gekauft. **Schreiben Sie die Geschichte um.** Sie können die folgenden Nomen und Verben benutzen. Achten Sie auf die Zeit!  der Wecker / die Batterien / die Uhrzeit / die Weckzeit / das Batteriefach / der Weckton — anhören / einsetzen / herausnehmen / einstellen / öffnen / auspacken / schließen |

4. **Große Überraschung!**

   Er schaute zur Uhr. Es war jetzt halb elf. Der »Löwe« ist mittwochs geschlossen. Er saß da. Dann nahm er die Zeitung und legte sie in den Zeitungsständer. Unter der Zeitung lag ein Bogen Papier. »Lieber Paul!«, stand da.

   Schreiben Sie den Abschiedsbrief, den Hildegard Paul geschrieben hat.

5. **Vergleichen Sie die Kurzgeschichte mit dem Text »Das bittersüße Gefühl«.**

   - ⇨ **Prüfen Sie, ob alle oder einige Merkmale der Sehnsucht auf Paul zutreffen** (*schriftlich*).

   Beispiel *Merkmal 1, Unerreichbarkeit einer persönlichen Utopie, trifft auf Paul zu / nicht zu, weil ...*

   - ⇨ **Welche Funktion hat Pauls Sehnsucht?**
   - ⇨ **Vergleichen Sie die Bilder: Caspar David Friedrich und die Zeichnung zur Geschichte von San Salvador**

11 Geld

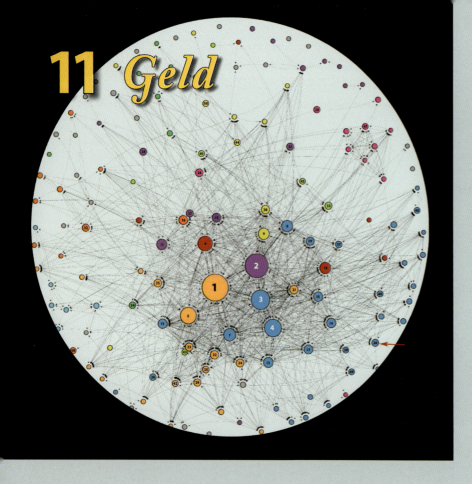

Verbindungen zwischen den 147 größten und einflussreichsten Firmen

großer Punkt = großer Gewinn

Pfeile = Verbindungen der Unternehmen untereinander (Beteiligungen, Aktienpakete, Mitbesitz)

LAND (ANZAHL FIRMEN)
- USA (33)
- Großbritannien (19)
- Frankreich (15)
- Kanada (11)
- Deutschland (10)
- Japan (10)
- Italien (8)
- Niederlande (6)
- Schweden (6)
- Schweiz (6)
- sonstige Länder (23)

A Im Jahre 2011 wurde in einer Umfrage in Deutschland gefragt: »*Die globalisierungskritische Organisation ‹Occupy› behauptet, dass große Wirtschaftsunternehmen heute mehr Macht ausüben als gewählte Parlamente und Regierungen. Was meinen Sie? Das …*

☐ *… stimmt*   ☐ *… stimmt nicht*   ☐ *… weiß ich nicht.*«

Wie würden Sie diese Frage für Ihr Land beantworten?
- ⇨ Führen Sie die Umfrage im Kurs durch. Ermitteln Sie das Ergebnis (in Prozent).
- ⇨ Stellen Sie das Ergebnis in einer Grafik dar (Säulendiagramm, Tortendiagramm o. Ä.).
- ⇨ Verbalisieren Sie die Grafik.
- ⇨ Sprechen Sie über das Ergebnis.

B Sprechen Sie über die Grafik. Was wird dargestellt?

1 Lesen Sie den Text. Vervollständigen Sie das Raster. Ignorieren Sie die Lücken.

Forschungsthema	
Forscher	
37 Millionen	
1318 Konzerne	
147 Konzerne	

In diesem Kapitel werden Sie

▸ ein Raster in Stichworten ausfüllen und dabei erfahren, wem die Welt gehört (LV);

▸ ein Gedicht über die Gier lesen (LV);

▸ erfahren, wie Studierende ihr Studium finanzieren (HV);

▸ in arbeitsteiliger Gruppenarbeit eine längere Reportage erarbeiten und die wichtigsten Informationen referieren (LV);

▸ Konzessivsätze und Infinitivsätze mit »ohne zu« und »anstatt« kennenlernen (GR).

Wem gehört die Welt?

Der Ausspruch des US-Globalisierungskritikers Lester Brown, dass die Sonne über internationalen Konzernen wie Unilever, IBM oder Volkswagen niemals untergehe, ist berühmt _____ (1). Er wollte damit ausdrücken, dass die wahren Weltreiche heute nicht mehr die von Staaten sind, _____ (2) die von Unternehmen. Er brachte damit das Unbehagen vieler Menschen zur Sprache, dass einige wenige ökonomische Riesen zu viel Macht bekommen haben.

Nun haben Forscher der Eidgenössischen Technischen Hochschule (ETH) Zürich erstmals nachgewiesen, welche der auf internationaler Ebene _____ (3) Konzerne die Weltwirtschaft dominieren und wie weit ihr Einfluss reicht.

Ihre Untersuchung stützen die Forscher auf aus dem Jahr 2007 _____ (4) Daten der Datenbank Orbis. Die Datenbank enthält Informationen über 37 Millionen Unternehmen und Investoren weltweit. Anhand dieser Daten gelang es den Forschern, insgesamt 43.000 Unternehmen zu identifizieren, die in mindestens zwei Ländern operieren.

Das Forscher-Trio interessierte nun, ob diese Unternehmen eigenständig agieren, oder ob sie durch andere Firmen kontrolliert _____ (5). Es stellte sich heraus, dass innerhalb dieser großen Gruppe von internationalen Unternehmen einige wenige großen Einfluss ausüben. Insgesamt filterten die Forscher 1318 Konzerne heraus, die im Durchschnitt mit 20 weiteren Unternehmen verbunden waren. Das führt dazu, dass diese Unternehmen insgesamt vier Fünftel der weltweit _____ (6) Umsätze von internationalen Konzernen kontrollieren.

Die Forscher entdeckten darüber hinaus innerhalb dieser Strukturen eine Super-Einheit von 147 Unternehmen, die besonders mächtig sind. Diese Super-Einheit ist ein _____ (7) System. Die Mitglieder dieser Super-Einheit kontrollieren sich gegenseitig, weil sie über kaum durchschaubare Strukturen Mitbesitzer aller 147 Unternehmen sind.

Das Ergebnis ist ebenso präzise wie erschreckend: Lediglich 147 Konzerne kontrollieren große Teile der Weltwirtschaft. Besonders dominant sind der Untersuchung zufolge Unternehmen aus dem Finanzbereich, also Banken und Rentenfonds, aber auch die mit Banken oft _____ (8) Versicherungen. Als einflussreichstes Unternehmen der Welt stellte sich die britische Barclays Bank heraus.

_____ (9) ein Knotenpunkt, kann das katastrophale Auswirkungen auf die Weltwirtschaft _____ (10). Im Jahr 2008 ging die Bank Lehman Brothers (in der Grafik damals noch auf Platz 30, *siehe roter Pfeil*) pleite, zog alle mit sich in die Krise, und die Weltwirtschaft stand am Abgrund.

_____ (11) das Super-Netzwerk auch koordiniert politische Macht ausübe, müsse noch untersucht werden, betonen die Autoren der Studie. Dass sie das tun, ist angesichts ihrer Größe kaum zu bezweifeln.

1. a) ☐ worden
   b) ☐ geworden
   c) ☐ wurden

2. a) ☐ sowohl
   b) ☐ auch
   c) ☐ sondern

3. a) ☐ gearbeiteten
   b) ☐ arbeitenden

4. a) ☐ stammenden
   b) ☐ gestammten

5. a) ☐ wurden
   b) ☐ geworden
   c) ☐ werden

6. a) ☐ erzielenden
   b) ☐ erzielten

7. a) ☐ schließendes
   b) ☐ geschlossenes

8. a) ☐ verbindenden
   b) ☐ verbundenen

9. a) ☐ Wenn
   b) ☐ Zerreißt
   c) ☐ Ob

10. a) ☐ werden
    b) ☐ sein
    c) ☐ haben

11. a) ☐ Dass
    b) ☐ Ob
    c) ☐ Weil

2 Welche Wörter passen in die Lücken 1 – 11? Bitte ankreuzen und anschließend die passenden Wörter in den Text schreiben. Sie können dann besser die Aufgaben im Übungsbuch bearbeiten.

▶ Üb, S. 82

Geld

Weltweite Demonstrationen gegen Bankenmacht

Hunderttausende Menschen haben weltweit gegen die Macht der Banken demonstriert. Vorbild waren die Proteste in den USA »Occupy Wall Street«.

Zum ersten Mal haben am Samstag Hunderttausende Menschen in aller Welt gegen die Macht der Banken demonstriert. Allein in Deutschland protestierten Zehntausende in zahlreichen Städten. Die Demonstranten treten dafür ein, dass hochriskante Finanzprodukte verboten werden und der Reichtum gerechter verteilt wird.

»Banken erhalten Hunderte Milliarden Euro, aber soziale Leistungen werden gekürzt«, kritisierten die Demonstranten. Großbanken sollten stattdessen zerlegt, eine Finanztransaktionssteuer eingeführt und große Vermögen höher besteuert werden.

»Wir sind die 99 Prozent«, hieß es auf Plakaten in Anspielung auf eine ungleiche Verteilung von Vermögen. »Banken in die Schranken« war auf Transparenten zu lesen. Sie werfen Banken und Spekulanten vor, die Gesellschaft in wirtschaftliche Krisen zu stürzen. Millionen von jungen Menschen hätten in der Folge keine Aussicht auf einen Job. Die sogenannten Finanzmärkte, und nicht die gewählten Politiker und Parlamente würden das Schicksal ganzer Völker bestimmen, hieß auf einer Kundgebung im Frankfurter Bankenviertel. Seit Wochen machen Globalisierungsgegner weltweit gegen den Umgang mit der Finanzkrise mobil, Schwerpunkte in Deutschland sind Frankfurt am Main und Berlin. Anhänger der Occupy-Bewegung kampieren dort in Zeltlagern.

1 Lesen Sie den Artikel und markieren Sie, was die Demonstranten kritisieren und was sie fordern. **Schreiben Sie ihre Kritik und ihre Forderungen auf. Verwenden Sie bei der Kritik »dass«-Sätze, bei den Forderungen Infinitivsätze mit »zu«.**

Sie kritisieren, dass

a) Banken Hunderte Milliarden Euro erhalten, aber soziale Leistungen gekürzt werden.

b)

c)

d)

e)

Sie fordern,

1. hochriskante Finanzprodukte zu verbieten

2.

3.

4.

5.

2 Gab / gibt es in Ihrem Land auch eine Bewegung, die mit »Occupy« vergleichbar ist? Welche Auswirkungen hat / hatte die so genannte Schulden- und Finanzkrise auf Ihr Land / auf Sie persönlich?

A Schreiben Sie drei Vorteile von »Gier« auf.

1.

2.

3.

1 Hören Sie das Gedicht »Die Gier« und lesen Sie mit.

2 Lesen Sie das Gedicht laut mit Ihrem Lernpartner. Partner A liest die Verse in der linken Spalte, Partner B die Verse in der rechten Spalte.
Achten Sie darauf, dass keine Pausen zwischen A und B entstehen und die Satzmelodien zusammen passen.

Wilfried Schmickler

Die Gier

Was ist das für ein Tier, die Gier?	Es frisst in mir und frisst in dir.
Will mehr und mehr	und frisst uns leer.
Wo kommt es her, das Tier,	und wer erschuf sie nur, die Kreatur?
Wo ist es nur, das finst're Höllenloch,	aus dem die Teufelsbestie kroch?
Die sich allein dadurch vermehrt,	indem sie dich und mich verzehrt.
Und wann fängt dieses Elend an,	dass man genug nicht kriegen kann?
Und plötzlich einfach so vergisst,	dass man doch längst gesättigt ist.
Und weiter frisst,	und frisst und frisst.
Und trifft dann so ein Nimmersatt	auf jemand, der dann etwas hat
und gar nicht braucht,	dann will er's auch.
Wie, das soll's schon gewesen sein?	Nein, nein, da geht bestimmt noch etwas rein,
und überhaupt, da ist doch wer,	der frisst tatsächlich noch viel mehr.
Und plötzlich sind sie dann zu zweit,	die Gier und ihre Brut – der Neid.
Das bringt mich doch noch mal ins Grab,	dass der was hat, was ich nicht hab,
dass der wo ist, wo ich nicht bin,	das will ich auch, da muss ich hin.
Warum denn der, warum nicht ich?	Was der für sich, will ich für mich.
Der lebt in Saus und lebt in Braus,	mit Frau und Hund und Geld und Haus.
und hängt den coolen Großkotz raus	wahrscheinlich alles auf Kredit.
Der protzt und prahlt	und strotzt und strahlt.
Wie der schon geht, wie der schon steht,	wie der sich um sich selber dreht.
Und wie der aus dem Auto steigt	und aller Welt den Hintern zeigt.
Blasierte Sau. Und seine Frau	ist ganz genauso arrogant und degoutant.
Und diese Blagen, die es wagen,	die Nasen so unendlich hoch zu tragen.
Da hört er aber auf der Spaß!	So kommt zu Neid und Gier der Hass.
Und sind die erst einmal zu dritt,	fehlt nur noch ein ganz kleiner Schritt,
bis dass der Mensch komplett verroht	und schlägt den anderen halbtot.
Und wenn ihr fragt, wer hat ihn bloß so weit gebracht?	Das hat allein die GIER gemacht.

Wilfried Schmickler

3 Schreiben Sie hinter die »Prosasätze« die passenden Zeilen aus dem Gedicht.

a) Wie ist die Gier eigentlich entstanden? → *Wo ist es nur, das finstre Höllenloch, aus dem die Teufelsbestie kroch?*

b) Man will immer mehr haben. → _____

c) Zur Gier kommt der Neid hinzu. → _____

d) Das kann ich überhaupt nicht ertragen. → _____

e) Der führt ein luxuriöses Leben. → _____

f) Er ist ein Angeber. → _____

g) Seine Kinder sind arrogant. → _____

h) Man wird sehr brutal. → _____

i) Wer ist verantwortlich dafür, dass er so geworden ist? _____

Geld

Während der weltweiten Finanzkrise (Teil 1) im Jahr 2009 mussten viele deutsche Traditionsfirmen Insolvenz anmelden, d.h., sie waren pleite. Zahlreiche Beschäftigte verloren ihren Arbeitsplatz.

A Welche Firmen / Marken kennen Sie von denen, die auf der nächsten Seite abgebildet sind?
Was ist eine »Premium-Marke«, was eine »verstaubte Marke«?

B Aus welchen Gründen gehen Firmen pleite?

C In den Texten kommen folgende Ausdrücke vor, die den Insolvenzprozess einer Firma beschreiben.
Ordnen Sie die Ausdrücke: 1= Anfang, 7 = Ende

| 1 | Probleme beginnen |

[ ] der Untergang beschleunigt sich   [ ] in Schwierigkeiten geraten   [ ] Insolvenz anmelden
[ ] der schleichende Niedergang   [ ] in den Untergang treiben   [ ] in die Krise geraten

1 **Lesen Sie die Texte. Drei Ursachen für die Insolvenz werden genannt.**
   ⇨ Markieren Sie die Schlüsselwörter (siehe Beispiel zur Firma Märklin).
   ⇨ Welche Ursache trifft für welche Firma zu? Notieren Sie die Namen der passenden Firmen in die Spalte »Firma«.

> Das Spielzeugunternehmen ==Märklin== wurde 1859 gegründet. Weltweit bekannt wurde es durch seine Modelleisenbahnen, mit denen mehrere Generationen von Vätern und Söhnen im Kinderzimmer spielten.
> Das Unternehmen geriet in die Krise, ==weil== sich Kinder und ==Jugendliche== mehr mit ==Computern== und ==Unterhaltungselektronik== beschäftigten. Das ==Interesse an Modellbahnen sank== rapide. Das Unternehmen reagierte mit einer Erhöhung der Preise. Aber 350 – 500 Euro für eine Lokomotive wollte kaum noch jemand bezahlen. Anfang 2009 meldete es Insolvenz an.

Ursache	Firma
Fehler bei den Produkten	Märklin …
Konkurrenz aus anderen Ländern	
Finanzspekulationen	

2 **Ordnen Sie folgende Ursachen der Insolvenz den Firmen zu.** Schreiben Sie den passenden Buchstaben in die linke Spalte.
Achtung! Zwei Ursachen passen nicht! Schreiben Sie hinter diese Ursachen **ein »X«**.

1. Manager waren mitverantwortlich.
2. Es wurden billige und keine hochwertigen Produkte hergestellt.
3. In der Krise wollten auch die Reichen keine Luxusprodukte mehr kaufen.
4. Mit Billigangeboten wurde eine Qualitätsmarke zerstört.
5. Teure Produkte konnten im Internet nicht verkauft werden.
6. Firmen aus asiatischen Ländern stellten bessere Produkte her.
7. Wichtige Märkte für die Produkte gingen verloren.
8. Die Produkte waren altmodisch.
9. Teure Uhren wollte niemand mehr kaufen.
10. Die Veränderungen in den Freizeitgewohnheiten der jungen Generation wurden nicht beachtet.

A

Das Spielzeugunternehmen *Märklin* wurde 1859 gegründet. Weltweit bekannt wurde es durch seine Modelleisenbahnen, mit denen mehrere Generationen von Vätern und Söhnen im Kinderzimmer spielten.
Das Unternehmen geriet in die Krise, weil sich Kinder und Jugendliche mehr mit Computern und Unterhaltungselektronik beschäftigten. Das Interesse an Modellbahnen sank rapide. Das Unternehmen reagierte mit einer Erhöhung der Preise. Aber 350 – 500 Euro für eine Lokomotive wollte kaum noch jemand bezahlen. Anfang 2009 meldete Märklin Insolvenz an.

B

Porzellan von *Rosenthal* war etwas ganz Besonderes. Andy Warhol gehörte zu den Designern der Blumentöpfe und Vasen, die die deutsche Mittelstandsfirma weltweit verkaufte. Die Probleme begannen, als billigeres Geschirr aus Fernost auf den deutschen Markt kam. Die Deutschen sparten an den Ausgaben für Geschirr und gaben ihr Geld lieber für andere Sachen – Autos und Unterhaltungselektronik – aus. Die Firma reagierte darauf mit Rabatten. Das beschleunigte den Untergang, weil damit die Premium-Marke beschädigt wurde.

C

Die Firma *Quelle* hat eine bemerkenswerte, für Deutschland nicht untypische Geschichte. Sein Gründer, Gustav Schickedanz, war bekennender Nazi, baute sein Vermögen mit geraubten jüdischen Grundstücken und Fabriken auf, wurde nach dem Krieg angeklagt, freigesprochen, übernahm die Firma wieder und baute sie zu einem Versandhandel aus, bei dem praktisch jede deutsche Familie per Katalog einkaufte.
Ende des 20. Jahrhunderts war Quelle eine so genannte »verstaubte Marke«: langweilige Produkte, die man in jedem Laden kaufen konnte. Darüber hinaus wurde viel zu spät der Internet-Handel aufgebaut.

D

Das 1881 gegründete Warenhaus *Karstadt* übernahm 1999 den Versandhandel Quelle und nannte sich KarstadtQuelle AG. 2004 begannen die finanziellen Probleme des neuen Konzerns. Die Einrichtung war zu altmodisch, die Produkte unterschieden sich nicht von anderen Kaufhäusern, die außerhalb der Stadt mit dem Auto besser erreichbar waren. Undurchsichtige Finanzgeschäfte, Grundstücksspekulationen und wohl auch persönliche Bereicherungen des Managements trieben das Unternehmen schließlich in den Untergang.

E

Radio, Fernseher, Tonbandgeräte – es gab kaum einen Haushalt in Deutschland, in dem nicht ein Gerät von *Grundig* stand. Die Firma war ein Symbol des so genannten »deutschen Wirtschaftswunders« nach dem 2. Weltkrieg. Der schleichende Niedergang begann, als Firmen aus Japan und aus Südkorea auf die europäischen Märkte drängten und bessere Geräte zu günstigeren Preisen lieferten.

F

Die Luxusmarke *Goldpfeil* begann als Lederwarenfabrik 1856. Der Unternehmer Krumm belieferte eine reiche Kundschaft mit teuren Lederwaren. Die wollte aber in der Krise für solche Produkte kein Geld mehr ausgeben. Riskante Börsenspekulationen und Bilanzmanipulationen trieben die Firma in den Untergang. Ende 2008 meldete die Firma Insolvenz an.

G

Pfaff war einst der weltweit größte Nähmaschinenhersteller und beschäftigte 10 000 Menschen. Die Eigentümer wechselten mehrfach. Eine Absatzkrise ließ die Firma in Schwierigkeiten geraten. Ab den 1990er Jahren verkauften sie immer weniger Maschinen in die asiatischen Länder, in die sie die meisten Maschinen exportierten. Diese begannen damals, selber Nähmaschinen zu produzieren.

H

Uhren aus dem Schwarzwald – das sind nicht bloß Holzkästen, aus denen zur vollen Stunde ein Kuckuck hüpft, sondern auch die Zeitmesser von *Junghans*. Die Firma brachte als erste die Quarzuhr und die solargesteuerte Funkuhr auf den Markt. Zu spät stellte die Firma die Produktpalette von (billiger) Massenware auf hochwertige Uhren um, wie sie vor allen Dingen von Schweizer Firmen hergestellt werden. Bei den Billiguhren aber war Junghans gegenüber den Firmen aus Asien nicht konkurrenzfähig.

Geld

Grafik 1

Zahl der Bafög-Empfänger (Studierende)
in Tausend

Quelle: Statistisches Bundesamt 2011

Bafög = Bundesausbildungsförderungsgesetz. Wenn die Eltern wenig verdienen, können Studierende vom Staat bis zu 735 Euro »Bafög« im Monat erhalten (ab Herbst 2016). Die Hälfte des Zuschusses muss 5 Jahre nach Ende des Studiums zurückgezahlt werden.

Grafik 2

Woher Studierende ihr Geld bekommen
Angaben in Prozent

Quelle: DSW-Sozialerhebung 2009

A Wie hat sich die Zahl der Bafög-Empfänger in den Jahren 1991 bis 2010 entwickelt? Beschreiben Sie die wichtigsten Informationen der Grafik 1. Verwenden Sie die SoS »Diagramme beschreiben«, S. 94.

Der folgende Hörtext ist so aufgebaut:
- Es werden statistische Informationen zu den Finanzierungsquellen des Studiums gegeben.
- Drei Studierende berichten über ihre aktuelle Situation.

> **Hörtext:** Keine großen Sprünge
> Monologische Texte, 608 Wörter ☺ ☺
> *Im Hörtext äußern sich drei Studierende zu ihrer finanziellen Situation.*

1. Hören (1. + 2. Teil)

1 Zu Beginn wird berichtet, woher Studierende ihr Geld erhalten.
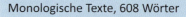
Schreiben Sie während des Hörens die Finanzierungsquellen in die weißen Kästen der Grafik 2.

2 Den Studierenden wurden Fragen vorgelegt, die sie beantworten sollen. Zu welchen Fragen äußern sich die Studierenden? Kreuzen Sie an.

a) ☐ Welches Fach studieren Sie?
b) ☐ Wie finanzieren Sie Ihr Studium?
c) ☐ Welchen Beruf möchten Sie ausüben?
d) ☐ Wie hoch ist das Einkommen Ihrer Eltern?
e) ☐ Wie lange werden sie noch studieren?
f) ☐ Haben Sie einen Nebenjob?
g) ☐ Sind Sie verschuldet?
h) ☐ Haben Sie Probleme damit, dass Sie Geld von Ihren Eltern erhalten?

HV 11

3 **Legen Sie eine Tabelle mit vier Spalten an: Thema – Jonas – Katja – Nora. Lassen Sie genügend Platz, damit Sie sich Notizen machen können.**

⇨ Markieren Sie in den Fragen, die Sie in Aufgabe 2 angekreuzt haben, die Schlüsselwörter.

⇨ Tragen Sie die Schlüsselwörter in die Spalte »Thema« ein *(siehe Beispiel »Studienfach« aus Frage a).*

Thema	Jonas	Katja	Nora
Studienfach			
...			

4 **Oft werden Schlüsselwörter aus stilistischen Gründen umschrieben, oder es werden Synonyme verwendet.**

⇨ Sammeln Sie im Kurs solche Umschreibungen oder Synonyme für die Themenwörter.

2. Hören (2. Teil)

5 **Hören Sie die Berichte der Studierenden ein zweites Mal.**

⇨ Notieren Sie Stichworte zu den Themen.

⇨ Vergleichen und ergänzen Sie mit Ihrem Lernpartner.

6 **Suchen Sie sich eine Person aus und schreiben Sie mit Hilfe der Notizen aus Aufgabe 5 den Bericht auf.**
Sie können auch mit Ihrem Lernpartner ein Interview mit der Person führen. A stellt die Fragen, B antwortet als »Jonas«, »Katja« oder Nora«. Wechseln Sie die Rollen..

▶ Üb, S. 84

Der Text auf der nächsten Seite »Selbst Schuld?« stammt aus einem Buch, das Studierende einer Universität in München geschrieben haben. Im Rahmen eines Projekts haben sie Reportagen über den Alltag von Menschen verfasst. Eine dieser Reportagen handelt von Melanie K.

Sie sollen den Text arbeitsteilig in Gruppen bearbeiten. Dazu ist der Text in vier Teile geteilt.

⇨ Lesen Sie nur Ihren Text. Am besten ist es, wenn einer aus der Gruppe den Text abschnittsweise vorliest, und die anderen lesen mit. Sie können dann nach jedem Abschnitt Unklarheiten in der Gruppe beseitigen.

⇨ Bearbeiten Sie die Aufgaben zum Text.

⇨ Stellen Sie Ihren Text im Plenum vor.

⇨ Machen Sie sich Notizen zu den Vorträgen der anderen Gruppen.

⇨ Am Schluss sollten alle im Kurs den gesamten Text kennen.

⇨ Diskutieren Sie im Plenum über den Text. Anregungen zur Diskussion finden Sie auf S. 120.

⇨ Jede Gruppe bearbeitet dann die Aufgaben auf S. 120, die sich auf den ganzen Text beziehen.

Geld  *Selbst Schuld?*

> Melanie hat ein Problem. Sie erfahren **in Ihrem Text** dazu Genaueres. **Gruppe 2** wird Ihnen erzählen, welche Schritte Melanie unternommen hat, um das Problem zu lösen. **Gruppe 3** berichtet von Ergebnissen dieser Lösungsversuche, und **Gruppe 4** schildert die Lehren, die Melanie aus ihren Erfahrungen gezogen hat.

Gruppe 1

1. **Welche Informationen erhalten Sie über Melanies**
   ⇨ Beruf, Wohnort, Wohnung, Heimatort?

2. **Was bedeutet der Satz »Die Schuldenfalle war zugeschnappt«?** (Z. 30)
   ⇨ Wie ist es dazu gekommen? Markieren Sie im Text, was zur »Schuldenfalle« beigetragen hat.
   ⇨ Welche Lösungen fallen Melanie ein?

3. **Was bedeuten folgende idiomatische Wendungen? Raten Sie!**
   ⇨ keine großen Sprünge machen (Z. 8)
   ⇨ Fuß fassen (Z. 14)
   ⇨ Konto ist in den Miesen (Z. 20)
   ⇨ im Griff haben (Z. 22)
   ⇨ finanzielle Engpässe (Z. 35)

4. **Wie könnte Melanie aus dieser Situation herauskommen?**

5. **Suchen Sie sich eine Textpassage aus (4 – 5 Zeilen), die Sie gerne den anderen vorlesen möchten.**

6. **Überlegen Sie, wie Sie Ihren Text vorstellen:**
   ⇨ Gliederung / Beispiele / Worterklärungen

München ist ja vermeintlich die schönste Stadt der Welt. Und wirklich: Die bayerische Metropole an der Isar bietet zahlreiche Cafés, Restaurants, Einkaufsmöglichkeiten und viele Kultur- und Freizeitangebote. Langweilig werden muss es einem da nicht – solange man über das notwendige Kleingeld verfügt. Denn der Lebensunterhalt ist in München mindestens genauso hoch wie die Lebensqualität.

Bis vor zwei Jahren schien all dies für Melanie K. kein Thema zu sein. Wie viele junge Menschen zog es sie nach München. Vom Dorf in die Großstadt, das war ihr großer Traum. Zwar war es ihr durchaus bewusst, dass sie von ihrem Erzieherinnengehalt keine wirklich großen Sprünge machen könnte, doch für das tägliche Leben würde es reichen, da war sie sich sicher. Die Miete für ihre kleine Wohnung überschritt zwar ihr gesetztes Limit ein wenig, aber dafür war die Lage perfekt. Ein bisschen weniger telefonieren, ein bisschen mehr beim Einkauf sparen und statt der U-Bahn das Fahrrad nehmen, dann würde es schon klappen. Doch so einfach war es leider nicht.

Richtig Fuß fassen in München konnte sie nicht. So telefonierte Melanie viel mit ihren Freundinnen aus Ihrem Heimatdorf. Besser wurde dadurch ihre Stimmung nicht – und die Telefonrechnung wuchs und wuchs. Sie fuhr fast jedes Wochenende nach Hause, um dort mit ihren alten Freunden etwas zu unternehmen, die Kosten für das Zugticket spielten dabei keine Rolle. Zudem dienten ein neues Sommerkleid, viel zu teuere Schuhe und das leckere Essen vom Chinesen als Ersatz für die Einsamkeit.

Natürlich merkte Melanie, dass ihr Konto in den Miesen war. Was tun? Ihre Eltern um Geld bitten, das wollte Melanie auf keinen Fall. Sie sollten meinen, dass sie in ihrem Leben zumindest die Finanzen im Griff habe. Sie ignorierte die steigende Zahl hinter dem Minus.

Mit der Zeit verlor Melanie den Überblick über ihre Finanzen und fing an, dieses Thema weit von sich weg zu schieben. Rechnungen ignorierte sie genauso wie ihre Kontoauszüge, Mahnungen kamen gleich in den Müll. Erst als ihre Kreditkarte gesperrt wurde, erkannte sie, dass es so nicht weitergehen konnte. Völlig überrumpelt stand sie vorm Geldautomaten, der ihr keine Scheine mehr geben wollten – Dispo zu weit überzogen.

Auf einmal traf sie die Realität mit voller Härte: Sie war pleite. Die Schuldenfalle war zugeschnappt.

Ihre Gedanken kreisten wirr um Lösungen, die eigentlich keine waren. Wirkliche Freunde hatte sie nicht in München. Die alten Freundinnen oder ihre Eltern anrufen, um zu bitten, dass sie ihr Geld schicken würden? Irgendwie undenkbar. Es wusste doch keiner von ihren finanziellen Engpässen. Melanie hatte noch 20 Euro in bar, es war Mitte des Monats – unmöglich, dass sie damit auskommen könnte. In ihr wuchs die Verzweiflung, als sie merkte, wie absolut abhängig man von Geld ist. Ohne Geld keine Lebensmittel, kein Ticket für die U-Bahn und kein Kneipenbesuch. Ohne Geld keine Miete, kein Strom, kein Telefon! Kein Toilettenpapier, kein Schokoriegel, keine SMS mehr – einfach gar nichts! Wie sollte sie die nächste Miete bezahlen? Was sollte sie nur machen?

▶ Üb, S. 85

Selbst Schuld?

LV 11

> Melanie hat ein Problem. **Gruppe 1** wird Ihnen genau erzählen, welches. **Gruppe 3** sagt Ihnen, ob Melanie das Problem gelöst hat, und **Gruppe 4** berichtet von den Lehren, die Melanie aus ihren Erfahrungen gezogen hat. **In Ihrem Text** wird erzählt, wie sie versucht hat, das Problem zu lösen.

Draußen schien die Sonne, Menschengelächter drang zu ihr durch, und wenn sie auf die Straße blickte, sah sie glückliche Passanten durch die laue Sommernacht gehen. Und sie? Sie überlegte, wie sie die nächsten Wochen überstehen sollte. Wie konnte es nur so weit kommen? Kein Geld mehr zu haben, den Überblick über die Finanzen zu verlieren, das passierte doch nur Alkoholikern,
5 Spielsüchtigen oder Drogenabhängigen. Leute, die auf der Straße aufgewachsen waren und nie einen wirklichen Bezug zu Geld hatten. Doch Melanie war ganz anders. Sie hatte eine gute Ausbildung, kam aus einem behüteten Elternhaus und war in einem festen Arbeitsverhältnis. Und jetzt stand sie da und fühlte die Leere. Diese Machtlosigkeit und die Wut auf sich selber. Wie stolz war sie gewesen, als sie vor wenigen Monaten ihre Wohnung, ihr eigenes, kleines Reich
10 betreten hatte! Voller Träume und Illusionen von einem glücklichen, selbstständigen Leben, ganz unabhängig von Familie und der Heimat. Wie erwachsen sie sich vorgekommen war! Und jetzt?

Melanie steckte ihr Telefon aus, zog die Vorhänge zu und kroch unter ihre Bettdecke. Am liebsten würde sie vor all ihren Problemen weglaufen. Als sie frühmorgens aufwachte,
15 hoffte sie, alles sei nur ein schlechter Traum gewesen. Doch die Realität holte sie ein. Sie musste handeln. Zuerst rief sie bei der Arbeit an, um sich krankzumelden. Dann ging sie zu ihrer Bank.

Der Berater konnte trotz seiner professionellen Freundlichkeit die harte Wahrheit nicht verschleiern. Melanie hatte ernsthafte finanzielle Probleme, von der Bank sei aber keine
20 Hilfe zu erwarten. Sie sei nicht die Einzige mit solchen Problemen, sprach er ihr Mut zu und gab ihr Prospekte der Schuldnerberatung. Die könnten ihr sicher weiterhelfen. Irgendwie hatte Melanie trotz der negativen Neuigkeiten neuen Mut. Sie würde es schaffen, da war sie sich sicher. Gleich nach dem Gespräch in der Bank rief sie bei der Schuldnerberatung an. Wie erwartet, hatten die Berater erst nach Wochen einen
25 freien Termin. Am Telefon konnten sie sie dennoch beruhigen. So gravierend sei Melanies Verschuldung gar nicht – da hatten sie schon ganz andere Fälle gehabt. Ob sie denn nicht Bezugspersonen habe, die ihr Geld leihen könnten, um ihren aktuellen Engpass überstehen zu können? Bei einem Beratungsgespräch würden sie ihr dann einen Finanzplan machen, der es ihr möglich machen sollte, die
30 Schulden an Bank und Privatpersonen zurückzubezahlen.

Schweren Herzens, aber dennoch entschlossen, rief Melanie ihre Eltern an. Sie erzählte ihnen alles. Von Anfang an. Ohne Pause, ohne zu verschönern oder um Mitleid zu werben. Sie gestand ihre Fehler ein und auch ihre Ratlosigkeit, wie es überhaupt so weit kommen konnte. Ihr Vater hörte geduldig zu und
35 reagierte viel gelassener als gedacht. Zwar hätte er das auch nie von »seinem Mädchen« geglaubt, aber Hauptsache, ihr ginge es gut; und gut, dass sie mit ihren Problemen zu ihm gekommen war – dafür sind Eltern ja schließlich da. Er würde ihr überweisen, was sie brauche, und gleich am Wochenende würden er seine Tochter besuchen und mit ihr alles besprechen. Melanie
40 fiel ein Stein vom Herzen. War sie noch einmal mit einem blauen Auge davon gekommen?

Gruppe 2

1 Worin bestand Melanies Problem?
⇨ Wie reagierte sie auf das Problem?
⇨ Was hat sie gemacht, um das Problem zu lösen?

2 Was bedeuten folgende Wendungen? Raten Sie!
⇨ die folgenden Wochen überstehen (Z. 3)
⇨ behütetes Elternhaus (Z. 7)
⇨ die Realität holte sie ein (Z. 15)
⇨ mit einem blauen Auge davonkommen (Z. 40)

3 Was glauben Sie: Wie ist es zu Melanies Problem gekommen?

4 Suchen Sie sich eine Textpassage aus (4 – 5 Zeilen), die Sie gerne den anderen vorlesen möchten.

5 Überlegen Sie, wie Sie Ihren Text vorstellen:
⇨ Gliederung / Beispiele / Worterklärungen

▶ Üb, S. 86

Geld  *Selbst Schuld?*

Melanie hatte ein Problem. **Gruppe 1** wird Ihnen genau berichten, um was für ein Problem es sich handelt. **Gruppe 2** wird Ihnen erzählen, welche Schritte Melanie unternommen hat, um das Problem zu lösen. **In Ihrem Text** erfahren Sie, ob Melanies Lösungsversuche erfolgreich waren, und **Gruppe 4** berichtet von den Lehren, die Melanie aus ihren Erfahrungen gezogen hat.

Gruppe 3

1. **Welches Problem hatte Melanie?**
2. **Wie löste sie das Problem?**
3. **Welche Regeln befolgte Melanie?**
4. **Was fiel Melanie plötzlich auf?**
5. **Was bedeuten folgende Wendungen? Raten Sie!**
   - Überbrückungshilfe der Eltern *(Z. 2)*
   - ab und zu was gönnen *(Z. 7)*
   - mit einem Schrecken davonkommen *(Z. 36)*
6. **Suchen Sie sich eine Textpassage aus (4 – 5 Zeilen), die Sie gerne den anderen vorlesen möchten.**
7. **Überlegen Sie, wie Sie Ihren Text vorstellen:**
   - Gliederung, Beispiele, Worterklärungen

Hinter Melanie liegt eine wirklich harte Zeit, die sie irgendwie stärker gemacht hat, auf die sie jedoch gern verzichtet hätte. Nach der Überbrückungshilfe durch ihre Eltern war Melanie zum nächstmöglichen Termin zur Schuldnerberatung gegangen. Mit den Beratern arbeitete sie einen strikten Finanzplan aus. Einnahmen und Ausgaben wurden gegenüber gestellt, wichtige und verzichtbare Ausgaben aufgeschrieben und nach einer strikten Rangliste geordnet. Von nun an musste sich Melanie an einen strengen Haushaltsplan halten, der wenig bis keine zusätzlichen Ausgaben berücksichtigte. Zwar sollte man sich ab und zu was gönnen, aber eben nur selten und nichts Extravagantes. Ein Restaurantbesuch, ein neues Kleid oder ein Kurzurlaub waren undenkbar.

Gezielt und ohne sich zu beklagen, hielt sich Melanie an die Regeln, weil sie wusste, dass es in ein paar Jahren wieder anders aussehen würde. Das Ziel, das durchaus realistisch in nicht allzu weiter Ferne lag, ließ sie die Einschränkungen ertragen, auch wenn es ihr Leben komplett änderte. Dies fing damit an, dass sie in eine kleinere Wohnung umzog, die zwar nicht so schön war, aber weniger kostete. Ihre häufigen Ausflüge in die Heimat mussten auch gestrichen werden, das Geld für die Bahntickets wurde für andere Zwecke ausgegeben. Doch auch im Alltag hatte sich Melanie erheblich einzuschränken. So musste sie ihre Lebensmitteleinkäufe gut planen. Gekocht wurde überlegt und günstig. Auch Kosmetikartikel oder Putzutensilien gab es in einer billigeren Variante. Ein Restaurantbesuch oder mal eine gute Tafel Schokolade? Melanie musste erkennen, wie leicht man sich ein bisschen Luxus gönnte. Luxus, auf den sie nun verzichten musste und auch wollte, denn einen Kaffee bei Starbucks hätte sie nun nicht mehr mit ruhigem Gewissen genießen können.

Sie merkte plötzlich, wie viele Leute mit Designerklamotten herumliefen, wie viele morgens beim Bäcker in der Schlange standen, anstatt zuhause zu frühstücken, wie viele sich in Reisebüros nach Wochenendausflügen erkundigten oder mit dem Cabrio durch die Stadt fuhren. Ob sich diese Leute schon mal Gedanken gemacht hatten, Gedanken machen mussten, wie es ist, kein Geld zu haben? Auf der anderen Seite sah Melanie plötzlich auch die vielen Obdachlosen, die vielen Menschen, die in zerschlissenen Kleidern vor den Supermärkten herumlungerten und um eine kleine Spende baten. Die mit Plastiktüten gepackt zu ihrem Schlafplatz unter einer Brücke gingen. Wie konnten diese Menschen in so eine Lage kommen? Warum versuchten sie nicht, ihre Situation zu ändern? Oder hatten sie schon alles versucht?

Melanie war noch mit einem Schrecken davongekommen. Ohne die Unterstützung ihrer Eltern hätte die Situation ganz anders ausgesehen, das wusste sie. Heute ist Melanie wieder fast schuldenfrei. Hat sie aus ihren Erfahrungen gelernt?

▶ Üb, S. 87

Selbst Schuld?

LV 11

Melanie hatte ein Problem. **Gruppe 1** wird Genaues berichten. **Gruppe 2** wird Ihnen erzählen, welche Schritte Melanie unternommen hat, um das Problem zu lösen. **Gruppe 3** berichtet von Ergebnissen dieser Lösungsversuche, und **in Ihrem Text** werden die Lehren geschildert, die Melanie aus ihren Erfahrungen gezogen hat.

Melanie hat gelernt, bewusster Geld auszugeben. Sie hat gemerkt, wie sich kleine Ausgaben häufen, wie viel Geld man beim Bäcker oder in Drogeriemärkten lässt, ohne es zu bemerken. Doch sie hat auch gemerkt, dass man ohne Geld handlungsunfähig ist. Dabei geht es gar nicht um Lebensgenuss, sondern um die bloße Existenz – das war die eigentlich erschreckende
5 Erkenntnis. Dass Geld ein Gut ist, auf das man nicht verzichten kann. Wie stark es unser Leben bestimmt, merkt man erst, wenn es fehlt.

Und Melanie hat auch gelernt, wer ihre wirklichen Freunde sind. Anfangs hatten alle noch Verständnis und gute Ratschläge. Doch als sie über Monate hinweg einfach nicht nach Hause fahren konnte – auch nicht zu Geburtstagen oder anderen Festen –, hielten
10 das einige ihrer Freundinnen für persönlich beleidigend. »Die 30 Euro fürs Bahnticket kannst du dir doch trotz allem wohl leisten, also wenn das das Problem ist, ist die Freundschaft nicht viel wert!« Mit solchen Kommentaren sah sich Melanie konfrontiert.

In einem hatte die Schuldnerberatung recht: Melanie war nicht die Einzige. Bei
15 Armut denkt man vorwiegend an Obdachlose, alleinerziehende Mütter oder Rentner, doch auch Menschen, die sich verschuldet haben, geraten immer öfter in die Armutsfalle. Fast jeder Achte in München – der vermeintlich »reichen« Stadt – ist verschuldet. Aus den unterschiedlichsten Gründen. Natürlich viele auf Grund der Ursachen, die man als Erstes mit Verschuldung assoziiert: Alkohol-
20 oder Drogenkonsum, Hartz-IV-Empfänger oder Langzeitarbeitslose. Dann gibt es natürlich die Gruppe von Menschen, bei denen sich ihre finanzielle Lage auf Grund von unerwarteten Ereignissen so verändert hat, dass sie damit nicht umgehen können: Firmeninsolvenz, Tod des Partners, Unfälle, bei denen die Versicherung nicht zahlt, oder plötzliche Arbeitslosigkeit.
25 Und dann gibt es eben auch viele, denen es so ähnlich ging wie Melanie: die gut situiert ihr Leben nach Belieben gestalten konnten und sich auf einmal in der Schuldenfalle wiederfanden. Das sind die, die mit dem Überangebot unserer heutigen Konsumgesellschaft überfordert sind, wegen Karten- und Ratenzahlungen den Überblick verloren haben
30 und auf die Versprechen der Werbung hereingefallen sind.

Doch steckt nicht in uns allen eine Melanie? Die sich, ohne lange zu überlegen, heute einmal ein Essen beim Italiener gönnt oder neue Schuhe, die man sich eigentlich nicht leisten kann? Es gibt wohl wenige, die immer vernünftig mit Geld umgehen und den
35 täglichen Verlockungen stets widerstehen können. Verschuldung ist immer mit Schuld verbunden. Doch sie basiert auf einer Schuld, die man nachvollziehen kann, sobald man sich mit der Thematik auseinandersetzt. Sich zu verschulden, das kann jeden von uns passieren – schneller, als man sich vorstellen
40 kann.

Gruppe 4

1. **Worin bestand Melanies Problem? Woran wird das deutlich?**

2. **Melanie hat etwas »gelernt«. Welche Lehren sind das?**

3. **Welche Informationen erhalten Sie über arme Menschen?**
   ⇨ Wie viele gibt es in München?
   ⇨ Aus welchen Gründen sind sie in Armut geraten?

4. **Was meint die Autorin mit** »*Doch steckt nicht in uns allen eine Melanie?*« *(Z. 31)*?

5. **Was bedeuten folgende Wendungen? Raten Sie!**
   ⇨ Armutsfalle (Z. 17), Schuldenfalle (Z. 27)
   ⇨ Überangebot unserer Konsumgesellschaft (Z. 28)

6. **Was glauben Sie: Wie ist es zu Melanies Problem gekommen?**

7. **Suchen Sie sich eine Textpassage aus (4 – 5 Zeilen), die Sie gerne den anderen vorlesen möchten.**

8. **Überlegen Sie, wie Sie Ihren Text vorstellen:**
   ⇨ Gliederung, Beispiele, Worterklärungen

▶ Üb, S. 88

Geld

Welche Informationen haben Sie aus dem Text »Selbst Schuld?« erhalten?

1 Wie finanzierte Melanie ihren Lebensunterhalt?
- ☐ a) Sie bekam ein Stipendium.
- ☐ b) Sie bezog ein Gehalt.
- ☐ c) Sie erhielt Geld von ihren Eltern.

2 Was hat zu Melanies Verschuldung beigetragen?
- ☐ a) Die Miete war zu hoch.
- ☐ b) Sie hat ihren Arbeitsplatz verloren.
- ☐ c) Sie hatte Probleme mit Alkohol.

3 Wer hat Melanie geholfen?
- ☐ a) die Schuldnerberatung
- ☐ b) die Bank
- ☐ c) ihre Freunde

4 Was hat sich an Melanies Leben geändert?
- ☐ a) Sie musste aus München wegziehen.
- ☐ b) Sie wurde finanziell von ihren Eltern unterstützt.
- ☐ c) Sie hat genau Buch über Ihre Einnahmen und Ausgaben geführt.

5 Welche Lehren hat Melanie aus ihrer Verschuldung gezogen?
- ☐ a) Eltern sind viel wichtiger, als sie glaubte.
- ☐ b) Man gerät sehr schnell in die Schuldenfalle, wenn man nicht aufpasst.
- ☐ c) Das Leben in München ist viel zu teuer.

6 Nennen Sie mindestes drei Veränderungen in Melanies Alltag, die sie aus der Schuldenfalle befreit haben.

_____

_____

7 Es werden drei Gruppen von Menschen beschrieben, die von Armut bedroht sind. Welche sind das?

1. Gruppe _____

2. Gruppe _____

3. Gruppe _____

8 Jetzt hat es auch Sie erwischt! Die Schuldenfalle ist zugeschnappt. Handykosten, Miete, Klamotten, Deutschkurs – das war alles zu viel! Die Bank gibt keinen Cent mehr, ein Rettungsschirm wird für Sie nicht aufgespannt. Die Schuldnerberatung empfiehlt: Strikter Finanzplan! **Stellen Sie für sich einen Finanzplan nach den Anweisungen in Text 3 (S. 118, Zeile 3 – 9) auf.**

Zur Diskussion

⇨ **Hat Melanie selbst Schuld?**

⇨ *»Sich zu verschulden, das kann jedem passieren«* – **stimmt das?**

⇨ **Welches Verhältnis hat die Autorin der Reportage zum »Fall Melanie«?**

Konzessivsätze

GR 11

> Sätze mit konzessiven Konnektoren geben einen »*Gegengrund*«, eine unerwartete Folge oder eine Einschränkung an: Sie mietet eine teure Wohnung in München, **obwohl sie hohe Schulden hat.** Ein *Grund* wäre: **weil sie sehr viel Geld verdient.**
>
> ▶ GR S. 151

1 Unterstreichen Sie in den folgenden Sätzen alle Konnektoren, die einen *Gegengrund*, eine *unerwartete Folge* oder eine *Einschränkung* zum Ausdruck bringen.

Melanie beichtet ihrem Vater:

» *Zwar* wusste ich, dass ich keine großen Sprünge machen konnte, *aber* für das tägliche Leben würde es schon reichen, glaubte ich. Die Wohnung in der Innenstadt war teuer; *dennoch* mietete ich sie. *Trotz* großer Bemühungen gelang es mir nicht, in München Fuß zu fassen. Deswegen fuhr ich öfter nach Hause, *obwohl* die Fahrtkosten sehr hoch waren. Ich telefonierte auch sehr viel mit Freunden, *ungeachtet* der Telefonkosten, die mit jeder Rechnung höher wurden. Ich konnte plötzlich einige Rechnungen nicht mehr bezahlen. Ich ignorierte sie, *auch wenn* ich Mahnungen erhielt. Ich habe wirklich nicht luxuriös gelebt, und *dennoch* hatte ich so viel Schulden, dass meine Kreditkarte gesperrt wurde. *Auch wenn* ich viel Vertrauen zu dir habe, habe ich nichts erzählt. *Allerdings* kann ich jetzt wirklich nicht mehr länger so tun, als ob nichts wäre. «

2 Ergänzen Sie passende Sätze mit »*obwohl*«.

a) Die Bank gab ihr keinen Kredit, *obwohl sie ein festes Arbeitsverhältnis hatte.*

b) Melanie ging meistens im Restaurant essen, _____

c) Sie erzählte ihren Eltern nichts, _____

d) Melanie hielt sich strikt an ihren Haushaltsplan _____

▶ Üb, S. 89

> Nebensätze mit »*ohne ... zu*« und »*ohne dass ...*« enthalten eine negative Aussage, die man nicht erwartet hat: *Er lernte Deutsch, ohne ein Buch zu verwenden.* (Erwartung: *Er hat ein Buch verwendet.*)
>
> Wenn die **Subjekte gleich** sind, kann die Infinitivkonstruktion mit »*ohne ... zu*« verwendet werden. Sind die **Subjekte** der Sätze **unterschiedlich**, muss »*ohne dass*« stehen.

3 Ergänzen Sie die Nebensätze mit »*ohne*« wie im Beispiel.

Sie fuhr jedes Wochenende nach Hause *(Sie kümmert sich nicht um die Fahrtkosten.)*	**ohne sich um** die hohen Fahrtkosten **zu kümmern**.
Sie gönnt sich ein paar teure Schuhe *(Sie überlegt nicht lange)*	
Melanie verschuldete sich immer mehr *(Ihre Eltern wussten nichts davon)*	
Sie erzählt ihren Eltern alles *(Sie beschönigt nichts)*	

> Nebensätze mit »*(an)statt zu*« und »*(an)statt dass ...*« enthalten eine Alternative zur Handlung im Hauptsatz: *Sie ging zu Fuß, anstatt den Bus zu nehmen.* Die Alternative (»*den Bus nehmen*«) wird nicht verwirklicht.

4 Ergänzen Sie Nebensätze mit »*(an)statt*« wie im Beispiel.

Sie machte weiter Schulden, *(Alternative: Sie reduziert die Ausgaben.)*	**anstatt** ihre Ausgaben **zu** reduzieren.
Sie kaufte sich ein neues Kleid, *(Alternative: Sie spart.)*	
Sie verschwieg ihren Eltern ihre finanzielle Situation, *(Alternative: Sie erzählt ihnen alles und bittet um Hilfe.)*	
Der Bankberater gab ihr Prospekte einer Schuldnerberatung, *(Alternative: Er gewährte ihr einen günstigen Kredit.)*	

12 Krank?

Medikament sucht Krankheit

»Lesen Sie dieses Buch, bevor Sie zum Arzt gehen!« Diesen Ratschlag gibt Autor Jörg Blech auf dem Umschlag des Sachbuchs »Die Krankheitserfinder – Wie wir zu Patienten gemacht werden«. Auf rund 250 Seiten erläutert Blech, wie Ärzte, Pharmafirmen und Interessenverbände aus normalen Zipperlein* Krankheiten machen. Viele normale Entwicklungsphasen des Menschen würden systematisch zu Krankheiten umdefiniert, kritisiert er. Zugegeben, manches ist darin zugespitzt. Aber Blech kritisiert, was zahlreichen Ärzten und Psychologen längst missfällt.

*Zipperlein = kleine, harmlose (gesundheitliche) Beschwerden

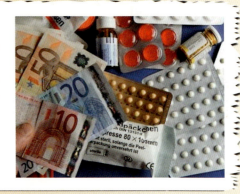

⇨ **Schauen Sie sich die Überschriften und die Fotos an.**
⇨ **Suchen Sie sich einen Artikel aus.**
⇨ **Stellen Sie ihn im Kurs vor.**

Werbung für Krankheit

In Deutschland ist Werbung für Medikamente, die verschreibungspflichtig sind, verboten. Die Pharmaindustrie verfolgt daher eine andere Werbestrategie: Statt des Medikaments wirbt man für die Krankheit. In Zeitungen und Fernsehen tauchen Beiträge auf, die über Krankheiten berichten, die sich angeblich immer mehr ausbreiten: Depressionen, Impotenz, Burnout, Hyperaktivität, Vergesslichkeit usw. Die Pharmaunternehmen haben dazu eigene PR-Abteilungen, die komplette Artikel oder Sendungen den Medien zur Verfügung stellen. Und sie haben die passenden Medikamente.

Zahl von Burnout-Fällen steigt dramatisch

Ruhig gestellt

Früher hießen sie »Zappelphilipp«. Heute hat die Pharmaindustrie dafür eine richtige Krankheit gefunden: ADS oder ADHS nennt sich der Befund, der mittlerweile bei mehr als einer halben Million Kindern attestiert wurde. Gemeint ist dabei ein »Aufmerksamkeits-Defizit-Syndrom«. Die Störung kann sich unter anderem darin äußern, dass Kinder unruhig sind, ein gestörtes Sozialverhalten, mangelnde Ausdauer beim Spielen oder in der Schule zeigen.
Seit einiger Zeit gibt es dagegen eine Pille: Ritalin. Es stellt auch das nervöseste Kind ruhig. Ritalin ist gleichzeitig ein beliebtes leistungssteigerndes Mittel bei Schülern und Studenten.

Ärzte auf dem Prüfstand

Die rund 30 Millionen Versicherten der AOK und der Barmer GEK können ihre Ärzte künftig öffentlich im Internet bewerten. Ziel des so genannten Arzt-Navigators ist es, für mehr Transparenz zu sorgen und die Behandlungsqualität von Ärzten zu verbessern. Diskriminierung und üble Nachrede sind verboten. Es geht nach Angaben der Initiatoren auch nicht um einen »Ärzte-TÜV«. So soll es keine Liste der vermeintlich besten Mediziner geben.

In diesem Kapitel werden Sie

▸ Ihren Arzt bewerten, indem Sie einen Fragebogen einer Krankenkasse ausfüllen. (LV, HV)

▸ Schlüsselwörter in einer Reportage über das Bewerten von Ärzten erkennen (HV);

▸ einen Redebeitrag zu einem kontroversen Thema halten;

▸ eine alte und trotzdem sehr moderne Geschichte über Medizin und Mediziner hören (HV);

▸ Kurztexte selbstständig erarbeiten und vortragen (LV);

▸ Indirekte Rede und den Gebrauch des Konjunktiv I üben (GR).

Ärzte bewerten

Seit einiger Zeit kann man in Deutschland Ärzte bewerten. Im Internet kann man dann sehen, ob Patienten mit ihrem Arzt zufrieden waren oder nicht. Zwei große Krankenkassen haben ein eigenes Bewertungsportal eingerichtet.

1 Auf der rechten Seite der Karikatur zur Ärztebewertung fehlt noch jemand – Sie! Zeichnen Sie und geben Sie eine Bewertung für Ihren Arzt ab.

2 Wie funktioniert das Bewertungsportal der Krankenkassen?
Schauen Sie sich die Grafik an und ergänzen Sie den Lückentext »So funktioniert die Online-Arztsuche.« Als Hilfe sind die Wörter unter dem Text angegeben.

Wenn Sie einen Arzt _____ möchten, müssen Sie sich zunächst _____ . Dazu müssen Sie Ihre Kassennummer und Ihre Versichertennummer eingeben, die Sie auf Ihrer _____ finden. Sie erhalten dann per E-Mail einen _____ und ein _____ . Damit können Sie sich _____ . Wenn Sie sich _____ haben, können Sie einen Arzt _____ . Für eine Arztbewertung füllen Sie einen _____ aus. Ihre Antworten werden in einer _____ gespeichert. Jedes Mitglied der Krankenkasse kann bei einer Arztsuche auf die _____ zugreifen.

anmelden (2 x)   Datenbank   Nutzernamen   bewerten (2 x)   Ergebnisse

Kennwort   registrieren   Versichertenkarte   Fragebogen

3 Hören Sie den Text, in dem ein Vertreter der Krankenkasse die Online-Bewertung erklärt. **Vergleichen Sie diese Informationen mit Ihrem Text und korrigieren Sie, falls Sie die falschen Wörter in die Lücken gesetzt haben. Im Lückentext gibt es eine Information, die nicht mit dem Hörtext übereinstimmt. Welche?**

Krank?

1 **Der Fragebogen stammt aus der Internetseite einer Krankenkasse. Einige Fragen fehlen.**

⇨ Lesen Sie die Fragen. Die Fragen zu »*Kommunikation mit dem Arzt*« fehlen. Schreiben Sie drei oder vier Fragen auf, die sie für wichtig halten.
⇨ Vergleichen Sie Ihre Fragen im Kurs und einigen Sie sich auf Fragen, die im Fragenbogen zu diesem Thema stehen sollten.
⇨ Schreiben Sie diese Fragen in den Fragebogen.

Bewertung meines letzten Arztbesuchs	trifft zu	trifft nicht zu
Praxis & Personal		
Das Praxispersonal vermittelt mir das Gefühl, willkommen zu sein.		
Die Praxisräume sind sauber und ordentlich.		
Die Wartezeiten in dieser Praxis sind angemessen.		
Kommunikation mit dem Arzt		
▸		
▸		
▸		
▸		
Behandlung		
Der Arzt nimmt sich für die Behandlung genug Zeit.		
Der Arzt gibt klar an, wann, wie lange und in welcher Dosierung ich die verordneten Medikamente einnehmen muss.		
Der Arzt führt bei mir körperliche Untersuchungen gründlich durch.		
Gesamteindruck		
Würden Sie diesen Arzt Ihrem besten Freund/Ihrer besten Freundin weiterempfehlen?		
Würden Sie diesen Arzt künftig wieder aufsuchen, um sich behandeln zu lassen?		
▸		
▸		

2 **Wie würden Sie den Arzt bewerten, den Sie das letzte Mal aufgesucht haben?**

⇨ Lesen Sie die Fragen und kreuzen Sie an.
⇨ Vielleicht fehlen einige Fragen, die Sie für eine Bewertung für wichtig halten. Ergänzen Sie sie in den freien Zeilen (▸).

A Wie reagieren Ärzte darauf, dass man sie öffentlich im Internet bewerten kann? Und was meinen (potentielle) Patienten dazu? Was glauben Sie?

Hörtext: Noten für Mediziner
Reportage, 608 Wörter
Ärzte und (potentielle) Patienten äußern sich zur Bewertung von Ärzten im Internet.

B Worterklärungen

die Sprechstundenhilfe	Arzthelferin
die Praxisgebühr	Gebühr (10,- €), die jeder Patient einer gesetzlichen Krankenkasse pro Vierteljahr bezahlen musste, wenn er zu einem Arzt ging. *(Die Praxisgebühr wurde 2012 wieder abgeschafft.)*
gelassen *(Adjektiv)*	ganz ruhig, nicht nervös
die Rückmeldung	Reaktion auf etwas *(engl. feedback)*
diskreditieren	über eine Person etwas (öffentlich) sagen, was dieser schadet

HV 12

1. Hören

1 Hören Sie den Text einmal ganz. In der Reportage kommen sechs Personen zu Wort.

⇨ Äußern Sie sich positiv (👍) oder negativ (👎) zur Bewertung von Ärzten? Kreuzen Sie in der Tabelle (Spalte »Bewertung«) an.

⇨ Schreiben Sie jeweils zwei der Schlüsselwörter, die zu den Meinungen der Personen passen, in die Spalte »Schlüsselwörter«.

⇨ Drei Ärzte äußern ihre Meinung. Zu welchem Arzt ①, ② oder ③ würden Sie gehen? Bitte ankreuzen.

⇨ Besprechen Sie die Ergebnisse mit Ihrem Lernpartner

Person	Bewertung	Schlüsselwörter	weitere Notizen
1	👍 👎		
2	👍 👎		
3	👍 👎		
4	👍 👎		
5	👍 👎		
6	👍 👎		

| Laie | Chancen | Manipulation | Rache | Verkäufer | uninteressant |
| Hotel | Experte | Fragebogen | Kontrolle | Kunde | Gefahr |

2. Hören

2 Hören Sie den Text ein zweites Mal.

⇨ Notieren Sie Stichwörter zu den Meinungen der Personen in die Spalte »weitere Notizen«.

Nach dem Hören

3 Auf einer Informationsveranstaltung zum Thema »Krankenversicherung in Deutschland« geht es auch um das Thema »Ärztebewertung im Internet«. Sie möchten zu dem Thema etwas sagen und melden sich zu Wort.

⇨ Überlegen Sie sich zunächst, ob Sie **für oder gegen** eine Ärztebewertung sind.

⇨ Bereiten Sie sich auf Ihren Redebeitrag vor: Schreiben Sie mindestens zwei Pro- und zwei Kontra-Argumente in Stichworten auf. Sie können die Argumente aus dem Hörtext und / oder eigene, andere Argumente verwenden.

⇨ Überlegen Sie sich eine kurze Einleitung zu Ihrem Redebeitrag.

⇨ Sprechen Sie und nehmen Sie den Beitrag mit Ihrem Mobiltelefon auf.

▶ Üb, S. 92

Krank?

Dr. Knock und der Triumph der Medizin

Der alte Landarzt Parpalaid will nicht mehr: Die Einwohner seines kleinen Bergdorfes sind alle gesund, niemand braucht seine Dienste, und so beschließt er, seinen Beruf aufzugeben und in die Stadt zu ziehen. Er braucht nur noch einen Nachfolger für seine Praxis ...

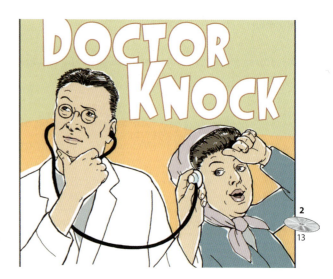

1. Teil

1 **Hören Sie, wie die Geschichte weitergeht.**
⇨ Vor welchem Problem steht Dr. Knock?
⇨ Knock hat einen Plan. Was glauben Sie, was für ein Plan das ist?

2. Teil

2 **Hören Sie den zweiten Teil der Geschichte.**
⇨ Welches Ziel hat Knock?
⇨ Mit wem arbeitet Dr. Knock zusammen (»Bündnispartner«), und welche Aufgaben übernehmen sie?

Bündnispartner	Aufgabe

3. Teil

3 **Hören Sie den dritten Teil.**
⇨ Wie reagieren die Dorfbewohner auf den Plan von Knock?

⇨ Welche Ergebnisse hatte Knocks »neue Gesundheitspolitik«?

4 *Der Theaterstück »Knock oder der Triumph der Medizin« wurde 1923 in Paris zum ersten Male aufgeführt. In den folgenden vier Jahren wurde das Stück des französischen Schriftstellers Jules Romains 1400 Mal aufgeführt, später mehrfach verfilmt, und es wird bis heute an Schulen gezeigt.* **Welche Gründe mag es dafür geben, dass das Theaterstück auch heute noch so beliebt ist?**

Medikament sucht Krankheit

Bis in die 1970er Jahre stellte die Pharmaindustrie Medikamente her, um Krankheiten zu heilen. Seitdem steht sie – zumindest teilweise – im Verdacht, dass sie auch Krankheiten schafft, um Medikamente zu verkaufen. Der Medizinjournalist Jörg Blech stellt in seinem Buch »Die Krankheitserfinder« verschiedene Methoden vor, wie es der Pharmaindustrie gelingt, Menschen in Kranke – und das heißt: Medikamtenverbraucher – zu verwandeln.

Bearbeiten Sie die folgenden Texte in Gruppen: Jede Gruppe bearbeitet einen Text und stellt ihn im Plenum vor.

Methode 1: Normale Prozesse des Lebens werden als medizinisches Problem verkauft.

Mit 30 eine Glatze? – Nein danke!

Gruppe 1 **

1 Ich heiße Niels, bin 30 Jahre alt und habe nur noch wenig Haare. Furchtbar wenig! 10 Jahre lang habe ich alles getan, um den
2 Haarausfall zu tarnen. Ich trug immer öfter Baseballcaps und Wollmützen. Während ich so der Wahrheit aus dem Weg ging,
3 versuchte ich, mein Problem bei verschiedenen Ärzten anzusprechen. Die nannten fast alle erblich bedingte Gründe für meine
4 zunehmende Glatzenbildung und meinten, ich müsste lernen, den Haarausfall zu akzeptieren. Andererseits: Soll man tatenlos
5 zusehen, wie man schon in relativ jungen Jahren einen kahlen Kopf bekommt? Nach verschiedenen Versuchen mit chemischen
6 Präparaten half mir endlich ein Arzt. Er erzählte mir, dass es ein Medikament gebe, mit dem man den Haarausfall erfolgreich
7 bekämpfen könne. Seit 15 Monaten nehme ich nun täglich eine Kapsel. Der Erfolg ist überzeugend! Schon nach etwa drei
8 Monaten konnte ich eine Veränderung bemerken. Schauen Sie sich mein Haar an. Unglaublich!

9 Das Pharmaunternehmen Merk & Co hatte ein Mittel gegen Haarausfall entdeckt: Propecia. Der Haarausfall ist allerdings keine
10 Krankheit, sondern bei Männern Folge des natürlichen Alterungsprozesses. Bei einer geringen Prozentzahl der männlichen
11 Bevölkerung setzt der Haarausfall aus genetischen Gründen schon sehr früh ein, teilweise schon mit 25 Jahren. Propecia wirkt
12 bei diesen Männern manchmal. Das Problem bestand darin, dass diese Zielgruppe zu klein für eine profitable Vermarktung
13 des Medikaments ist. Aus diesem Grund wurde eine globale Werbeagentur beauftragt, eine weltweite Kampagne zu starten,
14 die den Haarausfall bei Männern zu einem »psycho-sozialen Problem« machte. Zu diesem Zweck verteilten »medizinische
15 Experten« an Journalisten, Ärzte, Kliniken, Apotheker, Fernseh- und Rundfunkanstalten eine Studie: Ein Drittel aller Männer
16 habe mit Haarausfall zu kämpfen, hieß es dort. Außerdem habe man herausbekommen, dass der Verlust des Kopfhaares
17 zu Panik sowie emotionalen Schwierigkeiten führe und die Aussichten verringere, im Bewerbungsgespräch einen Job zu
18 bekommen. Anzeigen wurden geschaltet, Professoren hielten Vorträge auf Kongressen, im Fernsehen sah man Werbespots
19 mit der Botschaft: Haarausfall ist eine Krankheit, die man durch die Einnahme von Medikamenten behandeln kann. Was man
20 nicht erfuhr: Die Studie wurde von Merck & Co. gesponsert, und die medizinischen Experten waren von der Werbeagentur
21 angeworben und bezahlt.

▶ Üb, S. 93

Gruppe 1: Arbeitsanregungen

⇨ *Einer von Ihnen ist Niels:* Schildern Sie »Ihr« Problem und wie Sie es gelöst haben. (»*Ich heiße Niels …*«)
⇨ Berichten Sie, wie Merck & Co Propecia vermarktet hat.
⇨ Erläutern Sie die Überschrift der Methode 1. Kennen Sie andere Beispiele für diese Methode?
⇨ Erklären Sie folgende Wörter, wenn Sie den Text vorstellen: *Haarausfall, Glatze, Alterungsprozess, Vermarktung, psycho-soziales Problem*

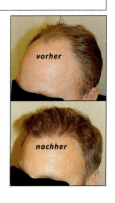

Krank?

| Methode 2: Persönliche und soziale Probleme werden als Krankheiten verkauft. |

Sissi-Syndrom und bipolare Störung

Gruppe 2 *

1 *Ein Arzt berichtet: Donna kommt in meine Praxis, und gleich auf den ersten Blick sehe ich, dass ihre Stimmung schlecht ist. Sie*
2 *ist dunkel gekleidet, wirkt angespannt und sieht mir nicht in die Augen, wenn sie mit mir spricht. Donna ist alleinerziehende*
3 *Mutter. Sie arbeite halbtags, ihre Firma sei aber in Schwierigkeiten. Aus diesem Grund habe sie Angst, ihre Arbeit zu verlieren.*
4 *Sie fühle sich ängstlich und reizbar. Sie habe Schlafstörungen und könne sich bei der Arbeit schlecht konzentrieren. Noch vor*
5 *wenigen Tagen, sagt sie, habe sie mehr als normal geschlafen, fast 10 Stunden. Auch ihre Stimmung sei damals viel besser*
6 *gewesen. Sie habe viel mit Freunden gesprochen, gelacht und viel unternommen: Sport, Tanzen usw.*
7 *Die Patientin leidet unter einer bipolaren Störung, vergleichbar mit dem Sissi-Syndrom, wie man es früher nannte.*

8 Der Begriff »Sissi-Syndrom« tauchte erstmals 1998 in einer einseitigen Werbeanzeige des Pharmaunternehmens SmithKline
9 Beecham auf. Die betroffenen Patienten sind dem Konzern zufolge depressiv und müssten mit Psychopharmaka behandelt
10 werden. Allerdings versteckten sie ihre Depression, indem sie sich als besonders aktiv und lebensbejahend verhielten.
11 Das Syndrom wurde nach der österreichischen Kaiserin Elisabeth (»Sissi«) benannt, da sie den manisch-depressiven Patienten-
12 typus perfekt verkörperte. Das Schlagwort eroberte die Medien. Drei Millionen Deutsche, hieß es, seien am Sissi-Syndrom
13 erkrankt.
14 Eine unabhängige Forschergruppe überprüfte die verbreiteten Behauptungen und kam Anfang 2003 zu dem Schluss, dass
15 diese wissenschaftlich unbegründet sind. Nachdem das »Sissi-Syndrom« nicht mehr als Krankheit bezeichnet werden konnte,
16 tauchte es unter einem anderen Namen wieder auf: Heute heißt das »Sissi-Syndrom« »bipolare Störung«. Die Symptome sind
17 fast gleich: Die unter einer bipolaren Störung leidenden Menschen sind mal kraftlos und müde, dann wieder hyperaktiv und
18 brauchen keinen Schlaf; mal zweifeln sie ständig an sich selbst, dann wieder demonstrieren sie ein überhöhtes Selbstbewusst-
19 sein usw. Eine medikamentöse Behandlung, so die Pharmaindustrie, sei lebenslang notwendig. Angeblich sollen in Deutsch-
20 land 1-2 Millionen Menschen an einer bipolaren Störung leiden. Weltweit seien bis zu 1,9 Prozent der Weltbevölkerung davon
21 betroffen. Das sind etwa 133 Millionen Menschen.

▶ Üb, S. 94

Gruppe 2: Arbeitsanregungen

⇨ *Donna ist beim Arzt. Spielen Sie die Szene.*
⇨ Stellen Sie Kaiserin Elisabeth (»Sissi«) vor.
⇨ Was ist das »Sissi«-Syndrom?
   Wer war betroffen? Warum redet heute kaum noch jemand davon?
⇨ Was ist eine bipolare Störung? Stellen Sie einige Symptome (pantomimisch) vor.
⇨ Erläutern Sie die Überschrift. Kennen Sie andere Beispiele für diese Methode?
⇨ Erklären Sie folgende Wörter, wenn Sie den Text vorstellen: *Psychopharmaka, manisch-depressiv, Selbstzweifel, Selbstbewusstsein.*

Bipolare Störung

Nach Informationen der Pharmaindustrie leiden darunter:

- **1-2 Millionen in Deutschland**
- **133 Millionen weltweit**

- Kraftlosigkeit
- Schlafstörungen
- Ständiges Grübeln
- Antriebs- und Interesselosigkeit
- Verminderte Aufmerksamkeit und Konzentration
- Todeswünsche

- Gesteigerte Aktivität
- Ruhelosigkeit
- Rededrang
- Ideenflucht
- Verlust sozialer Hemmungen
- Vermindertes Schlafbedürfnis

Methode 3: Risiken werden als Krankheiten verkauft.

Hohe Cholesterinwerte

Gruppe 3 ***

Aus einem Internetforum: *Neulich gab es in Hamburg die »Tage des Cholesterins«. Man konnte da seine Cholesterinwerte kostenlos messen lassen. Eigentlich bin ich völlig gesund, ich ernähre mich gesund, betreibe sogar Sport ab und zu. Aber weil es umsonst war, habe ich mir gedacht: Kann ja nicht schaden! Als man mir aber meine Blutwerte zeigte, bin ich fast vom Hocker gefallen. Mein Cholesterinwert lag bei 260. Die Frau, die mir das mitteilte, machte ein ernstes Gesicht und sagte, ich müsste unbedingt zum Arzt und regelmäßig meinen Cholesterinwert messen lassen. Ich muss meinen Cholesterinwert durch eine andere Ernährung senken. Wahrscheinlich kann der Wert aber nur dadurch gesenkt werden, dass ich ständig irgendein Medikament nehme. Lebenslänglich! Bliebe der Wert so hoch, könnte ich einen Herzinfarkt bekommen. Ist der Wert wirklich so schlimm? Wer hat Erfahrung mit solchen Medikamenten?* [Johanna]

Cholesterin ist ein lebenswichtiges Molekül. Hat der Körper zu viel davon, so wird behauptet, könnten verschiedene Krankheiten auftreten. Ein zu hoher Cholersterinwert im Blut kann also ein gesundheitliches Risiko bedeuten. Was aber ist ein »*zu hoher*« Cholesterinwert?
Eine Studie an 100.000 Menschen in Bayern hat in den 1980er Jahren einen Durchschnittswert von 260 Milligramm Cholesterin pro Deziliter Blut ergeben. Die »Nationale Cholesterin-Initiative«, ein privater Interessenverbund von 13 Medizinprofessoren, schlug im Jahre 1990 dennoch einen Grenzwert von nur 200 Milligramm vor und konnte ihn tatsächlich bei den Ärzten durchsetzen. Einwände von mehreren Wissenschaftlern wurden ignoriert. »Grenzwert« bedeutet: Liegt der Wert darüber, trägt man ein Risiko, z.B. das Risiko, einen Herzinfarkt zu erleiden.
Seitdem der Grenzwert heraufgesetzt worden ist, gehört das Messen des Cholesterinwertes zur Routineuntersuchung jeden Arztbesuches. Es finden regelmäßig Kampagnen statt, um das »Cholesterinproblem« der Bevölkerung deutlich zu machen. Durch eine einfache Erhöhung des Grenzwertes wird die Mehrheit der Deutschen zu Patienten. Ärzte und Firmen profitieren davon direkt: Roche Diagnostics, indem es seine Geräte zum Cholesterinmessen verkauft. Kardiologen, indem sie neue Patienten bekommen, und schließlich die Pharmakonzerne dadurch, dass sie weltweit Milliarden Euro mit Medikamenten umsetzen, die den Cholesterinspiegel senken. Das Pharmaunternehmen Pfizer erzielte mit dem cholesterinsenkenden Medikament Lipitor im Jahre 2008 einen Umsatz von 12,4 Milliarden Dollar. Selten ist eine medizinische Kampagne, die die Mehrheit der Bevölkerung zu Patienten erklärt, mit solcher Intensität und solchem Marketingaufwand betrieben worden. Bereits bei fünf Jahre alten Kindern sei der Cholesterinspiegel regelmäßig zu kontrollieren, fordert ein Komitee der amerikanischen Herzgesellschaft.

▶ Üb, S. 95

Gruppe 3: Arbeitsanregungen

⇨ *Zwei von Ihnen präsentieren ein Interview mit Johanna.*

⇨ Stellen Sie das Molekül Cholesterin vor.

Grenzwert

⇨ Erläutern Sie, was ein »Grenzwert« ist.

⇨ Welche Folgen hatte die Erhöhung des Grenzwertes für Cholesterin?

⇨ Wer profitiert von der Grenzwerterhöhung?

⇨ Erklären Sie folgende Wörter, wenn Sie den Text vorstellen: *Grenzwert, Routineuntersuchung, Marketingaufwand, Cholesterinspiegel.*

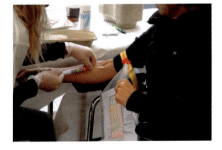

**Umsatz Lipitor 2008:
12,4 Milliarden
Dollar weltweit
= 25,7 % des
Gesamtumsatzes
von Pfizer**

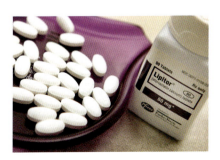

Krank?

Methode 4: Leiden, die wenige betreffen, werden zur Volkskrankheit erklärt.

Unruhige Beine   Gruppe 4 ***

Ich heiße Beate S. und bin 34 Jahre alt. Meine Nächte waren noch vor kurzer Zeit die Hölle. Sobald ich abends zu Bett ging, fing es in meinen Beinen an zu kribbeln. Ich bewegte meine Beine und hatte einen Moment Ruhe. Kurze Zeit später fing es wieder an, schlimmer als zuvor. Nach ein paar Minuten trat ich mit meinen Beinen gegen die Bettkante, stand auf, lief im Zimmer hin und her – das half. Aber sobald ich mich wieder hinlegte, verspürte ich wieder diesen Bewegungsdrang. Morgens fühlte ich mich dann wie gerädert, so, als hätte ich die ganze Nacht kein Auge zugetan. Auch mein Mann konnte kaum noch schlafen, weil ich so unruhig war. Schließlich schliefen wir in getrennten Schlafzimmern, weil es immer Streit gab.

Irgendwann ging ich zu meinem Hausarzt. Aber der konnte mir auch nicht helfen und meinte, vielleicht ist das eine psychische Störung. Vor ein paar Wochen las ich dann einen Artikel in der »Apotheken-Rundschau« über RLS. Genau das hatte ich: das Restless Legs Syndrom. Ich war total überrascht, wie viele Menschen darunter litten. Aber in dem Artikel stand auch, dass man die Krankheit erfolgreich mit einem Medikament behandeln könnte. Ein Neurologe half mir endlich. Seitdem kann ich wieder normal schlafen, und wir haben nun auch wieder ein gemeinsames Schlafzimmer.

Durch das Restless Legs Syndrom (RLS) können Betroffene nachts nicht einschlafen. Wenn es doch endlich gelingt, werden sie wieder von Zuckungen der Beine geweckt. Die Folge sind schwere Schlafstörungen und große Müdigkeit tagsüber. Die Ursachen für RLS sind noch immer unzureichend geklärt. Bei sechs von zehn Betroffenen scheinen die ruhelosen Beine Symptom einer anderen Krankheit zu sein, z.B. von Eisenmangel. Oder sie werden durch Medikamente wie etwa Antidepressiva ausgelöst.

Obwohl RLS seit langem bekannt ist, wurde sie bis vor einigen Jahren sehr selten diagnostiziert. 2005 begann der Pharmakonzern GlaxoSmithKline (GSK) dann eine groß angelegte Medienkampagne, um die Erkrankung zu einer Volkskrankheit zu erklären. »Die Krankheit, die Amerika wach hält«, hieß es in Anzeigen. Plötzlich waren 10 Prozent der Bevölkerung von der neurologischen Krankheit betroffen und sollten behandelt werden.

Warum sprach man plötzlich überall von RLS? GlaxoSmithKline hatte das Medikament Ropinirol hergestellt, das Menschen verordnet wird, die an Parkinson erkrankt sind. Es schien auch gegen RLS zu helfen. Allen, die unter Schlafstörungen oder Nervosität litten, wurde empfohlen, zum Arzt zu gehen und sich auf RLS untersuchen zu lassen. Zeitungen halfen bei der Vermarktung der neuen »Volkskrankheit«, indem sie plötzlich überall Artikel über die geheimnisvollen ruhelosen Beine veröffentlichten. Fast immer wurde die Häufigkeit der angeblichen Erkrankung übertrieben. In der medizinischen Fachliteratur geht man davon aus, dass höchstens zwei und nicht zehn Prozent der Bevölkerung an unruhigen Beinen leiden.

Doch auch von diesen zwei Prozent müssen längst nicht alle behandelt werden; die Symptome verschwinden oft von allein. Wenn Ropinirol in den Medien erwähnt wurde, kamen oft Patienten zu Wort, die das Medikament als »Wundermittel« bezeichneten. Der fragwürdige Nutzen und die Nebenwirkungen der Arznei – 38 Prozent der Patienten leiden unter Übelkeit – wurden hingegen kaum erwähnt. Allein im ersten Quartal 2008 hat GSK knapp 120 Millionen Euro mit Ropinirol umgesetzt.

Gruppe 4: Arbeitsanregungen

⇨ *Einer von Ihnen ist Beate:* Schildern Sie »Ihr« Problem und wie »Sie« es gelöst haben. *(»Ich heiße Beate ...«)*
⇨ Berichten Sie, wie RLS zu einer »Volkskrankheit« gemacht wurde.
⇨ Erläutern Sie die Überschrift *(»Methode 4: Leiden, ...«).* Kennen Sie andere Beispiele für diese Methode?
⇨ Erklären Sie folgende Wörter, wenn Sie den Text vorstellen: *Schlafstörungen, Medienkampagne, Nebenwirkungen*

▶ Üb, S. 96

Bearbeiten Sie nach der Präsentation der Texte die folgenden Kontrollaufgaben, die sich auf alle vier Texte beziehen.

1 Haarausfall: Die Pharmaindustrie hat behauptet, dass Haarausfall

a) ☐ gesundheitliche Probleme hervorruft;

b) ☐ auch bei Frauen auftritt;

c) ☐ zu psychischen Problemen führen kann.

2 Sissi-Syndrom: Welche Aussagen sind richtig, welche falsch?

a) »Sissi-Syndrom« und »bipolare Störungen« sind identisch. R F

b) Bipolare Störungen haben gegensätzliche Symptome. R F

c) Die Pharmaindustrie behauptet: Bipolare Störungen lassen sich mit Medikamenten schnell heilen. R F

3 Cholesterin: Der Grenzwert für Cholesterin

a) ☐ ist so hoch, dass viele Menschen als krank gelten;

b) ☐ ist wissenschaftlich begründet;

c) ☐ wurde aufgrund einer Studie aus Bayern festgelegt.

4 Unruhige Beine (Restless Leg Syndrom, RLS): Welche Aussagen sind richtig, welche falsch?

a) RLS ist eine seltene Krankheit. R F

b) Gegen RLS helfen nur Medikamente. R F

c) Die Medien halfen Pharmakonzernen beim Verkauf der Medikamente gegen RLS. R F

d) Das Medikament Ropinirol hat nur bei wenigen Patienten Nebenwirkungen. R F

5 Arbeiten Sie zu zweit. Suchen Sie sich eine Szene aus und spielen Sie sie.

⇨ Variante 1: Der Patient / die Patientin reagiert normal.

⇨ Variante 2: Der Patient/ die Patientin reagiert kritisch, weil er / sie die Methoden von Dr. Knock durchschaut hat.

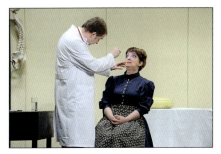
Dr. Knock diagnostiziert: Sissi-Syndrom!

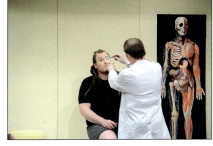
Dr. Knock diagnostiziert: Krankhafter Haarausfall!

Dr. Knock diagnostiziert: Cholesterinwerte zu hoch!

Indirekte Rede

> In der **indirekte Rede** gibt jemand die Aussagen eines anderen wieder. Oft werden diese Aussagen zusammengefasst und auf das Wichtigste reduziert. Um deutlich zu machen, dass man Aussagen oder Meinungen einer anderen Person wiedergibt, verwendet man den **Konjunktiv I**.
>
> ▶ GR S. 153

1 Unterstreichen Sie in dem folgenden Bericht des Arztes alle Sätze, in denen der Arzt etwas berichtet, was ihm Donna erzählt. Markieren Sie anschließend die Verben in diesen Sätzen. Was fällt auf?

》*Ein Arzt berichtet: Donna kommt in meine Praxis, und gleich auf den ersten Blick sehe ich, dass ihre Stimmung schlecht ist. Sie ist dunkel gekleidet, wirkt angespannt und sieht mir nicht in die Augen, wenn sie mit mir spricht. Donna ist alleinerziehende Mutter. Sie arbeite halbtags, ihre Firma sei aber in Schwierigkeiten. Aus diesem Grund habe sie Angst, ihre Arbeit zu verlieren. Sie fühle sich ängstlich und reizbar. Sie habe Schlafstörungen und könne sich bei der Arbeit schlecht konzentrieren. Noch vor wenigen Tagen, sagt sie, habe sie mehr als normal geschlafen, fast 10 Stunden. Auch ihre Stimmung sei damals viel besser gewesen. Sie habe viel mit Freunden gesprochen, gelacht und viel unternommen: Sport, Tanzen usw. Die Patientin leidet unter einer bipolaren Störung, vergleichbar mit dem Sissi-Syndrom, wie man es früher nannte.*《

2 Ergänzen Sie die fehlenden Formen in der Tabelle. Markieren Sie wie im Beispiel. Ergänzen Sie auch in der letzten Zeile »➥« die Regel.

Das erzählt Donna ihrem Arzt ...	Das berichtet der Arzt ...
»Ich **arbeite** halbtags, meine Firma **ist** aber in Schwierigkeiten.«	Sie **arbeite** halbtags, ihre Firma **sei** aber in Schwierigkeiten.
	Aus diesem Grund habe sie Angst, ihre Arbeit zu verlieren.
	Sie fühle sich ängstlich und reizbar.
	Auch ihre Stimmung sei damals viel besser gewesen
➥ direkte Rede: Verb im Indikativ	▶

3 Der folgende Bericht von Beate ist im Präteritum geschrieben. Ergänzen Sie die fehlenden Formen. Markieren Sie wie in den Beispielen. Achten Sie auf die Zeit!

Das erzählt Beate ...	Das berichtet ihr Arzt ...
»**Meine** Nächte **waren** noch vor kurzer Zeit die Hölle.«	
	Sobald **sie** abends zu Bett **gegangen sei**, **habe** es in **ihren** Beinen **gekribbelt**.
»Ich bewegte meine Beine und hatte einen Moment Ruhe.«	
»Kurze Zeit später fing es wieder an.«	
	Sie habe mit ihren Beinen getreten und sei hin und her gelaufen.
»Aber sobald ich mich hinlegte, verspürte ich wieder diesen Bewegungsdrang.«	
➥ direkte Rede: Verb im Indikativ (Vergangenheit)	▶

▶ Üb, S. 99 / 104

Instrumentalsätze

GR 12

> Instrumentalsätze geben an, **wie** oder **womit** etwas gemacht oder erreicht wird.

▶ GR S. 154

1 Unterstreichen Sie in den folgenden Textauszügen mit unterschiedlichen Farben. Tragen Sie danach die Satzteile und die Verbindungswörter in die Tabelle wie im Beispiel ein.

» *Sie verstecken ihre Depression, indem sie sich besonders aktiv verhalten* ...
Zeitungen halfen bei der Vermarktung der neuen »Volkskrankheit«, indem sie plötzlich überall Artikel über die geheimnisvollen ruhelosen Beine veröffentlichten.
Wahrscheinlich muss ich meinen Cholesterinwert dadurch drastisch senken, dass ich mich anders ernähre ...
Durch eine einfache Erhöhung des Grenzwertes wird die Mehrheit der Deutschen zu Patienten. Ärzte und Firmen profitieren davon direkt: Roche Diagnostics, indem es seine Geräte zum Cholesterinmessen verkauft. Kardiologen, indem sie neue Patienten bekommen, und schließlich die Pharmakonzerne dadurch, dass sie weltweit Milliarden Euro mit Medikamenten umsetzen, die den Cholesterinspiegel senken.
Haarausfall ist eine Krankheit, die man durch die Einnahme von Medikamenten behandeln kann ... «

Zweck / Ergebnis	Verbindung	Instrument / Mittel
verstecken Depression	**indem**	sie verhalten sich besonders aktiv

2 Alles ohne Medikamente! **Ordnen Sie den Problemen 1. – 6. die Maßnahmen a) – f) zu. Schreiben Sie anschließend abwechselnd vollständige Sätze mit »*indem*« und »*dadurch ... dass*« wie im Beispiel.**

Problem		Therapie
1. Wie bekämpfe ich meine Rückenschmerzen?	c	a) Zitrone, Rum, 2 Löffel Tabasco
2. Wie kann ich 15 Kilogramm abnehmen?		b) kalt duschen, fünf Kilometer joggen
3. Wie schlafe ich besser?		c) zwei Mal pro Woche Gymnastik
4. Wie bekämpfe ich meine ständigen Kopfschmerzen?		d) weniger essen
5. Wie werde ich morgens schneller munter?		e) neue Matratze
6. Womit kann ich meine Halsschmerzen bekämpfen?		f) Prüfung verschieben

Beispiel Du kannst deine Rückenschmerzen dadurch bekämpfen, dass du zwei Mal pro Woche Gymnastik machst. / Du kannst deine Rückenschmerzen bekämpfen, indem du zwei Mal pro Woche Gymnastik machst

Krank?

Krankheit sucht Medikament

Dr. med Pfitzer fackelt nicht lange. Er hört sich kurz an, was seine Patientinnen und Patienten erzählen und zückt dann seinen Rezeptblock, auf den er ein Medikament schreibt. Heute hatte er acht schwierige Patienten.

⇨ Was glauben Sie als Nichtmediziner? Welche Medikamente (A – H) hat er den Patienten (1 – 8) verschrieben? Schreiben Sie den passenden Buchstaben in die Spalte »Medikament«.

⇨ Es gibt jeweils nur eine richtige Lösung. Es ist möglich, dass es nicht für jede Person ein passendes Medikament gibt. Schreiben Sie dann »---« in die Spalte »Medikament«.

Patient	Leiden	Medikament
1	isst gerne und oft Fleisch und fetthaltige Milchprodukte. Er bekommt kaum noch Luft, wenn er die Treppe hinaufgeht. Er wohnt im 1. Stock.	
2	beklagt sich über ständiges Jucken an Händen und Füßen, das auch nachts nicht aufhört.	
3	hat ihren 9-jährigen Sohn mitgebracht. Unglaublich, der Kleine! Die 2. Klasse hat er schon zweimal wiederholt. Terrorisiert die Mutter und seine größere Schwester. Hat mir überhaupt nicht zugehört.	
4	leidet über Schmerzen in den Augen und Sehschwäche. Kann insbesondere abends schlecht sehen.	
5	hat Probleme in ihrem Beruf, weil sie ständig entweder tief traurig oder extrem lustig ist.	
6	kann nicht mehr ins Theater gehen, weil er die anderen Besucher durch ständiges Bewegen der Beine stört und deswegen schon mal das Theater verlassen musste.	
7	klagt über Halluzinationen. Gestern habe ihr verstorbener Mann ihr Kaffee ans Bett gebracht. Wie immer ohne Zucker.	
8	ist ein 67-jähriger Renter. Er möchte selbst in seinem Alter gerne mehr als 47 Haare auf dem Kopf haben.	

A

Calmasubito. In einer manischen oder depressiven Phase besteht ein Ungleichgewicht an Botenstoffen (»Neurotransmittern«) im zentralen Nervensystem. Calmasubito stabilisiert die Stimmung. Anzuwenden, wenn eine akute Verschlechterung der Stimmung schnelle Hilfe verlangt, aber auch, wenn sich eine Phase übertriebener Impulsivität bemerkbar macht. Als Vorbeugung und im Rahmen einer langfristigen Therapie hoch wirksam.

B

Furinosol. Anzuwenden bei schweren Angstzuständen und Panikattacken. Stärkt den Antrieb und mildert Angst und Unruhe, ohne abhängig zu machen. Damit Sie wieder Mut schöpfen können. Kann problemlos bei Besserung der Angstzustände wieder abgesetzt werden. Bekannte Nebenwirkungen sind Müdigkeit und in einigen Fällen Sehschwäche.

C

Cholerado. Durch ungesunde Ernährung ist ein hoher Cholesterinspiegel weit verbreitet. Ein hoher Cholesterinspiegel führt zur Verkalkung der Arterien und zu Durchblutungsstörungen. Die Leistungsfähigkeit bei Belastungen verringert sich. Schmerzen im Brustbereich und Atemnot schon bei geringeren Anstrengungen sind Symptome. Im schlimmsten Fall kann es zu einem Herzinfarkt oder Schlaganfall kommen. Cholerado senkt schnell und effektiv den Cholesterinspiegel.

D

Glatzenol. Bei 70–80 % der Fälle kann die Glatzenbildung bei Männern im Alter zwischen 18 und 49 Jahren durch Glatzenol aufgehalten werden. Bei bis zu 30 % stellt sich Haarneuwuchs ein. Bei über 50-Jährigen kann nicht mehr mit einem positiven Ergebnis gerechnet werden. Die besten Ergebnisse sind für dunkelhaarige Menschen unter 50 Jahren zu erwarten.

(E) Legonon. Anzuwenden bei einer neurologischen Erkrankung mit Gefühlsstörungen und Bewegungsdrang in den Beinen, Füßen und – weniger häufig– auch in den Armen. Die Erkrankung führt oft zu nicht gewollten Bewegungen. Folgen sind Schlaflosigkeit, die wiederum zu Erschöpfungszuständen und mangelnder Leistungsfähigkeit führt.

(F) Mykoweg. Im Gegensatz zu pilzhemmenden Medikamenten, die lediglich das Wachstum der Fußpilzerreger hemmen, vernichtet der pilztötende Wirkstoff Terbinafin den Pilz effektiv. Gleichzeitig pflegt die Creme trockene und rissige Hand- und Fußhaut. Sie spendet Feuchtigkeit, lindert das Spannungs- und Juckgefühl und trägt zur Wiederherstellung der Hautbarriere bei.

(G) Ghostolaxan. Anzuwenden bei illusionären Wahrnehmungen, die in Wirklichkeit nicht vorhanden sind, den Betroffenen jedoch als subjektiv real erscheinen. Solche Wahnvorstellungen können im Rahmen psychischer oder hirnorganischer Erkrankungen auftreten, z.B. bei Sucht, Alkoholentzug, Manie, Wahn, Depression oder Schizophrenie.

(H) Kidosan. Anzuwenden bei rasch nachlassender Aufmerksamkeit (während eines längeren Zeitraums); Ablenkbarkeit, emotionale Labilität, Impulsivität, mäßige bis starke Hyperaktivität, fortgesetzte, über einen längeren Zeitraum andauernde Lernschwierigkeiten können, müssen aber nicht vorhanden sein. Nur anzuwenden unter ärztlicher Kontrolle. Evenentuell sind begleitende psycho-soziale Maßnahmen erforderlich.

Grammatik-Anhang

Aktiv & Passiv

Das Passiv wird in Sachtexten, insbesondere in fachwissenschaftlichen Texten, viel häufiger verwendet als in der Literatur oder in der Alltagssprache. Die Aufmerksamkeit des Lesers soll auf einen Vorgang oder auf das Ergebnis eines Vorgangs und nicht (oder nicht so sehr) auf die handelnden Personen gelenkt werden.

A Vorgangspassiv (»werden-Passiv«)

1. Formen

Präsens	Das Gesetz wird verändert.
Perfekt	Das Gesetz ist verändert worden.
Präteritum	Das Gesetz wurde verändert.
Plusquamperfekt	Das Gesetz war verändert worden.
Futur I	Das Gesetz wird verändert werden.
Futur II	Das Gesetz wird verändert worden sein.

2. Bedeutungsunterschiede

Aktiv	Passiv
(Persönlicher) Bericht: Person und Handlung wichtig.	Vorgang (Was passiert?) ist wichtig. Die Person (Wer?) ist unwichtig / soll nicht genannt werden / ist unbekannt.
Zuerst lege ich die Flasche in ein Wasserbad.	Zuerst wird die Flasche in ein Wasserbad gelegt.
Tino klebt das Etikett auf die Flasche.	Das Etikett wird auf die Flasche geklebt.
Die Hochschulen haben die Strafen für Abschreiber verschärft.	Die Strafen für Abschreiber sind verschärft worden.

3. Passiv mit Agens

Auch in Passiv-Sätzen kann der »Täter« (grammatisch »*Agens*«) genannt werden. In den meisten Fällen sind aber Aktiv-Sätze stilistisch besser, wenn der Agens genannt werden soll.

Aktiv		Passiv	
Der Lehrer bemerkte den Spicker nicht.		Der Spicker wurde vom Lehrer nicht bemerkt.	
Kürzere Studienzeiten setzen Studierende unter Zeitdruck.		Studierende werden durch kürzere Studienzeiten unter Zeitdruck gesetzt.	
Subjekt	Akkusativ-Objekt	**Subjekt**	Agens: von (+ Dativ) / durch (+ Akk)

4. Unpersönliches Passiv (Passiv ohne Subjekt)

Es wird bei Prüfungen stärker kontrolliert.	»Es« ist hier Ersatz-Subjekt.
Auch bei wissenschaftlichen Publikationen wird geschummelt.	»Auch ... Publikationen« = Position 1
Es wird gelacht, geweint und geschwiegen.	Das unpersönliche Passiv kann auch von intransitiven Verben gebildet werden.

5. Passiv mit Modalverben

im Hauptsatz	Auch Doktoranden und Professoren **können** durch das neue Gesetz bestraft werden.
im Nebensatz	Das neue Gesetz legt nun fest, dass Studierende exmatrikuliert werden können.
	Modalverb + Infinitiv Passiv

B Zustandspassiv (»sein-Passiv«)

1. Formen

Präsens	Das Gesetzt ist verändert.
Perfekt	Das Gesetz ist verändert gewesen.
Präteritum	Das Gesetz war verändert.
Plusquamperfekt	Das Gesetz war verändert gewesen.
Futur I	Das Gesetz wird verändert sein.
Futur II	Das Gesetz wird verändert gewesen sein.

Die farblich unterlegten Formen werden normalerweise verwendet; die anderen selten.

2. Bedeutung

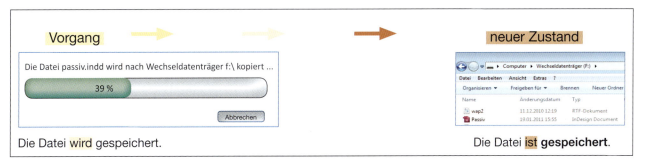

Vorgang → neuer Zustand

Die Datei wird gespeichert. — Die Datei **ist** gespeichert.

1. Das **Vorgangspassiv** (»werden-Passiv«) drückt eine **Aktion**, eine **Handlung** oder einen **Prozess** aus. Im Beispiel oben **wird** eine Datei gerade vom Arbeitsspeicher des Computers auf einen Wechseldatenträger **geschrieben**.
2. Das **Zustandspassiv** (»sein-Passiv«) drückt das **Resultat eines Vorgangs** aus: der Prozess ist beendet und es ist ein **neuer Zustand** erreicht: Die Datei **ist** auf dem Datenträger **gespeichert** und erscheint im Dateiverzeichnis. Das Zustandspassiv kann **nur mit transitiven Verben** gebildet werden. Diese Verben müssen zusätzlich eine **starke** und **wirkungsvolle Handlung** ausdrücken, die zu einem neuen Zustand des Objekts führt. Solche Verben sind z.B. *töten, verwandeln, kochen, wählen ...*

Kapitel 1

Satzstellung

1. Satzstellung im Hauptsatz

Vorfeld	Satzklammer links	Mittelfeld	Satzklammer rechts	Nachfeld
(1) Die Unis	**haben**	die Strafen für Abschreiber	**verschärft.**	
(2) Künftig	**kann**	man	**exmatrikuliert werden,**	wenn ...
(3) Das Internet	**ist**	eine Fundgrube für Schriften.		
(4) Neben Referaten	**stehen**	Hausarbeiten zum Herunterladen	**bereit,**	manchmal zum Nulltarif.
(5) Man	**schreibt**	nicht mehr mühsam aus Büchern	**ab,**	sondern kopiert.
(6) Warum	**hat**	das Abschreiben	**zugenommen?**	
	finites Verb		**infinites Verb** *(auch Präfix)*	

Vorfeld — Im Vorfeld steht das **Subjekt**. Aber auch **andere Angaben** können das Vorfeld besetzen. In Satz (2) ist es ein Adverb *(künftig)*, in Satz (6) ein Fragewort *(warum)*.

Satzklammer links — Das **finite Verb öffnet** die Klammer. Andere Satzteile sind nicht möglich.

Mittelfeld — Hier stehen verschiedene Angaben. Die Reihenfolge ist zum Teil flexibel. Am weitesten rechts stehen oft unbekannte und wichtige Informationen.

Satzklammer rechts — Die anderen Teile des Verbs **(infinite Verbteile) schließen** die Klammer. Auch trennbare Präfixe gehören dazu: Satz (4) stehen ... **bereit**; Satz (5) schreibt ... **ab**.

2. Satzstellung im Nebensatz

Vorfeld	Satzklammer links	Mittelfeld	Satzklammer rechts	Nachfeld
(1) Die Studierenden sind aber nicht allein schuld daran,	**dass**	so oft	**plagiiert wird.**	
(2) Viele Studierende haben nur geringe Kenntnisse,	**wenn**	sie mit dem Studium	**beginnen,**	zum Beispiel wie man korrekt zitiert.
(3)	**Um**	das Plagiieren an den Hochschulen	**zu bekämpfen,**	reichen Strafen also allein nicht aus.
	Subjunktion		**finites Verb**	

Vorfeld — Im Vorfeld steht der **Hauptsatz**. Wenn das Vorfeld frei bleibt, steht der Hauptsatz im Nachfeld.

Satzklammer links — Eine **Subjunktion öffnet** die Klammer.

Mittelfeld — Am Anfang des Mittelfeldes, also direkt hinter der Subjunktion, steht meistens das Subjekt des Nebensatzes (2), (3).

Satzklammer rechts — Das **konjugierte Verb schließt** die Nebensatzklammer. Direkt vor dem konjugierten Verb stehen Partizip (1) oder Infinitiv. Bei Infinitivsätzen (3) schließt der Infinitiv die Nebensatzklammer.

Nachfeld — Der Hauptsatz kann auch im Nachfeld stehen (3).

Kapitel 2

3. Übersicht: Satzklammer im einfachen Satz

	Vorfeld	Satzklammer links	Mittelfeld	Satzklammer rechts
Präsens	Timo	**druckt**	die Seite mit einem Farbdrucker	**aus.**
Perfekt		**hat**	drei Exemplare der Seite	**ausgedruckt.**
Plusquamperfekt		**hatte**	die Seite mehrmals	**ausgedruckt.**
Futur I		**wird**	die Seite sicherlich bald	**ausdrucken.**
Futur II		**wird**	die Seite in wenigen Minuten	**ausgedruckt haben.**
Modalverben		**kann**	das Etikett jetzt auf die Flasche	**kleben.**
Konjunktiv II		**würde**	heute eine andere Flasche	**verwenden.**
Vorgangspassiv	Die Seite	**wird**	mit einem Farbdrucker	**ausgedruckt.**
Zustandspassiv	Die Seite	**ist**	bereits	**ausgedruckt.**

↳ Halit, Band 2

Kapitel 2

Passiv-Ersatzformen

Tabus **können** von Verboten **unterschieden werden.**	
1. Unpersönlicher Aktivsatz	Man **kann** Tabus von Verboten **unterscheiden.**
2. sich lassen + Infinitiv	Tabus **lassen sich** von Verboten **unterscheiden.**
3. Adjektiv + -bar	Tabus **sind** von Verboten **unterscheidbar.**
4. sein + zu + Infinitiv	Tabus **sind** von Verboten **zu** unterscheiden.
5. zu + Partizip I	von Verboten **zu unterscheidende** Tabus

(1) Sätze mit *man* sind in der Schriftsprache seltener anzutreffen als in der gesprochenen Sprache. Ein häufiger Gebrauch von *man* ist stilistisch bedenklich.

(2) Konstruktionen mit **sich lassen + Infinitiv** stehen für Passivsätze mit dem Modalverb *können*.

(3) Adjektive mit dem Suffix **-bar** haben eine passive Bedeutung, wenn sie von transitiven Verben abgeleitet sind. Ihnen entspricht immer das Modalverb *können*. Es gibt wenige Adjektive mit **-bar**, die von intransitiven Verben gebildet werden und trotzdem eine passive Bedeutung haben: *unverzichtbar, kündbar*.

(4) Die Konstruktion **sein + zu + Infinitiv** ist ein Ersatz für Passivsätze mit den Modalverben *können, müssen, nicht dürfen* und manchmal auch *sollen*. Welche modale Bedeutung zutrifft, hängt vom Kontext ab.

(5) Konstruktionen **mit zu + Partizip I** *(Modalpartizip)* können Passivsätze mit den Modalverben *können, müssen, sollen, (nicht) dürfen* ersetzen. Bei trennbaren Verben steht »zu« zwischen dem Präfix und dem Partizip I. Das Modalpartizip ermöglicht die Bildung von Linksattributen.

↳ Halit, Band 2

Kapitel 3

Konjunktiv II

1. Formen

a) Konjunktiv der Gegenwart

	Konjunktiv I mit »würde«	\multicolumn{5}{c}{Konjunktiv II vom Präteritum}
	alle Verben	regelmäßig	\multicolumn{3}{c}{unregelmäßig}	
	sagen	machen	kommen	sein	hätten	Endung
ich	würde sagen	machte	käme	wäre	hätte	-e
du	würdest sagen	machtest	kämest	wärest	hättest	-est
Sie	würden sagen	machten	kämen	wären	hätten	-en
er sie es	würde sagen	machte	käme	wäre	hätte	-e
wir	würden sagen	machten	kämen	wären	hätten	-en
ihr	würdet sagen	machtet	kämet	wäret	hättet	-et
Sie	würden sagen	machten	kämen	wären	hätten	-en
sie	würden sagen	machten	kämen	wären	hätten	-en

1. Der Konjunktiv II mit *würde* wird eher in der gesprochenen Sprache verwendet.
2. Bei den Modalverben und Hilfsverben wird der Konjunktiv vom Präteritum verwendet: ~~würde können~~ → **könnte**; ~~würde haben~~ → **hätte**; ~~würde sein~~ → **wäre**.

b) Konjunktiv der Vergangenheit

Infinitiv	Konjunktiv II der Vergangenheit (3. Person Singular)
haben	sie hätte gehabt
sagen	er hätte gesagt
sein	sie wäre gewesen
kommen	er wäre angekommen

c) Konjunktiv II in Passivsätzen

Indikativ Passiv	Konjunktiv II Passiv
Die Beziehung wird beendet.	Die Beziehung würde beendet werden.
Die Beziehung wurde beendet.	Die Beziehung wäre beendet worden.
Die Beziehung ist beendet worden.	
Die Beziehung war beendet worden.	

2. Gebrauch

a) Bitten, Vermutungen, Ratschläge und Wünsche

Höfliche Bitte	Würdest du bitte die Tür öffnen?
Vermutungen	Wer hat da geklopft? – Es könnte der Schlussmacher sein.
Ratschläge	Wenn ich du wäre, würde ich das Paket 1 wählen. Ich an deiner Stelle würde ihm nicht glauben.
Wunschsätze	Ich würde am liebsten jetzt aufhören.

Kapitel 3

b) irreale Sätze

Satzart	irrealis	In Wirklichkeit (aber) ...
irreale **Wunschsätze**	Wenn ich doch gewonnen hätte! Hätte ich doch gewonnen.	... habe ich nicht gewonnen.
irreale **Konditionalsätze**	Wenn sie sich **nicht** entschuldigt hätte, hätte ich ihr **nicht** verziehen.	... hat sie sich entschuldigt, und deshalb habe ich ihr verziehen.
irreale **Vergleichssätze**	Er tat so, als ob ich ein Geist wäre.	... bin ich kein Geist.
irreale **Folgesätze**	Sie ist zu stolz, als dass sie ihren Fehler zugegeben hätte.	... hat sie ihren Fehler nicht zugegeben.

Konditionalsätze: Bedingungen nennen

1. Konditionalsätze mit und ohne Subjunktion

Wenn er zum Hörer greift, geht eine Beziehung zu Ende.	Greift er zum Hörer, geht eine Beziehung zu Ende.
Wenn ihn jemand um Hilfe bittet, handelt es sich meist um junge Leute.	Bittet ihn jemand um Hilfe, handelt es sich meist um junge Leute.
Wenn der Bus keine Verspätung gehabt hätte, hätte ich den Zug erreicht.	Hätte der Bus keine Verspätung gehabt, hätte ich den Zug erreicht.
Konditionalsatz mit Subjunktion **Verb am Ende**	**Konditionalsatz ohne Subjunktion** **Verb am Anfang**

2. irreale Konditionalsätze

	In Wirklichkeit aber ...
Wenn er besser gestartet wäre, hätte er den Lauf gewonnen.	... ist er **schlecht gestartet** und hat (deshalb) den Lauf **nicht gewonnen**.
Wenn der Bus nicht an der gelben Ampel gehalten hätte, wäre sie nicht zu spät am Bahnhof angekommen.	... **hat** der Bus an der gelben Ampel **gehalten**, und sie ist (deshalb) **zu spät** am Bahnhof **angekommen**.
Irreale Bedingung: **Konjunktiv II der Vergangenheit**	

Nominal: bei, im Falle **Bei** einem besseren Start hätte sie gewonnen. **Im Falle** einer Verspätung erhalten Sie Ihr Geld zurück.

↳ **Halit, Band 2**

Kapitel 4

Relativsätze

1. Relativpronomen

Kasus	Maskulin	Neutrum	Feminin	Plural
Nominativ	der	das	die	die
Akkusativ	den	das	die	die
Dativ	dem	dem	der	denen
Genitiv	dessen	dessen	deren	deren

2. Relativsätze mit dem bestimmten Artikel

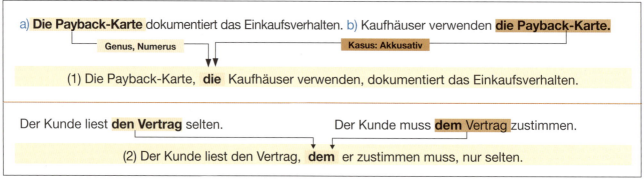

Numerus und Genus des Relativpronomens werden vom Nomen bestimmt. Das Verb im Relativsatz bestimmt den Kasus des Relativpronomens: (1) verwenden + Akkusativ; (2) zustimmen + Dativ

3. Relativsätze mit *was, wo, wer*

was steht nach • nichts, vieles, einiges, etwas usw. • nominalisierten Superlativen: das Beste, das Klügste usw. **was** kann sich auch auf den gesamten Satz beziehen	Du kannst mich alles fragen, was du wissen willst. Das war das Gefährlichste, was mir je passiert ist. Sie nahm keinen Kontakt zu ihm auf, was er sehr bedauerte.
wo bezieht sich auf einen bestimmten oder nicht bestimmten Ort oder auf eine Zeitangabe	Das Haus, wo ich wohne, ist auf Google Street View gut zu sehen.
wer / wen / wem *(Relativsatz meistens vor Hauptsatz)*	Wem Facebook nicht gefällt, (der) kann sich abmelden.

4. Relativsätze mit Präpositionen

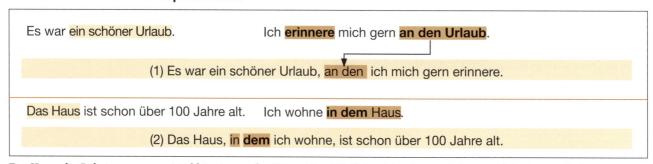

Der Kasus des Relativpronomens ist abhängig von der Präposition. Die Präposition kann wiederum abhängig vom Verb sein (wohnen in + Dativ – wo?). *Zum Vergleich: Das Haus, in das ich einziehe, ist schon 100 Jahre alt* (einziehen in + Akkusativ – wohin?).

Kapitel 5

Fragen

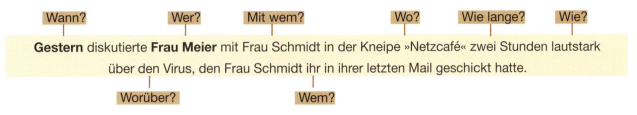

1. W-Fragen

Wer leidet am meisten unter der Trennung?	**Wer**(*) → Personen
Was bereitet die größten Probleme in einer Fernbeziehung?	**Was** → Sachen
Welche Suchmaschine soll ich verwenden, A oder B?	**Welcher** (*) → Alternativen aus einer Gruppe
Was für Sprachen sprichst du?	**Was für** (*) → Eigenschaften, Fähigkeiten einer Person oder Sache
Wann besuchst du mich das nächste Mal?	**Wann** → Zeitpunkt
Wie lange müssen wir diese Fernbeziehung noch ertragen?	**Wie lange** → Zeitraum, Dauer
Wo treffen wir uns das nächste Mal?	**Wo** → Ort
Wie kannst du die vielen Reisen finanzieren?	**Wie** → Art und Weise, Umstände, Eigenschaften
Wie viel kostet der Flug nach Madrid?	**Wie viel** → Quantität, Menge

(*) Nach Genus, Numerus und Kasus unterschiedlich: Wer/Wem/Wen/Wessen; Welcher/Welches/Welche/Welchem/Welchen; Was für /ein/eine/einer/einem/einen/Ø.

2. Entscheidungfragen

Haben Sie ein Bankkonto [↑]? — Ja[↓], natürlich.	*Antwort:* »Ja« oder »Nein«. Das Verb steht in der Frage **an erster Stelle**. Am Ende der Frage steigt die Intonation [↑]. Bei der Antwort fällt sie [↓].
Machen Sie oft Schulden [↑]? — Nein [↓], nie.	

3. Fragen nach Gründen

Warum bist du nach Madrid gegangen? **Aus welchem Grund** musstet ihr eure Beziehung verheimlichen?	Nach Gründen fragt man mit **warum**, **weshalb**, **wieso** *(gesprochen)*, **aus welchem Grund**

Kapitel 5

4. Fragen mit Präpositionen

(1) Mit wem lebt sie zusammen? (→ Mit einem Musiker.)	
(2) Womit beschäftigst du dich? (→ Mit einem Referat.)	
(3) Wofür hat sie sich entschieden? (→ Für ein Praktikum in Madrid.)	
(4) Für wen hat sie sich entschieden? (→ Für den Spanier.)	

Vor das Fragepronomen wird eine Präposition gestellt. Die Antwort beginnt dann meistens mit dieser Präposition.

(1) + (4) Bei Fragen nach Personen wird immer *Präposition + Fragepronomen* verwendet *(mit wem, über wen, von wem usw.)*.

(2) + (3) Bei Nichtpersonen (Dinge, Abstrakta usw.) verwendet man wo(r) + Präposition *(wofür, worüber, wovon, worauf usw.)*.

5. Indirekte Fragen

	Indirekte Frage		Direkte Frage
Hauptsatz	Subjunktion	Nebensatz	Fragesatz
1 Sagen Sie doch unseren Hörern,	welche	Ratschläge Sie geben würden.	Sie fragt: »Welche Ratschläge würden Sie unseren Hörern geben?«
2 Darf ich fragen,	ob	Sie ein gültiges Visum besitzen.	Der Beamte fragt: »Besitzen Sie ein gültiges Visum?«
3 Es interessiert mich,	wann und wo	sie studiert haben.	Sie fragt: »Wann und wo haben Sie studiert?«
4 Ich möchte gerne wissen,	wann	der nächste Zug nach München fährt.	Er fragt: »Wann fährt der nächste Zug nach München?«

(1) Die indirekte Frage wird mit einer Subjunktion (einem Fragewort) eingeleitet. Das finite Verb steht am Schluss.

(2) Bei Entscheidungsfragen steht die Subjunktion ob.

(4) Indirekte Fragen sind höflicher als direkte Fragen.

6. Nachfragen

Sie kommen aus Polen [↑]? — **Ja**. Du hast keine Probleme mit den kulturellen Unterschieden [↑]? — **Nein**, sag ich doch.	Die Information ist bereits bekannt. Man möchte sie noch einmal bestätigt haben. Die Satzstellung entspricht der eines normalen Aussagesatzes. Die Frage ist nur an der ansteigenden Intonation erkennbar.

7. Rhetorische Fragen

(1) Ist dieser Kurs nicht genial? (2) Ist es gerecht, dass eine Krankenschwester und ein Chefarzt die gleichen Steuern zahlen? (3) Muss ich denn hier alles selber machen?	Der Fragesteller erwartet keine informative Antwort, sondern **Zustimmung** *(1)* oder **Ablehnung** *(2)*. Auch **Vorwürfe** *(3)* können als rhetorische Fragen formuliert werden.

Kapitel 5

GR Anhang

Negationen (Verneinungen)

1. nicht, kein

nicht
Wir sehen uns oft monatelang nicht.
Mehr als vier Mal pro Jahr können sie sich nicht sehen.

kein_
Javier hat keine Zeit für einen Deutschkurs.
Sie sollten keinen Streit am Telefon führen.

(1) *nicht* negiert den ganzen Satz. *gar nicht, überhaupt nicht* verstärken die Negation.
 *kein_* negiert ein bestimmtes Nomen (oder einen nominalen Ausdruck).
 Auch Nomen, die keinen Artikel haben (»Nullartikel«), werden mit kein_ negiert: (Ø Angst → keine Angst)
(2) *kaum* hat die Bedeutung von »fast nicht«, »fast kein_«: Ich habe kaum geschlafen. Ich konnte kaum ein Wort Deutsch.

2. andere Negationswörter

	positiv	negativ	Beispiel
Person	jemand, alle	niemand	Niemand kann sagen, wie lange das noch dauert.
Sache	etwas, alles	nichts	Ich weiß nichts von seinem Alltag.
Ort	irgendwo, überall	nirgendwo, nirgends	Es ging mir noch nirgendwo so gut wie hier.
Richtung	irgendwohin	nirgendwohin	Ich bleibe zuhause. Ich fahre dieses Jahr nirgendwohin.
Zeit	jemals, immer, oft, manchmal	nie, niemals	Ich habe noch nie an seiner Liebe gezweifelt.

3. Negationspräfixe und Negationssuffixe

Präfix		Suffix	
un-	unklar, undenkbar, unruhig	-frei	fehlerfrei, alkoholfrei, lösungsmittelfrei
Miss	Misstrauen, Missverständnis	-los	ziellos, arbeitslos, hoffnungslos
a-; des-; in-; anti-	asymmetrisch; desorientiert; indirekt; Antifaschist	-leer	menschenleer, luftleer,

(1) un- kann man mit Nomen und Adjektiven verbinden (aber nicht mit Verben).
(2) miss- kann man mit Nomen, Adjektiven und Verben verbinden.
(3) Negationspräfixe bei nichtdeutschen Wörtern:
 in-: inhuman, inakzeptabel (aber: irreal, immateriell, illegal); des-: Desinteresse, desillusioniert; dis-: disqualifiziert, Dissonanz.

Die Suffixe *-frei, -los, -leer* bedeuten »**ohne** ...«
ein fehlerfreier Test → ohne Fehler, arbeitslos → ohne Arbeit; inhaltsleer → ohne Inhalt;
Tendenz (mit Ausnahmen!): *-leer* und *-los* verbinden sich mit Nomen, die **positiv** bewertet werden; *-frei* mit Nomen, die **negativ** bewertet werden.

Kapitel 6

Partizipien als Attribute

1. Aktive und passive Bedeutung

(1) die zunehmende Armut	Die Armut nimmt zu.
(2) die körperlich sehr anstrengende Arbeit	Die Arbeit strengt sehr an.
(3) der ausgeübte Job	Der Job wird ausgeübt.
(4) die sozial benachteiligten Bevölkerungsgruppen	Die Bevölkerungsgruppen sind sozial benachteiligt.
Partizip-I-Attribut Partizip-II-Attribut	Satz im Aktiv Satz im Passiv

Verben können als Attribute verwendet werden. Sie werden dann vor das Nomen gestellt. Sie werden genau wie Adjektiv-Attribute **dekliniert**.

(1) Das Partizip-I-Attribut *zunehmende* (vom Verb *zunehmen* – intransitiv) hat eine **aktive Bedeutung**. Das Nomen ist **Subjekt** der Handlung.
(2) Das Partizip-I-Attribut *anstrengende* wird erweitert (*körperlich sehr _*). Man spricht dann von einer **Partizipgruppe**.
(3) Das Partizip-II-Attribut *ausgeübte* (vom Verb *ausüben* – transitiv) hat eine **passive Bedeutung**. Das Nomen ist **Objekt** der Handlung.
(4) Das Partizip-II-Attribut *benachteiligten* wird erweitert (*sozial _*). Das Verb *benachteiligen* ist transitiv. Als Partizip-Attribut hat es eine passive Bedeutung *(hier: **Zustandspassiv**)*.

2. Partizipgruppe und Relativsatz

die körperlich sehr anstrengende Arbeit	die Arbeit, die körperlich sehr anstrengt
eine alarmierende Tendenz	eine Tendenz, die alarmiert
die sozial benachteiligten Bevölkerungsgruppen	die Bevölkerungsgruppen, die sozial benachteiligt sind
stillgelegte Fabriken	Fabriken, die stillgelegt sind
Attribut mit Partizip I oder Partizip II	Relativsatz im Aktiv oder Passiv

Das Partizip-Attribut kann um mehrere Angaben erweitert werden. Manchmal sind die Angaben in solchen Partizipgruppen sehr komplex. Man kann den Satz besser verstehen, wenn man die Partizipgruppe in einen Relativsatz verwandelt.

↪ **Halit, Band 2**

Bitte beachten Sie:

der soeben auf Gleis 5 angekommene Zug		der Zug, der soeben auf Gleis 5 angekommen ist
die in den letzten Jahren gewachsene Zahl der Armen		die Zahl der Armen, die in den letzten Jahren gewachsen ist *(Perfekt, Aktiv)*
intransitive Verben, die das Perfekt mit »sein« bilden	Partizip II Attribut	Relativsatz im Aktiv *(Perfekt, Aktiv)*

Kapitel 7

Kausalsätze und Konsekutivsätze: Gründe und Folgen nennen.

1. Folge ← Grund

Sachverhalt (Folge)	Verbindungswort	Grund
Die Körpersprache ist ehrlicher als verbale Äußerungen	weil /da	man sie nicht kontrollieren kann.
	denn	man kann sie nicht kontrollieren.
	(nämlich)	Man kann sie nämlich nicht kontrollieren

(1) Die Subjunktionen *weil* und *da* haben einen kleinen Bedeutungsunterschied. **weil**: Der Grund, der folgt, ist **wichtig** und **neu**. **da**: Der Grund, der folgt, ist **nicht so wichtig** oder allgemein **bekannt**. Kausalsätze mit *da* werden oft **vorangestellt**: *Da man sie nicht kontrollieren kann, ist die Körpersprache ehrlicher als verbale Äußerungen.*

(2) Die Konjunktion *denn* leitet einen Hauptsatz ein (Verb in der öffnenden Satzklammer).

(3) Das Adverb *nämlich* kann nur im Mittelfeld des Satzes stehen.

Nominal: Wegen, aufgrund: *Wegen / aufgrund ihrer Unsicherheit verschränkte sie die Arme.*

↪ Halit, Band 2

2. Grund → Folge

Sachverhalt (Grund)	Verbindungswort	Folge
Nonverbale Signale sind immer mehrdeutig	sodass	sie sich nur aus dem Kontext interpretieren lassen.
	Infolgedessen / folglich	lassen sie sich nur aus dem Kontext interpretieren.
	Aus diesem Grund	
	Deshalb / daher deswegen	
	also	

(1) Die Subjunktion *sodass* kann auch getrennt werden in das Korrelat *so* (+ *Adjektiv*) , *dass*. Die Folge ergibt sich dann durch den besonderen Grad eines Adjektivs: *Die Signale waren so deutlich, dass jeder sofort seine Lügen durchschaute.* Die **Ursache** der Folge *(so deutliche Signale)* wird **hervorgehoben**, denn der Satzakzent liegt auf só.

(2) *Infolgedessen, aus diesem Grund, deshalb* leiten einen Hauptsatz ein. Sie stehen im **Vorfeld**, können aber auch im **vorderen Mittelfeld**, direkt nach dem klammeröffnenden Verb, stehen: *Sie lassen sich daher nur aus dem Kontext interpretieren.*

Kapitel 9

Infinitivsätze (1)

1. Finalsätze: Ziele und Zwecke benennen

1	Supermärkte werden nach bestimmten Regeln aufgebaut,	**um** den Umsatz **zu** steigern.
2	Es werden Brötchen und Brot gebacken,	**um** den Appetit beim Einkauf an**zu**regen.
3	*Teure Waren* haben eine Magnetsicherung,	**damit** man sie nicht stiehlt.
4 a)	Der Eingangsbereich ist *(deshalb)* eng,	**dass** der Kunde sein Tempo verlangsamt.
4 b)	Mach eine Einkaufsliste,	**dass** du nichts Überflüssiges kaufst!
	Hauptsatz	**Nebensatz mit um ... zu damit dass**

(1 + 2) *um ... zu* ist nur möglich, wenn das Subjekt des Haupt- und Nebensatzes gleich ist.
(3) Die Subjekte sind nicht gleich: *Teure Waren ≠ man* → *um ... zu* nicht möglich
(4) a) *dass* hat die gleiche Bedeutung wie *damit*, wird in der geschriebenen Sprache aber seltener gebraucht.
   b) Häufiger wird das finale *dass* in der gesprochenen Sprache verwendet, vor allen Dingen bei Imperativen.

Nominal: zu, zwecks   **Zur** Anregung des Appetits werden Brötchen gebacken.

2. Infinitivsätze nach bestimmten Verben, Adjektiven und Ausdrücken

Lindstrom **glaubt**,	die Kundenwünsche **zu** kennen.
Er **hat die Absicht**,	seine Erkenntnisse **zu** verkaufen.
Es ist **möglich**,	die Gehirnaktivitäten **zu** messen.
Die Hirnforschung **beginnt**,	geheime Wünsche der Menschen aus**zu**forschen.
(bestimmte) Verben, Ausdrücke, Adjektive	**zu + Infinitiv**

Bitte vergleichen Sie:

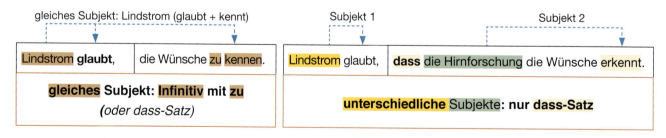

Bitte unterscheiden Sie:

Er hofft,	die Kaufentscheidungen **zu beeinflussen**.	Er verwendet die Hirnforschung,	**um** den Käufer **zu** beeinflussen.
Infinitivsatz mit zu		**Finalsatz mit um ... zu (Ziel / Zweck)**	

148

Kapitel 10

GR Anhang

Nominalisierungen

1. Nominalisierung von Verben

a) Aus den Infinitiven der Verben

Verb	Nomen
erforschen	das Erforschen
fühlen	das Fühlen
zusammenleben	das Zusammenleben

Alle Verben können Nomen aus dem Infinitiv bilden. Die Nomen sind **Neutren**. Zu Nomen, die mit Hilfe von Suffixen aus dem gleichen Verb gebildet werden, können Unterschiede bestehen:
vorlesen → das Vorlesen = *Vorgang, Handlung*
→ die Vorles**ung** = *Veranstaltung an der Universität*

b) Mit Hilfe von Suffixen

Verb	Nomen	Endung
vorstellen	die Vorstellung	-ung
suchen	die Suche	-e
versuchen	der Versuch	– (Stamm)
ergeben	das Ergebnis	-nis
backen	der Bäcker	-er
reagieren	die Reaktion	-ion
tolerieren	die Toleranz	-anz
tendieren	die Tendenz	-enz

2. Nominalisierung von Adjektiven

a) aus dem Stamm

Adjektiv	Nomen
neue	das Neue
unbekannt	das Unbekannte
wichtig	das Wichtige

Die Nomen aus Adjektiv + **e** sind **Neutren**. Sie werden wie Adjektive dekliniert: das Neu**e**, dem Neu**en**, des Neu**en** usw.

b) Mit den Suffixen -heit / -keit / -igkeit (alle feminin)

-heit		-keit		-igkeit	
frei	Freiheit	freundlich	Freundlichkeit	gerecht	Gerechtigkeit
klug	Klugheit	unabhängig	Unabhängigkeit	lautlos	Lautlosigkeit
gesund	Gesundheit	aufmerksam	Aufmerksamkeit	boshaft	Boshaftigkeit
einsilbige (**kurze**) **Adjektive** werden meistens mit -**heit** nominalisiert.		**komplexe** Adjektive, die schon die Suffixe -**ig**, -**lich**, -**sam**, -**bar** haben, werden mit -**keit** nominalisiert.		**Komplexe** Adjektive mit den Suffixen -**los**, -**haft** werden mit -**igkeit** nominalisiert.	

3. Der Genitiv

a) Funktionen

Der Genitiv ...

1.	... zeigt einen **Besitz** oder **Zugehörigkeit** an,	das Buch meines Freundes; die Sehnsucht meiner Schwester
2.	... steht **nach Verben** *(gehobener Stil)*,	Ich bediene mich meiner Vernunft. Ich erfreue mich guter Gesundheit.
3.	... steht **nach Präpositionen,**	dank eines glücklichen Zufalls ... nördlich der Alpen
4.	... markiert **Attribute** bei **Nominalisierungen.**	die Verwirklichung der Ziele, Bewertung eines Kandidaten

149

Kapitel 10

b) Genitiv Deklination

bestimmter Artikel

	mask.	neutr.	fem.	Pl
Nom.	der	das	die	die
Akk.	den	das	die	die
Dativ	dem	dem	der	den
Genitiv	des	des	der	der

unbestimmter Artikel

	mask.	neutr.	fem.
Nom.	ein	ein	eine
Akk.	einen	ein	eine
Dativ	einem	einem	einer
Genitiv	eines	eines	einer

4. Nominalisierung von Sätzen

Die Nominalisierung von Satzteilen und Sätzen ist charakteristisch für wissenschaftliche Texte, Zeitungsartikel, für die Sprache der Verwaltung und der Justiz. Oft werden auch Thesen bei Präsentationen oder Beschriftungen von Grafiken im Nominalstil verfasst. Der Nominalstil komprimiert Informationen.

verbal	nominal
(1) Das Gefühl Sehnsucht wird erforscht.	die Erforschung des Gefühls Sehnsucht
(2) Wünsche werden symbolisiert.	Symbolisierung von Wünschen
(3) Ich sehne mich nach fernen Ländern.	meine Sehnsucht nach fernen Ländern
(4) Die Gefühle sind ambivalent.	Ambivalenz der Gefühle
(5) Er ist unzufrieden mit seinem Leben.	seine Unzufriedenheit mit seinem Leben

(1) Das Verb *erforschen* wird nominalisiert → *Erforschung*. Das Subjekt *das Gefühl Sehnsucht* wird zum Genitivattribut des Nomens → *des Gefühls Sehnsucht*.

(2) *Wünsche* ist unbestimmter Plural. Da es keinen unbestimmten Artikel Plural im Deutschen gibt, kann kein Genitivattribut angehängt werden. Als **Genitiv-Ersatz** wird die **Präposition von + Dativ** benutzt → *von Wünschen*. Steht vor dem Nomen aber ein Attribut, ist ein Genitiv-Attribut möglich: *Geheime Wünsche* werden symbolisiert → *Die Symbolisierung geheimer Wünsche*.

(3) Das Verb *sehnen nach* wird nominalisiert → *Sehnsucht nach*. Das Attribut **nach** *fernen Ländern* nennt man ein **Präpositionalattribut**. Das Personalpronomen wird zum Possessivpronomen: **Ich** → **meine**.

(4) Das Adjektiv *ambivalent* wird nominalisiert → *Ambivalenz*. Das Subjekt *die Gefühle* wird zum Genitivattribut des nominalisierten Adjektivs → *der Gefühle*.

(5) Auch an nominalisierte Adjektive (*unzufrieden* → *Unzufriedenheit*) können Genitiv- oder Präpositionalattribute angehängt werden.

↳ **Halit, Band 2**

Kapitel 11

GR Anhang

Konzessivsätze: Gegengrund, unerwartete Folge, Einschränkung nennen.

1. mit den Subjunktionen obwohl und obgleich

Sachverhalt	Subjunktion	Gegengrund
(1) Sie mietete eine teure Wohnung,	**obwohl**	sie Schulden hatte.
(2) Die Firma war pleite,	**obgleich**	sie sehr hohe Umsätze hatte.
Hauptsatz		konzessiver Nebensatz

(1) Die Subjunktion *obwohl* leitet einen konzessiven Nebensatz ein. »Teure Wohnung mieten« und »Schulden haben« stehen in einem Widerspruch zueinander.
Vergleichen Sie: *Kausal*: Sie mietet die teure Wohnung, *weil* sie **viel** Geld hatte.

(2) Die Subjunktion *obgleich* leitet einen konzessiven Nebensatz ein. Man erwartet nicht, dass ein Firma pleite geht, die sehr hohe Umsätze hat.
Vergleichen Sie: *Kausal*: Die Firma war pleite, *weil* sie **geringe** Umsätze hatte.

2. mit den Adverbien dennoch, trotzdem, gleichwohl

Gegengrund	konzessives Adverb	Sachverhalt
Sie hatte Schulden,	**dennoch**	mietete sie eine teure Wohnung.
Der Umsatz war sehr hoch,	**trotzdem** **gleichwohl**	war die Firma pleite.
Hauptsatz 1		Hauptsatz 2

Mit den konzessiven Adverbien *dennoch, trotzdem, gleichwohl* werden zwei Hauptsätze konzessiv miteinander verbunden. Der Gegengrund steht im ersten Hauptsatz.

Nominal: *trotz, ungeachtet* — Trotz / ungeachtet ihrer Schulden mietete sie eine teure Wohnung.

↳ Halit, Band 2

Kapitel 11

Infinitivsätze nach »ohne ... zu« und »anstatt ... zu«

1. ohne ... zu: *Diese negative Aussage konnte man nicht erwarten.*

Sie fuhr jedes Wochenende nach Hause,	ohne sich um die hohen Fahrtkosten zu kümmern.
Sie mietete eine Wohnung in der Innenstadt,	ohne auf die teuere Miete zu achten.
Melanie verschuldete sich immer mehr,	ohne dass **ihre Eltern** davon wussten.
Hauptsatz	ohne ... zu bei gleichem Subjekt ohne ... dass bei unterschiedlichen Subjekten obligatorisch	nicht erwartete Aussage

Nebensätze mit »ohne ... zu« und »ohne ... dass« enthalten eine **negative Aussage, die man nicht erwartet hat**.

(1) *Man konnte erwarten:* Sie kümmerte sich um die hohen Fahrtkosten; (2) sie achtete auf die teure Miete.

(3) Die Subjekte sind unterschiedlich: *Melanie ≠ ihre Eltern*. Wie auch bei anderen Nebensätzen ist dann eine **Infinitivkonstruktion nicht möglich**.

2. anstatt ... zu

Sie kaufte sich ein neues Kleid,	statt / anstatt zu sparen.
Sie kaufte günstige Lebensmittel ein,	statt / anstatt in ein Restaurant zu gehen.
Sie machte Schulden,	statt / anstatt dass sie ihre Ausgaben reduzierte.
Hauptsatz	statt anstatt ... zu statt / anstatt dass	nicht realisierte Alternative

Nebensätze mit »*anstatt ... zu*« enthalten **eine nicht realisierte Alternative** zur Handlung im Hauptsatz.

(1) Alternative, die nicht realisiert wird: sparen; (2) in ein Restaurant gehen.

(3) Sätze mit *anstatt das / statt dass* haben die gleiche Bedeutung. Bei unterschiedlichen Subjekten ist der *Nebensatz mit dass* obligatorisch. Das kommt aber sehr selten vor.

Wenn der **Infinitivsatz vorangestellt** wird, wird die Alternative **betont**. *Anstatt eine Pizza zu essen, bestellte sie sich ein Rinderfilet.*

Kapitel 12

GR Anhang

Direkte und Indirekte Rede

1. Konjunktiv I

a) Konjunktiv I der Gegenwart

Person	sein	haben	hören	wissen	können	En-dung
ich	sei	~~habe~~	~~höre~~	wisse	könne	-e
du	sei(e)st	habest	hörest	wissest	könnest	-est
er, sie, es	sei	habe	höre	wisse	könne	-e
wir	seien	~~haben~~	~~hören~~	~~wissen~~	~~können~~	-en
ihr	sei(e)t	habet	höret	wisset	könnet	-et
sie	seien	~~haben~~	~~hören~~	~~wissen~~	~~können~~	-en

Infinitiv-Stamm + Konjunktiv-Endung

1. ~~habe~~ = Diese Form wird selten verwendet, weil Sie identisch mit der Indikativ-Form ist: *ich habe = ich habe*. In diesen Fällen wird stattdessen der Konjunktiv II verwendet: *wir würden wissen; sie könnten; ich hätte*.
2. ▢ = Diese Form wird verwendet.
3. ▬ = Diese Form wird sehr oft in der indirekten Rede verwendet, da hier eine »dritte Person« zitiert wird.
4. In der mündlichen Kommunikation ist der Konjunktiv I nicht sehr verbreitet. Er wird oft durch den Konjunktiv II mit *würde* ersetzt.

b) Konjunktiv I der Vergangenheit

Verben, die das Perfekt mit »sein« bilden

ich	sei	gekommen
du	sei(e)st	gegangen
er, sie, es	sei	gewesen

Verben, die das Perfekt mit »haben« bilden

ich	habe	gearbeitet
du	habest	bewegt
er, sie, es	habe	angefangen

Konjunktiv I von sein + Partizip II
Konjunktiv I von haben + Partizip II

2. Verwendung

Das berichtet die Patientin ...	... und das notiert der Arzt
»Ich arbeite halbtags, meine Firma ist aber in Schwierigkeiten.« →	Sie arbeite halbtags, ihre Firma sei aber in Schwierigkeiten.
»Ich habe Angst, meine Arbeit zu verlieren.« →	Sie habe Angst, ihre Arbeit zu verlieren.
»Ich habe Schlafstörungen und kann mich bei der Arbeit schlecht konzentrieren.« →	Sie habe Schlafstörungen und könne sich bei der Arbeit schlecht konzentrieren.
»Meine Nächte waren noch vor kurzer Zeit die Hölle.« →	Ihre Nächte seien noch vor kurzer Zeit die Hölle gewesen.
»Ich bewegte meine Beine und hatte einen Moment Ruhe.« →	Sie habe ihre Beine bewegt und einen Moment Ruhe gehabt.
»Aber sobald ich mich wieder hinlegte, verspürte ich wieder den Bewegungsdrang.« →	Sobald sie sich wieder hingelegt habe, habe sie wieder den Bewegungsdrang verspürt.

direkte Rede	**Präsens** indirekte Rede	Konjunktiv I der Gegenwart
	Vergangenheit	Konjunktiv I der Vergangenheit

Kapitel 12

3. Regeln

a) Einleitungssatz weist auf indirekte Rede hin

direkte Rede	indirekte Rede
Sie: »Ich kann mich schlecht konzentrieren.«	Sie behauptet, dass sie sich schlecht konzentrieren könne (kann).

Das Verb im **Einleitungssatz** »behaupten« macht deutlich, dass eine fremde Meinung wiedergegeben wird. Man kann dann auch den Indikativ *kann* statt des Konjunktivs *könne* verwenden.

b) Einleitungssatz kann wegfallen

direkte Rede	indirekte Rede
Sie: »Ich arbeite halbtags, aber meine Firma ist in Schwierigkeiten. Deswegen habe ich Angst, meinen Job zu verlieren.«	~~Der Arzt berichtet, dass sie~~ Sie arbeite halbtags, aber ihre Firma sei in Schwierigkeiten. Deswegen habe sie Angst, ihren Job zu verlieren.

Die Einleitung der indirekten Rede kann wegfallen, wenn der Kontext klar ist und der Konjunktiv I verwendet wird.

c) Bitten und Aufforderungen → sollen (mögen)

direkte Rede	indirekte Rede
Der Arzt: »Nehmen Sie die Tabletten dreimal täglich.«	Der Arzt sagt, dass ich die Tabletten dreimal täglich nehmen solle (soll).

Bitten und Aufforderungen werden mit dem Modalverb *sollen* (manchmal auch mit »*mögen*«) wiedergegeben.

d) Wechseln von Personal- und Possessivpronomen

Sie sagt: »Ich habe meine Cholesterinwerte messen lassen.«

Sie sagt, dass sie ihre Cholesterinwerte habe messen lassen.

Die Ärztin sagt zum Patienten: »Rufen Sie mich nächste Woche an. Dann kann ich Ihnen Ihre Werte mitteilen.

Die Ärztin sagt zum Patienten, er solle sie nächste Woche anrufen, dann könne sie ihm seine Werte mitteilen.«

↳ Halit, Band 2

Instrumentalsätze

Sie verstecken ihre Depression,	indem sie sich besonders aktiv verhalten.
Wahrscheinlich kann der Wert aber nur dadurch gesenkt werden,	dass ich ständig irgendein Medikament einnehme.
Hauptsatz	**Instrumentalsatz mit indem, (dadurch) dass**

Instrumentalsätze erläutern, **wie** das im Hauptsatz Genannte ausgeführt oder verwirklicht werden kann.

Nominal: durch   Ich muss meinen Cholesterinwert durch eine andere Ernährung senken.

Quellenverzeichnis

S. 10, Text 1	nach: Günter F. Hessenauer, Erwischt!, Hamburg 2009
S. 14	nach: http://www.studium.uni-freiburg.de/newsletter/2009/6/plagiat.html/, 24.09.2011
S. 20 ff	sämtliche Texte zu »Tabus« sind stark gekürzt und bearbeitet aus: Hartmut Schröder, Phänomenologische und interkulturelle Tabus, erschienen in: Sofronieva, Tzveta (Hg.): Verbotene Worte: Eine Anthologie. München: Biblion 2005
S. 24	(Tabu Alkoholverkauf) nach: Von Alkohol, Drogen und Religion, Frankfurter Rundschau 24.02.2011
S. 32	nach: Trennung für Fortgeschrittene, Frankfurter Rundschau, 24.11.2007
S. 35	nach: Rolf Reber, Kleine Psychologie des Alltäglichen, Verlag C. H. Beck, München 2007
S. 40	nach einer Idee von Wilfried Schmickler: Was geht euch das an
S. 42	nach: Brodnis Blog, http://brodnig.org/2011/12/21/facebooks-groster-feind/, 21.12. 2011
	Fotos und Hörtext nach: die tageszeitung, 05.11.2011
S. 44	(980 Milliarden Seiten) nach: Max Schrems: Auf Facebook kannst du nichts löschen, Frankfurter Allgemeine Zeitung, 24.11.2011
S. 49	Website »Universität zu Köln, Akademisches Auslandsamt«, http://verwaltung.uni-koeln.de/international/content/index_ger.html 06.08.2012
S. 52	(2000 km vom Glück entfernt) nach: Maria Selchow, Mobile Liebe, Berliner Zeitung, 14.04.2009
S. 60	(Liebeslieder, Hörtext) nach: Die neue Schlager-Romantik, Hamburger Abendblatt, 29.07.2008
S. 64	nach: Das Ultimatumspiel, www.dialog-sowi.de/Ultimatumspiel.pdf, 03.10.2011
S. 65	nach: Florian Rötzer: Wie du mir, so ich dir, www.heise.de/tp/artikel/7/7385/1.html, 15.08.2011
S. 66	nach, Gesundheitsrisiko Armut, Süddeutsche Zeitung,, 18.03.2010
S. 67-69	alle Informationen nach: Quarks & Co, Bist Du reich genug?, Sendung vom 12.04.2011 http://www.quarks.de
S. 72	Das Erich Kästner Buch, Diogenes, Zürich 1978
	Foto: ©Smilla Denkert Blog »anders anziehen« http://anders-anziehen.blogspot.de/
S. 73	nach: 40 Superreiche spenden Hälfte ihres Vermögens, Der Spiegel, 04.08.2010
S. 75 ff	Abbildungen und Texte »Körpersprache« nach: Allan & Barbara Pease, Der tote Fisch in der Hand, Ullstein Verlag 2003
S. 80	(Gesten haben eine Grammatik) nach: http://sciencev1.orf.at/news/151918.html, 21.06.2012
S. 83	(Wer kein Deutsch kann, ist klar im Vorteil) Informationen nach: Vom Drang zu lauschen, Frankfurter Rundschau, 08.12.2010
S. 84	(Dinosaurier Telefon) nach: http://www.zeit.de/digital/internet/2010-08/ende-telefon-internet-email, 27.08.2010
S. 88	(Zwei Welten) nach: Süddeutsche Zeitung, 25.02.2012
S. 89	Übersetzung der Rede von Ismail Yozgat: Mely Kijak: Frankfurter Rundschau, 25.02.2012
S. 92	(Der berechenbare Kunde) nach: Warum wir kaufen, was wir kaufen, Geo Wissen 45, 5/10
S. 94	Diagramm »Weihnachtsgeschenke«: Die Zahlen sind erfunden.
S. 95	Abenteuerspielplatz Kaufhaus, Frankfurter Rundschau, 06.02.2010
S. 95	Diagramm © Fabouda Verlag
S. 97 ff	alle Texte nach: Frankfurter Allgemeine Sonntagszeitung, 04.04.2010
S. 99	nach: Die Welt, 09.03.2010
S. 101	(Das bittersüße Gefühl) nach: http://www.wirtschaftspsychologie-aktuell.de, 06.07.2011
S. 106	Peter Bichel, San Salvador, Walter Verlag AG, Olten
S. 111	(Wem gehört die Welt) nach: FR 24.10.2011
S. 110	Weltweite Demonstrationen gegen Bankenmacht, nach Financial Times Deutschland,15.10.2011
S. 111	Die Gier, Wilfried Schmickler (leicht gekürzt), mit freundlicher Genehmigung des Autors
S. 113	nach: FR, 11.02.2009 und Informationen aus Wikipedia
S. 114	Informationen nach: Süddeutsche Zeitung, 07.08.2011
S. 116	Alban Knecht, Gesichter der Armut, Münchner Hochschulschriften, München 2010
S. 127	(Medikament sucht Krankheit) alle Informationen nach: Jörg Blech, Die Krankheitsfinder, S. Fischer Verlag, 2003

Grammatikindex

Grammatik Index

Falls Sie schnell Erklärungen und Übungen zur Grammatik von HALIT finden möchten: Grüne Seitenzahlen beziehen sich auf Übungen im Kursbuch, rote Seitenzahlen auf die Grammatikübersicht und blaue Seitenzahlen auf Übungen im Übungsbuch.

A
Aktiv 12, 136 | 8, 14, 26, 102
also 87, 147 | 78
anstatt ... zu 91, 152

B
bar 22, 82, 139
Bezugswörter 63, | 44, 53, 58, 71, 74, 102

D
da 45, 87, 147 | 78
dadurch dass 133, 154
damit 91, 148 | 64, 73, 81
denn 45, 87, 147 | 78
dennoch 121, 151 | 89
deshalb 87, 147 | 78

E
es 37

F
Finalsätze 91, 148 | 65, 73, 81
Fragen 45, 143 | 44, 53, 75, 101

G
Genitiv 149
Genitivattribut 150
gleichwohl 121, 151

I
indem 133, 154
Indirekte Frage 41, 144 22, 139 | 42
Indirekte Rede 132, 153 | 99, 104
Infinitivsätze 96, 148 | 68, 73, 90, 103
Infolgedessen 87, 147
Instrumentalsätze 133, 154
irreale Konditionalsätze 35, 36, 141 | 24, 104

K
Kausalsätze 45, 87, 147 | 78
Konditionalsätze 35, 141 | 23, 34, 62, 63, 95
Komparativ 24
Konjunktiv I 132, 153 | 99
Konjunktiv II 35, 36, 140 | 104
können, Alternativen 22, 139 | 15, 32
Konsekutivsätze 87, 147
Konzessivsätze 121, 151 | 89

L
sich lassen 22, 139 | 15

M
Mittelfeld 17, 147

Modalpassiv 139

N
Nachfeld 17, 138
nämlich 87, 147 | 78
Nebensatzklammer 17, 138 | 103
Negationspräfixe 145
Negationssuffixe 145 | 43
Negationswörter 57, 145
niemand 145
nirgendwohin 145
Nominalisierungen 104, 149 | 79, 80, 90, 104
Nominalkomposita 22 | 19, 26, 81, 91, 93

O
obwohl 121, 151 | 89
ohne ... zu 91, 152

P
Partizipgruppe 71, 146
Partizip-Attribut 71, 146 | 50, 52, 58, 61, 103
Passiv 12, 136 | 8, 14, 19, 26, 102
Passiv-Ersatzformen 22, 139 | 15, 103
Präpositionalattribut 150
Präpositionen mit Genitiv | 69

R
Relativpronomen 48, 142 | 34, 35, 42, 45, 74
Relativsätze 48, 142 | 34, 35, 42, 45, 74, 80, 103

S
Satzklammer 17, 138 | 103
Satzstellung 17, 138 | 103
sodass (so ... dass 147

T
Textbezüge 63, 71 | 44, 53, 58, 71, 74, 102
trotzdem 121, 151 | 89

U
um ... zu 91, 148 | 65, 73, 81

V
Vorfeld 17, 138
Vorgangspassiv 12, 136

W
wenn 35, 141 | 23, 34, 62
während 18
weil 45, 87, 147 | 78
W-Fragen 143

Z
Zustandspassiv 137 | 8, 58